STATISTIEK VOOR DE PSYCHOLOGIE

DEEL 1: VERDELING VAN EEN VARIABELE, SAMENHANG TUSSEN TWEE VARIABELEN

De serie *Statistiek voor de psychologie* bestaat uit vijf delen:

Deel 1: Verdeling van een variabele, samenhang tussen twee variabelen
Deel 2: Toetsen voor twee gemiddelden en toetsingstheorie
Deel 3: Variantieanalyse
Deel 4: GLM *en non-parametrische toetsen*
Deel 5: Factoranalyse en itemanalyse

Statistiek voor de psychologie

Deel 1: Verdeling van een variabele, samenhang tussen twee variabelen

Jules L. Ellis

Tweede druk

Boom Lemma uitgevers
Den Haag
2014

Omslagontwerp: Cunera Joosten, Amsterdam
Afbeelding omslag: Corbis
Opmaak binnenwerk: H&R Communicatieve Vormgeving, Purmerend

© 2014 Jules Ellis | Boom Lemma uitgevers

Behoudens de in of krachtens de Auteurswet gestelde uitzonderingen mag niets uit deze uitgave worden verveelvoudigd, opgeslagen in een geautomatiseerd gegevensbestand, of openbaar gemaakt, in enige vorm of op enige wijze, hetzij elektronisch, mechanisch, door fotokopieën, opnamen of enige andere manier, zonder voorafgaande schriftelijke toestemming van de uitgever.

Voor zover het maken van reprografische verveelvoudigingen uit deze uitgave is toegestaan op grond van artikel 16h Auteurswet dient men de daarvoor wettelijk verschuldigde vergoedingen te voldoen aan de Stichting Reprorecht (Postbus 3051, 2130 KB Hoofddorp, www.reprorecht.nl). Voor het overnemen van (een) gedeelte(n) uit deze uitgave in bloemlezingen, readers en andere compilatiewerken (art. 16 Auteurswet) kan men zich wenden tot de Stichting PRO (Stichting Publicatie- en Reproductierechten Organisatie, Postbus 3060, 2130 KB Hoofddorp, www.stichting-pro.nl).

No part of this book may be reproduced in any form, by print, photoprint, microfilm or any other means without written permission from the publisher.

ISBN 978-90-5931-972-1

NUR 770, 916

www.boomlemma.nl

Dankwoord

Bij deze wil ik Maurits Geerts bedanken voor zijn intelligente bijdragen aan de eerste versies van de delen 1, 2 en 4 in 1996 / 1997. Tevens wil ik Dick Willems bedanken voor zijn gedegen bijdragen aan de delen 2 en 3 in dezelfde jaren. Mede dank zij jullie scherpe inzicht en gevoel voor taal zijn deze boeken prettig leesbaar geworden. En dan heb ik het nog niet over jullie praktische hulp bij het zoeken en beschrijven van voorbeelden en de gevechten met onwillige tekstverwerkers. Voorts bedank ik de vele assistenten en studenten die met hun opmerkingen en suggesties in de afgelopen jaren hebben bijgedragen aan de ontwikkeling van deze serie.

Nijmegen, december 2013

Inhoud

	Voorwoord voor docenten	11
	Voorwoord voor studenten: relevantie van het vak	18
Deel A	Verdeling van een variabele	23
Hoofdstuk 1	Observatie, vragenlijst, test	24
1.1	Inleiding	24
1.2	Methoden om gegevens te verzamelen	24
1.3	Observatie	25
1.3.1	Datamatrix	25
1.4	Vragenlijsten	26
1.4.1	Datamatrix	27
1.5	Psychologische tests	28
1.5.1	Zijn tests wel te vertrouwen?	29
1.5.2	Datamatrix	30
1.6	Het meetniveau van een variabele	34
Hoofdstuk 2	Elementair rapport van een variabele	35
2.1	Inleiding	35
2.2	Het elementair rapport	35
2.3	De frequentieverdeling, het histogram, en 'N'	36
2.4	Het vijfgetallenresumé, uitschieters en het gemodificeerde boxdiagram	40
2.4.1	Het vijfgetallenresumé	40
2.4.2	Uitschieters	42
2.4.3	Het gemodificeerde boxdiagram	42
2.5	Gemiddelde en standaardafwijking	45
2.5.1	Berekening	45
2.6	Indicatie van normaliteit	47
2.7	Samenvatting: het elementair rapport van Bdv	50

HOOFDSTUK 3		Normeren	53
	3.1	Inleiding	53
	3.2	Percentielscores	54
	3.2.1	Berekening van percentielscores	54
	3.3	Standaardscores	57
	3.3.1	Berekening van standaardscores	57
	3.4	Normaalscores	59
	3.4.1	Berekening van normaalscores	59
	3.5	Vergelijking van ruwe, standaard-, percentiel- en normaalscores	60
HOOFDSTUK 4		Normaalverdelingen	64
	4.1	Inleiding	64
	4.2	Notatie	65
	4.3	Eigenschappen van normaalverdelingen	66
	4.4	De standaard-normaalverdeling	69
	4.5	Rekenen met normaalverdelingen	69
	4.6	Enkele belangrijke getallen van een normaalverdeling	74
HOOFDSTUK 5		De intuïtieve psycholoog en steekproeven	75
	5.1	Inleiding	75
	5.2	Ongevoeligheid voor steekproefgrootte	77
	5.2.1	De statistische norm over steekproefgrootte	78
	5.2.2	Beperking van het intuïtief denken met steekproefgrootte	80
	5.2.3	Onderzoeken over ongevoeligheid voor steekproefgrootte	82
	5.2.4	Het dagelijks leven: voorbeelden van ongevoeligheid voor steekproefgrootte	82
	5.3	Ongevoeligheid voor steekproefbias	83
	5.3.1	De statistische norm over steekproefbias	84
	5.3.2	Beperking van het intuïtief denken bij steekproefbias	87
	5.3.3	Onderzoeken over ongevoeligheid voor steekproefbias	89
	5.3.4	Het dagelijks leven: voorbeelden van ongevoeligheid voor steekproefbias	92
HOOFDSTUK 6		Visualiseren	94
	6.1	Inleiding	94
	6.2	Het lezen van een histogram	94
HOOFDSTUK 7		Opgaven deel A	98

Hoofdstuk 8		Leerdoelen en zelftoetsen deel A	116
	8.1	Leerdoelen	116
	8.2	Zelftoets A1	119
	8.3	Uitwerkingen van zelftoets A1	123
	8.4	Zelftoets A2	126
	8.5	Uitwerkingen van zelftoets A2	131

Deel B		Samenhang tussen twee variabelen	135

Hoofdstuk 9		Samenhang tussen twee kwantitatieve variabelen	136
	9.1	Inleiding	136
	9.2	Het elementaire rapport	137
	9.3	Het design	137
	9.4	Spreidingsdiagram	139
	9.5	Correlatie, hellingscoëfficiënt en intercept	140
	9.5.1	Berekening	141
	9.6	Tekenen van de regressielijn	142
	9.7	Indicatie van lineariteit	144
	9.8	Invloedrijke waarnemingen	148
	9.9	Samenvatting: elementair rapport van samenhang	150

Hoofdstuk 10		Voorspelde scores en residuen	151
	10.1	Inleiding	151
	10.2	Voorspelde scores en residuen	151

Hoofdstuk 11		De correlatiecoëfficiënt	153
	11.1	Inleiding	153
	11.2	Correlatie en spreidingsdiagram	153
	11.3	Correlatie en gemiddelden en variantie	156
	11.4	Het verband tussen correlatie en regressie	157
	11.5	Het verschil tussen correlatie en regressie	158
	11.6	Variantie van voorspelde scores en residuen	158
	11.7	Correlatie en proportie verklaarde variantie	161
	11.8	Correlatie en causaliteit	163

Hoofdstuk 12		Visualiseren	165
	12.1	Inleiding	165
	12.2	Schatten van regressie en correlatie	165
	12.3	Het regressie-effect	166
	12.4	Bepalen van lineariteit	168
	12.5	Geschatte correlatie versus echte correlatie	170

Hoofdstuk 13		Samenhang tussen twee kwalitatieve variabelen	172
	13.1	Inleiding	172
	13.2	Elementair rapport	172
	13.3	Voorbeeld van data en vraagstelling	172
	13.4	Design	173
	13.5	De kruistabel	173
	13.6	De voorwaardelijke verdelingen	174
	13.7	Het gesegmenteerde staafdiagram	175
	13.8	Beoordeling onafhankelijkheid	175
	13.9	Samenvatting: elementair rapport van samenhang	176
Hoofdstuk 14		Suppressie en de paradox van Simpson	178
	14.1	Inleiding	178
	14.2	De paradox van Simpson	178
	14.3	De paradox van Simpson bij kwantitatieve variabelen	179
	14.4	De paradox van Simpson bij kwalitatieve variabelen	180
	14.5	Processen die de paradox van Simpson veroorzaken	183
Hoofdstuk 15		De intuïtieve psycholoog en samenhang	185
	15.1	Inleiding	185
	15.2	Aandacht voor de present-presentcel	185
	15.2.1	De statistische norm over samenhang in kruistabellen	186
	15.2.2	Beperking van het intuïtief denken over samenhang in kruistabellen	186
	15.2.3	Het dagelijks leven: Voorbeelden van aandacht voor de present-presentcel	187
	15.3	Illusoire correlatie	190
	15.3.1	De statistische norm over het bepalen van een correlatie	190
	15.3.2	Beperking van het intuïtief denken bij het bepalen van een correlatie	190
	15.3.3	Onderzoeken over illusoire correlaties	192
	15.3.4	Het dagelijks leven: Voorbeelden van illusoire correlaties	194
Hoofdstuk 16		Opgaven deel B	197
Hoofdstuk 17		Leerdoelen en zelftoetsen deel B	212
	17.1	Leerdoelen	212
	17.2	Zelftoets B1	215
	17.3	Uitwerkingen van zelftoets B1	221
	17.4	Zelftoets B2	226
	17.5	Uitwerkingen van zelftoets B2	231

Appendix 235
A.1 De BDI en de ATQ 235
A.2 De formule voor de standaardafwijking 241
A.2.1 De standaardafwijking van een populatie 241
A.2.2 De standaardafwijking van een steekproef 242
A.3 De formule voor de correlatie 243
A.4 Tabel A: de standaard-normaalverdeling 244

Referenties 246

Register 249

Voorwoord voor docenten

Er zijn tientallen inleidende statistiekboeken voor het Nederlandse taalgebied. Moet er echt nog een bijkomen? Wat denk ik nog toe te voegen? Wel, diverse unieke kenmerken, en die zet ik hieronder uiteen.

Structuur. Alle analyses worden behandeld met globaal dezelfde structuur, die hier het 'elementair rapport' wordt genoemd. Hiermee onderscheidt de huidige serie zich van alle boeken die ik ken. Het zoeken van de structuur in de stof is iets waar de student normaal gesproken een groot deel van de tijd mee kwijt is. Dat wordt in deze serie aanzienlijk eenvoudiger gemaakt door steeds ongeveer dezelfde structuur te gebruiken.

Design en analyse. Er wordt systematisch en doorlopend aandacht besteed aan het kiezen van de juiste analyse bij een vraagstelling. Daartoe moet men in de eerste stap van het elementaire rapport het 'design' beschrijven: afhankelijke variabelen, onafhankelijke variabelen, hun meetniveaus, en de within- en between-subject-structuur. In een latere stap van het elementaire rapport moet dan de analyse worden gekozen. Ook zijn er opgaven die speciaal zijn gericht op het oefenen in het specificeren van het design en het kiezen van de analyse.

Vaak ziet men gevorderde studenten die geen flauw idee hebben welke analyses zij moeten doen met hun data. Het probleem zit vaak al een stap eerder, namelijk dat zij niet op een rijtje hebben welke variabelen er zijn en wat hun rol is. Door altijd eerst het design te specificeren wordt het kiezen van de analyse een stuk gemakkelijker. Deze stap wordt in traditionele statistiekboeken echter verwaarloosd, omdat hij zo gemakkelijk lijkt. Maar deze stap is, zelfs als hij niet moeilijk is, wel cruciaal om de volgende stap te kunnen maken: het kiezen van de analyse. Daarnaast blijkt dat studenten met deze stap toch vaker fouten maken dan men in eerste instantie misschien zou denken. De concepten zijn weliswaar eenvoudig, maar de toepassing daarvan blijkt voor een ongetrainde persoon toch enige haken en ogen te hebben.

Formuleren van conclusies. Er wordt systematisch en doorlopend aandacht besteed aan nauwkeurig formuleren van conclusies. De meeste andere boeken behandelen dit slechts terloops of in een aparte sectie die in nogal vrijblijvende toon is geschreven, zodat geen enkele student het serieus neemt. Dat merkt men dan aan de verontrustende ongenuanceerdheid waarmee studenten op tentamens hun conclusies formuleren. Dat verandert niet als de docent zich aan de koffietafel beklaagt over hoe dom de studenten dit jaar weer zijn. Het enige dat helpt is: die studenten leren hoe ze een conclusie moeten opschrijven. In deze serie wordt de student bij elke analyse weer opnieuw verplicht om de conclusies volgens een vaststaand format op te schrijven. Daartoe moet men in de laatste twee stappen van het elementaire rapport de 'beslissingen' en de 'causale interpretatie' formuleren. Ook zijn er opgaven die speciaal zijn gericht op het oefenen in het formuleren van de conclusies.

Het *belang* van nauwkeurig formuleren wordt vaak onderschat door studenten. Zij zijn vaak al blij als de berekeningen goed zijn. Maar het trekken van een conclusie is, zelfs als het niet moeilijk is, wel waar het om gaat in de analyse. Daarnaast leidt het verwaarlozen hiervan ertoe dat studenten het gevoel krijgen niet te weten waar ze mee bezig zijn. Dat is funest voor hun motivatie.

De *moeilijkheid* van het formuleren wordt volgens mij vaak onderschat door zowel studenten als docenten. Het wordt als een vanzelfsprekendheid gezien. Maar het blijkt dat studenten hier in eerste instantie veel fouten in maken. Zelfs studenten die zeggen te snappen waar ze mee bezig zijn en die alle berekeningen goed hebben. Zij weten wel *ongeveer* wat de uitkomsten betekenen, maar kunnen het vaak nog niet *precies* opschrijven. Omdat ze denken dat het formuleren heel eenvoudig is en dat het eigenlijk geen statistiek is, gaan ze ervan uit dat het toch wel lukt, en doen geen poging de conclusies daadwerkelijk op te schrijven. Of ze schrijven de conclusies wel op maar gaan ervan uit dat hun antwoord goed is en vragen daarom geen feedback. Daardoor komen deze studenten er niet achter dat hun formulering gebrekkig is en onaanvaardbaar is volgens de wetenschappelijke normen.

Causaliteit. Er wordt systematisch en doorlopend aandacht besteed aan causaliteit. De meeste andere boeken behandelen ook dit onderwerp slechts terloops of in een aparte sectie die in nogal vrijblijvende toon is geschreven. Het gevolg daarvan is dat studenten geneigd zijn de meest voor de hand liggende causale verklaring aan te zien voor een feitelijke constatering, zonder de vraag te stellen of er nog alternatieve verklaringen zijn. In de meeste boeken wordt daar weliswaar tegen gewaarschuwd, maar vervolgens doen studenten dat massaal toch, zonder dat zij daarin gecorrigeerd worden. In deze serie wordt dit ondervangen door de student bij elke analyse weer opnieuw te dwingen een causale interpretatie te geven en daarbij de vraag te stellen of er alternatieve verklaringen zijn. Daartoe moet men in het begin van het elementaire rapport bepalen wat de controlemaatregelen zijn, en in de laatste stap een causale interpretatie geven. Ook zijn er opgaven die speciaal zijn gericht op het oefenen in causale interpretaties.

De moeilijkheid van het geven van causale interpretaties wordt volgens mij eveneens vaak onderschat. De meeste studenten zijn zonder veel moeite in staat om bij een samenhang tussen twee abstracte variabelen X en Y drie mogelijke verklaringen te geven: X beïnvloedt Y, of Y beïnvloedt X, of er is een variabele Z die zowel X als Y beïnvloedt. Dat is waarschijnlijk de reden dat zowel studenten als docenten niet geneigd zijn er veel aandacht aan te geven. Het probleem is dat zodra het over een concreet onderzoek gaat, bijvoorbeeld neuroticisme en geluk, dat veel studenten dan het algemene principe lijken te vergeten. Zij geven dan nog maar één van de drie verklaringen en stoppen daarna. Bovendien, als er op gewezen wordt dat er nog een storende variabele (Z) kan zijn, blijken zij vaak niet in staat daar een plausibele kandidaat voor te bedenken. Nu is dat soms ook moeilijk, maar veel studenten kunnen het zelfs niet in onderzoeken waar de storende variabele heel voor de hand ligt.

Visualiseren. Er wordt bij de meeste analyses aandacht besteed aan het trekken van conclusies op grond van een weergave van de data in een figuur. De meeste andere statistiekboeken *gebruiken* figuren om bepaalde principes uit te leggen. Veel auteurs en docenten zijn visueel ingesteld en voor hun maakt een figuur de stof gemakkelijker. Wat zij zich meestal niet realiseren is dat er een grote groep studenten bestaat die juist niet visueel zijn ingesteld. Deze studenten hebben moeite met het 'lezen' van figuren. Voor die studenten maakt het gebruik van een figuur het niet gemakkelijker, maar juist moeilijker. In deze serie wordt bij veel analyses in een aparte sectie uitgelegd hoe de figuur moet worden gelezen en *hoe* men er conclusies uit kan trekken. Ook zijn er visualiseringsopgaven die speciaal zijn gericht op trekken van conclusies uit figuren.

Bij het bespreken van de visualiseringsopgaven met studenten blijkt vaak *waarom* studenten moeite hebben met sommige van die opgaven. De docent ziet de uitkomst vaak in een oogopslag. Maar wanneer de docent gedwongen wordt de redenering expliciet te maken, blijkt deze vaak nog behoorlijk lang te zijn. Geen wonder dat een student dat niet meteen kan! De snelheid waarmee de docent het antwoord 'ziet' is vaak ontstaan door jarenlange training die grote delen van het redeneerproces heeft geautomatiseerd. Daardoor is de docent zich niet meer bewust van de vele stapjes in de redenering en heeft moeite ze uit te leggen. Inderdaad zijn de visualiseringsopgaven bij uitstek ook te zien als inzichtsvragen. Het bijzondere van deze serie boeken is dat niet wordt verondersteld dat zulk inzicht vanzelf komt, maar dat stapje voor stapje wordt geprobeerd zulk 'inzicht' ook bij studenten te kweken.

De intuïtieve psycholoog. In de eerste twee delen van deze serie wordt uitgebreid aandacht besteed aan de beperkingen van intuïtieve menselijke redeneringen in vergelijking met formele statistische procedures, zoals onder andere is onderzocht door Kahneman en Tversky (Kahneman & Tversky, 1973; Tversky & Kahneman, 1974). Het is ongebruikelijk om deze stof in een statistiekboek op te nemen, maar er zijn goede redenen voor. Naar mijn mening is het voor een goede academische vorming van de student wenselijk dat docenten van psychologievakken regelmatig statistiek gebruiken in hun cursus, en evenzogoed ook omgekeerd. Immers, juist deze resultaten van de sociale psychologie maken de student duidelijk waarom statistiek zo belangrijk is. Niet omdat een paar ouderwetse strenge mannen het verplicht stellen, of omdat de resultaten dan wat nauwkeuriger zijn; maar omdat men anders systematisch *totaal* foute conclusies kan trekken. Daarnaast maken de onderzoeken van Kahneman en Tversky duidelijk dat het voor een goede toepassing van statistiek in alledaagse situaties onvoldoende is om de formele statistische regels te beheersen; ook statistisch goed geschoolde personen maakte deze denkfouten. Het is dus nodig om studenten in het statistiekonderwijs te wijzen op deze valkuilen. De onderzoeken van Kahneman en Tversky waren onder andere geïnspireerd door de fouten die zij studenten elke keer weer zagen maken in het statistiekonderwijs. Waarom zouden we dat niet gebruiken om het onderwijs te verbeteren?

Formules. In deze serie worden heel weinig formules gebruikt, en de formules die er zijn worden vaak verbaal geformuleerd. Er zijn meer statistiekboeken met deze eigenschap (bijvoorbeeld Aron & Aron, 1994), maar de meeste boeken gebruiken meer formules. Voor de meeste docenten maken formules het gemakkelijker, en zij zijn dan geneigd de formules uit te leggen met andere formules. Voor veel psychologiestudenten maken formules het daarentegen juist moeilijker, en zo'n uitleg van de docent maakt het dan alleen maar nog moeilijker. In deze serie worden alleen de belangrijkste, centrale formules gegeven. De formules die er zijn worden veelal uitgelegd door te laten zien dat de belangrijkste aspecten van de formule een kwestie van gezond verstand zijn. De betekenis van de uitkomst wordt zo mogelijk in woorden omschreven. Sommige formules worden als rekenprocedure beschreven. Het nut van de formule wordt besproken.

Bijna net zo belangrijk is wat er *niet* wordt uitgelegd. Afleidingen worden vrijwel overal vermeden, omdat zij het voor de meeste studenten, anders dan bij de docenten, obscuur en onbegrijpelijk maken. Daarnaast wordt niet geschroomd om toe te geven dat de specifieke vorm van de formule deels een kwestie van afspraak is (bijvoorbeeld het gebruik van F-verdelingen in plaats van beta-verdelingen), deels redenen heeft die nog te moeilijk zijn en die men maar moet geloven (bijvoorbeeld de optimale power van een t-toets), en deels betrekkelijk willekeurig in de historie is gegroeid (bijvoorbeeld om bij de berekening van een steekproefvariantie te delen door N - 1 in plaats van N). Veel statistiekboeken maken in mijn ogen de fout dit soort dingen uit te willen leggen terwijl ze eigenlijk niet uit te leggen zijn. Dan komt er bijvoorbeeld een vaag verhaal over 'vrijheidsgraden' waarbij de student terecht een mystiek gevoel krijgt.

Keuze van voorbeelden. Elke analyse wordt uitgelegd met een 'doorlopend voorbeeld' dat het hele hoofdstuk of zelfs meerdere hoofdstukken wordt gebruikt. Dat heeft het evidente voordeel dat de student zich niet steeds opnieuw hoeft in te lezen in het voorbeeld. Deze doorlopende voorbeelden betreffen meestal een werkelijk onderzoek uit de psychologie. Daarbij is geprobeerd bij elke analyse een voorbeeld te kiezen dat goed kan dienen als een 'stereotype' voorbeeld. Ten eerste is dat gedaan door te kiezen voor onderzoeken met variabelen die gemakkelijk te begrijpen zijn zonder al te veel uitleg. Ten tweede is dat gedaan door steeds een voorbeeld te kiezen uit een deelgebied van de psychologie waarin de betreffende analyse vaak wordt gebruikt: bij 2-factor ANOVA is gekozen voor een experiment uit de sociale psychologie; bij regressie-analyse is gekozen voor een onderzoek uit arbeids- en organisatiepsychologie; bij quasi-experimenten is gekozen voor een voorbeeld uit klinische psychologie.

Naast de doorlopende voorbeelden zijn er ook veel voorbeelden die zijdelings worden gegeven. Die betreffen vaak alledaagse situaties en doen een beroep op het gezonde verstand van de student.

Praktische regels. Veel statistiekboeken vertonen koud-watervrees als het erom gaat praktische richtlijnen te geven; dat wordt als onacademisch ervaren. Maar een student moet wel weten wat er op het tentamen 'goed' of 'fout' zal worden gerekend, en wat in een artikel wel of niet acceptabel is. Neem bijvoorbeeld het beoordelen of een variabele bij benadering normaal verdeeld is. De meeste boeken schrijven alleen dat dit door grafische inspectie moet worden gedaan. Maar waar ligt dan de grens tussen 'wel' en 'niet' normaal verdeeld? Dat staat er nooit bij. In dit boek wordt geprobeerd om daar eenvoudige richtlijnen voor te geven. Men kan kritiek hebben op de door mij geformuleerde richtlijnen, maar ze zijn tenminste expliciet. Een ander voorbeeld is de keuze van het significantieniveau. Veel boeken doen alsof dit vrijelijk te kiezen is. Inderdaad is er vanuit de theoretische statistiek geen dwingende reden om 5% te kiezen. Maar in psychologisch onderzoek is het de conventie om 5% te kiezen, dus in de praktijk moet een student ook altijd voor 5% kiezen. Dus dat schrijf ik dan op.

Toepassing voorafgaande aan de theorie. In de meeste boeken wordt de steekproeventheorie behandeld voorafgaande aan de t-toetsen. Dat is wiskundig gezien de logische volgorde, maar is het ook didactisch optimaal? Steekproeventheorie is een abstract onderwerp. Hoe kan men zich hiervoor interesseren en de hoofdzaken van de bijzaken onderscheiden, als men nog geen zicht heeft op de toepassingen ervan? Dat vraagt wel erg veel geduld van de student. Daarom is de volgorde van deze onderwerpen in deel 2 van deze serie omgedraaid. Eerst wordt in deel 2A behandeld hoe men t-toetsen moet uitvoeren. Daarna wordt in deel 2B de steekproeventheorie behandeld. En dan blijkt dat studenten wel degelijk in staat zijn de toetsen goed uit te voeren en de strekking ervan te begrijpen zonder de finesses van de abstracte theorie te kennen.

Deze zelfde strategie is gevolgd bij veel andere onderwerpen, bijvoorbeeld de behandeling van het begrip 'interactie' in 2-factor ANOVA. Veel boeken proberen min of meer gelijktijdig uit te leggen wat interactie is en hoe je een ANOVA-tabel uitrekent. Maar dat is te veel tegelijk. Daarom wordt in deel 3 eerst behandeld hoe de ANOVA wordt uitgevoerd, en wordt pas daarna uitvoerig ingegaan op het begrip interactie.

Opbouw van eenvoudig naar moeilijk. De serie begint extreem eenvoudig. Er wordt nog uitgelegd hoe je een gemiddelde uitrekent met een rekenmachine. Veel auteurs gaan ervan uit dat de student dat al kan. Maar de werkelijkheid is dat er studenten zijn die het niet kunnen, of het weer vergeten zijn. Waarom zou je het dan niet uitleggen?

Ondanks dit eenvoudige begin, eindigt de serie op hoog niveau, met MANOVA-varianten zoals dubbel multivariate repeated-measures ANOVA in deel 4. Er zijn maar weinig inleidende statistiekboeken die dat laatste aandurven. Vaak stopt men bij eenvoudigere analyses, of behandeld men MANOVA op zeer technische wijze in een aparte cursus. Dat het in deze serie wel lukt, komt onder andere door de gedoseerde opbouw van de moeilijkheid. Door de aanvankelijke, vrij eenvoudig behaalde succeservaringen bij deel 1 is de student bij deel 2 bereid wat langer te blijven proberen en niet zo snel op te geven. Dat leidt dan weer tot een nieuwe succeservaring, waardoor de frustratiedrempel bij deel 3 nog hoger ligt. Enzovoort.

Integratie met SPSS. Er is een aantal boeken die specifiek gericht zijn op het gebruik van SPSS. De meeste van die boeken behandelen alleen de eenvoudige procedures, zoals Select cases en t-toetsen. Verder blijft de statistische theorie in die boeken meestal onderbelicht. Daarnaast zijn er veel statistiekboeken die juist de theorie behandelen, zonder uit te leggen hoe de analyse met SPSS kan worden gedaan. Dit wordt ondervangen in deel 4 van deze serie. Voor praktische oefeningen met geavanceerde analyses (zoals MANOVA) kan men daar terecht. Maar ook in de delen 1 - 3 wordt daar al op ingespeeld door steeds SPSS-termen te gebruiken (bijvoorbeeld 'repeated-measures ANOVA' in plaats van '2-factoriële variantieanalyse zonder herhalingen').

Behandeling van testtheorie. In deel 2 is een hoofdstuk opgenomen waarin de relatie wordt gelegd tussen klassieke testtheorie en ANOVA. In de meeste boeken wordt testtheorie niet behandeld, of de evidente relatie met ANOVA wordt niet vermeld. Ook worden in dit hoofdstuk enige begrippen uit de generaliseerbaarheidstheorie behandeld.

Gebruik van Engels termen. In sommige statistiekboeken worden krampachtig altijd de Nederlands termen gebruikt (bijvoorbeeld 'kwadratensom' in plaats van 'sum of squares'). Toch zijn de Engelse termen gebruikelijker, ook als Nederlandse onderzoekers onder elkaar praten. Het is nu eenmaal de taal van de wetenschap. Verder zal de student uiteindelijk toch de Engelse termen moeten kennen, bij het lezen van output en internationale literatuur. Daarom is niet geschroomd om Engelse termen te gebruiken. In het bijzonder is ook gekozen voor de gebruikelijke afkorting van sum of squares tot SS, ook al zou dat bij sommige lezers onaangename associaties kunnen oproepen.

Beperkingen. Uiteraard is het nodig geweest de onderwerpen in deze serie enigszins te beperken. Hier volgt een lijstje met mogelijke aandachtspunten.

- Bij de 'mate van controle' wordt alleen een onderscheid gemaakt tussen 'experiment' of 'geen experiment'. Bij counterbalancen wordt slechts 1 vorm (intragroup counterbalancen) behandeld.
- De student wordt in eerste instantie geleerd bij het formuleren van conclusies van statistische toetsen de term 'in de populatie' te gebruiken. In artikelen is dat ongebruikelijk.
- Bij causale interpretaties wordt het gebruik van inhoudelijke theorieën vermeden, hoewel men die in een echt onderzoek natuurlijk ook zou moeten bespreken.
- Het controleren van assumpties van een analyse wordt steeds pas achteraf behandeld. Dit, om niet af te leiden van het hoofddoel van de analyse.
- Om duidelijkheid te scheppen bij de student worden vaak regels geformuleerd, maar sommige studenten raken te veel gefocussed op de regeltjes en verwaarlozen de grote lijn.
- Het tekenen van histogrammen wordt erg simpel gehouden. Veel boeken besteden uitvoerige aandacht aan allerlei regels over klassegrenzen en interpolaties, waar ik het nut niet van inzie.
- Het handmatig berekenen van correlatie wordt niet behandeld. Dit, omdat het veel tijd kost en alleen maar afleidt van het concept.
- Kanstheorie en binomiaalverdelingen worden niet behandeld. Zij zijn op zichzelf niet van belang in de praktijk. Wat een kans is, snapt iemand ook wel zonder de 'en-of'-regels. En-of-regels komen wel ter sprake bij MANOVA, waar ze veel relevanter zijn. De binomiaalverdeling dient in de meeste boeken als inleiding tot de Centrale Limiet Stelling, maar is op zichzelf voor de meeste studenten zo moeilijk dat het zijn doel voorbij schiet.
- Er wordt geen inleiding in SPSS gegeven. Er zijn vele andere boeken die dat behandelen. In de cursus die ik geef volstaat het om bij het begin van deel 4 een inleidend praktikum te geven van ongeveer twee uur (een praktikumhandleiding met opgaven kan worden gedownload van de internetsite van deze serie boeken). Ook staan er tussen de opgaven van deel 4 steeds aanwijzingen, bijvoorbeeld hoe men Select Cases moet gebruiken.

Op de productpagina van dit boek op www.boomlemma.nl is extra materiaal te vinden.

Nijmegen, december 2003

Voorwoord voor studenten: relevantie van het vak

Psychologie baseert zich op het gedrag van mensen. Het is dus van belang om met onze eigen ogen na te gaan hoe die mensen zich gedragen. Het probleem waar je dan op stuit is dat mensen een grote verscheidenheid en variatie in gedrag tonen. Meer dan een mens zomaar kan bevatten. Daarom maken onderzoekers in de psychologie gebruik van statistiek. Statistiek helpt bij:
– het systematisch verzamelen en coderen van observaties
– het ordenen en samenvatten van gegevens
– het interpreteren van de resultaten
– communicatie over dit alles met andere onderzoekers.

Kortom, zonder statistiek geen psychologie.

Misverstanden over de inhoud van statistiek
Statistiek heeft tot doel om vragen te beantwoorden met behulp van data. Veel mensen zijn daarvan te weinig doordrongen, en dat doet een aantal misverstanden ontstaan. Voor ik in ga op de aard van die misverstanden, eerst iets over de oorzaak er van. De oorzaak is denk ik dat veel mensen denken dat statistiek een vorm van wiskunde is. Dat is het niet. Statistiek gaat over data. Wiskunde is nou juist de enige wetenschap die geen data gebruikt. Wiskundigen zullen nooit in hun leven data verzamelen. Weliswaar wordt er in de statistiek veel wiskunde gebruikt, maar het is zelf geen wiskunde. Weliswaar wordt statistiek op middelbare scholen door wiskundeleraren gegeven, maar eerlijk gezegd betwijfel ik of dat wel zo verstandig is. Want dat zijn niet de mensen die zelf statistiek gebruiken.

Als gevolg van dit misverstand wordt er soms geklaagd dat sommige opgaven onduidelijk zijn. Dan wordt er bijvoorbeeld gevraagd een numerieke samenvatting te maken, terwijl in dit boek niet staat gedefinieerd wat een numerieke samenvatting is. Dat zou een terechte kritiek zijn als statistiek een vorm van wiskunde was. Maar dat is het niet. Statistiek heeft tot doel om vragen te beantwoorden met behulp van data. Die vragen zijn meestal onduidelijk. Dat is de praktijk in vrijwel elk onderzoek. Daar moet je dus mee om leren gaan. In het bovenstaande voorbeeld moet je dus zelf bedenken wat een numerieke samenvatting is. Zo moeilijk is dat niet: er moeten nummers in staan en het moet een samenvatting zijn. Die samenvatting moet een goede samenvatting zijn, dus er moet antwoord worden gegeven op de belangrijkste vragen die men zou kunnen stellen. Jij moet dus bedenken welke vragen belangrijk zijn. Bij wiskunde hoefde je dat misschien nooit te doen, *maar hier wel*.

Een ander misverstand is dat het bij statistiek om de getallen en de berekeningen gaat. Dan je zie dat iemand een hoop berekeningen heeft gemaakt en de uitkomst is bijvoorbeeld 42. En dan houdt die persoon op. Maar statistiek heeft tot doel om vragen te beantwoorden met behulp van data. De vraag is bijvoorbeeld: 'Wat zeggen deze gegevens over de verschillen tussen mannen en vrouwen.' En dan geeft zo iemand als antwoord: '42.' Dat is toch ronduit belachelijk, zeg nou zelf. Je moet conclusies trekken en die conclusies nauwkeurig formuleren en opschrijven. Dus een goed antwoord is niet '42' en ook niet '42 → verschil' maar wel: 'Er is een verschil van 42 punten tussen Nederlandse mannen en vrouwen van middelbare leeftijd met betrekking tot hun gemiddelde stress-tolerantie gemeten met de SQV-5.' Misschien denk je dat zo'n zinnetje op het tentamen toch niet belangrijk is, maar dan zou je wel eens lelijk op je neus kunnen kijken. Veel statistiekdocenten vinden dat juist het belangrijkste. Bij tentamens die door mij worden afgenomen geldt in ieder geval: de meeste mensen zakken op het weglaten of verkeerd formuleren van de interpretaties. Want wat heb je eraan om alles perfect te berekenen als je er vervolgens de verkeerde conclusie uit trekt? Of zelfs helemaal geen conclusie; dat is nog stommer, lijkt me.

Verder moet je bij het maken van opgaven in gedachten houden dat communicatie en gezond verstand in de statistiek nog belangrijker zijn dan in de rest van het leven. Dus als er in dit boek nergens staat dat je de meeteenheid moet vermelden, dan kun je misschien zelf bedenken of dat een handige manier van communiceren is.

Mythen over het leren van statistiek

Ik heb een aantal jaren statistische analyses gedaan op de cijfers die studenten haalden voor hun statistiektentamens in de cursussen die ik geef. De conclusies daarvan waren steeds hetzelfde. De belangrijkste reden waarom studenten het tentamen niet haalden, was dat ze überhaupt niet aan het tentamen meededen. Het statistiekcijfer correleerde nauwelijks met het wiskundecijfer dat men op de middelbare school had, maar sterk met de hoeveelheid gemaakt huiswerk. Globaal gesproken was de slaagkans ongeveer gelijk aan het percentage gemaakt huiswerk. Wie altijd alles had gemaakt, had 100% kans het tentamen direct of bij de herkansing te halen. Wie 50% had gemaakt, had ongeveer 50% kans. Mijn boodschap is dus simpel: maak al je huiswerk en doe mee aan het tentamen.

Mijn boodschap is simpel en mijn argument is helder, maar toch wordt ik vaak niet geloofd. Dat komt doordat mijn argument statistisch van aard is. Daarom zal ik hieronder wat uitleggen over de psychologie van het leren voor statistiek. Daar zijn natuurlijk veel meer woorden voor nodig.

Een van de belangrijkste redenen waarom mensen zakken voor statistiektentamens is misschien moeilijk voor je te geloven. Dat is namelijk omdat ze een foute psychologische theorie hebben. Het is een *psychologische* theorie, geen statistische, want hij zegt iets over menselijke denkprestaties. De inhoud van die theorie is: *statistiek is een kwestie van begaafdheid en dat heb je of je hebt het niet.* Alvorens op die theorie in te gaan, moet je je eerst eens afvragen in hoeverre jijzelf in die theorie gelooft en waarom.

Uit verscheidene onderzoeken komt naar voren dat juist de mensen die in deze theorie geloven slecht presteren in statistiek. Daarentegen zijn degenen die goed presteren meestal mensen die geloven dat hun prestatie vooral een kwestie is van hard werken en veel geduld. In dat opzicht is het toch een beetje vergelijkbaar met wiskunde. Onder wiskundigen bestaat de uitdrukking dat je 'zitvlees' moet hebben. Wie dat niet heeft, kan het wel vergeten.

Je hoeft geen groot psycholoog te zijn om in te zien dat de begaafdheidstheorie sastreus is voor iemands prestaties in statistiek. Want als hij waar is, dan heeft het 'n zin om te leren. Dus dat doen die mensen ook niet. En dan zakken ze. En dan en ze 'Zie je wel; ik kan het niet'. Tja, zo kennen we er nog wel paar!

je in de begaafdheidstheorie geloofde, ben je nu waarschijnlijk nog niet ov gd van het tegendeel. Maar waarom geloof je er eigenlijk in? Misschien zaten er in jouw klas jongetjes die het allemaal kwam aanwaaien en meisjes die alsmaar moesten ploeteren? Leraren of ouders die tegen je zeiden 'dat kun jij niet'? Dan moet je bedenken dat het voor veel mensen psychologisch voordelig is om deze mythe te laten voortbestaan. Degenen die het zogenaamd allemaal komt aanwaaien zijn daar trots op. Daardoor hebben ze er belang bij om de hoeveelheid tijd die ze er in staken veel kleiner voor te stellen dan hij in werkelijkheid is. Verassend genoeg zijn ook degenen die ervoor moesten ploeteren daar vaak trots op. Die hoor ik bij het maken van een opgave dan uitspraken doen zoals: 'Ik ben een alfa - ik kan dat niet.' Dat wordt dan met een zekere blijdschap uitgesproken. Voor je doorleest in de volgende alinea moet je eens een minuut proberen te bedenken hoe zo iemand een statistiekopgave maakt. Een doorsnee statistiekopgave bevat vragen waarvoor een normaal mens enige minuten moet nadenken eer hij of zij aan het beantwoorden kan beginnen. Stel je nu iemand voor die er heimelijk trots op is geen statistiek te kunnen. Hoe zal die de statistiekopgave maken?

Dat gaat zo iemand dus niet lukken. Want die denkt na vijf seconden al: 'Ik weet het antwoord niet. Zie je wel, ik ben een alfa!' Dat is namelijk precies wat diegene wil denken over zichzelf. Dat zou nog niet zo erg zijn als de persoon daarna gewoon aan de vraag begon. Maar het verraderlijke is dat zo'n persoon gelijk stopt met de opgave en vindt dat een ander hem of haar moet helpen. Of misschien wel probeert door te gaan maar minutenlang deze en soortgelijke gedachten blijft herhalen. Dus die opgave komt nooit af. Vervolgens wordt dat door iedereen gezien als een bevestiging van de theorie. Terwijl het gewoon een self-fulfilling prophecy is.

Over het alfaschap bestaat nog een andere mythe, namelijk deze: *een alfa is geen beta*. Er zijn tientallen onderzoeken die hebben gevonden dat alle cognitieve prestaties positief met elkaar correleren. Mensen die goed zijn alfavakken, zijn meestal ook goed in betavakken, en andersom. Toch wil de mythe dat het andersom is. En ook hier ontstaat een self-fulfilling prophecy: iemand die eenmaal van zichzelf heeft geconcludeerd dat hij of zij een alfa is, en gelooft dat zulks niet is te verenigen met betacapaciteiten, is algauw geneigd de betavakken te verwaarlozen omdat daar toch geen eer is te behalen.

Nauw verwant aan de begaafdheidsmythe is deze: *statistiek is een kwestie van inzicht.* Mensen die dat zeggen, denken er vaak stiekem bij: 'en dat heb je of je hebt het niet'. Dat is weer de begaafdheidsmythe. Maar ook zonder die aanvulling is het een mythe. Statistiek, althans zoals het in dit boek wordt onderwezen, is 70% oefenen, 30% uit je hoofd leren, en 10% inzicht. Ja, je leest het goed, en je kan ook goed rekenen. Want inzicht is niet iets waar je mee begint, of wat een voorwaarde is; het is iets waar je mee eindigt en wat een gevolg is van oefenen en uit je hoofd leren. Wat is 'inzicht' eigenlijk? Daar heb ik nog nooit een duidelijke definitie van gehoord. Volgens mij is inzicht weinig meer dan goed georganiseerde kennis en vaardigheid plus een goed gevoel daarover. Daarmee komen we op een verwante mythe: *uit je hoofd leren is voor de dommen.* Tot mijn grote spijt is deze mythe jarenlang als vanzelfsprekendheid uitgedragen op middelbare scholen. Een behoorlijk aantal studenten, met name degenen die voor slim willen worden aangezien, willen dan ook geen dingen uit hun hoofd leren omdat ze zich daar te goed voor voelen. Alsjeblieft, geloof me: je kan dingen pas begrijpen als je ze grotendeels uit je hoofd kent.

Een andere mythe is: *meisjes zijn minder goed in statistiek dan jongens.* Er zijn talloze onderzoeken naar gedaan, en die hebben bijna allemaal dezelfde uitkomst: meisjes scoren gemiddeld niet significant lager dan jongens, eerder omgekeerd. Ik vraag me af of deze mythe misschien iets te maken heeft met de alfa-betamythe en de heimelijke trots geen statistiek te kunnen. Is het misschien zo dat degene die verklaart geen statistiek te kunnen zichzelf als extra vrouwelijk profileert? Want de ideale vrouw is knap – en een beetje dom?

De hier besproken mythen hebben met elkaar gemeen dat zij prestaties in statistiek koppelen aan onveranderlijke persoonseigenschappen. Deze mythen zijn vaak heimelijke *keuzen* die mensen maken over wat ze willen geloven over zichzelf. Daarmee negeren zij het feit dat statistiek leerbaar is, net zoals je kan leren pianospelen. Maar dan moet je wel oefenen. Niemand, ook niet wonderkinderen zoals Mozart, kan bij geboorte al pianospelen. Er moet eerst worden geoefend, met bloed, zweet en tranen. Datzelfde geldt voor statistiek. Daarmee wil ik niet zeggen dat iedereen een Rachmaninoff voor de statistiek kan worden. Maar het leren van de standaarddeuntjes moet te halen zijn voor iemand die niet geestelijk gehandicapt is. Grote delen van statistiek zijn weinig meer dan veredeld gezond verstand. Wie zegt: 'Ik kan geen statistiek,' zegt eigenlijk: 'Ik ben geestelijk gehandicapt, ik heb geen gezond verstand.' Wie dat echt van zichzelf gelooft, moet de consequentie trekken: sla dit boek dicht en beëindig je studie.

Nijmegen, december 2013

Deel A Verdeling van een variabele

Leerdoelen deel A

- Systematisch kunnen rapporteren over de verdeling van een variabele.
- Genormeerde scores kunnen berekenen en interpreteren.
- Op grond van een grafische weergave (histogram) conclusies kunnen trekken over diverse statistische maten.
- Kunnen rekenen met normaalverdelingen.
- De bekende beperkingen van het intuïtief-menselijk denken bij het trekken en beoordelen van steekproeven kunnen onderbouwen en toepassen.

Aan het eind van deel A wordt een volledige specificatie van de leerdoelen gegeven, alsmede twee zelftoetsen.

1 Observatie, vragenlijst, test

1.1 Inleiding

Doel
Waar het in dit hoofdstuk om gaat, is dat je weet hoe we in de psychologie aan gegevens komen. Deze gegevens worden dan met behulp van de statistiek geanalyseerd. Ook moet je kunnen bepalen wat het meetniveau van variabelen is.

1.2 Methoden om gegevens te verzamelen

Bij onderzoek in de psychologie baseert men zich op het gedrag van de proefpersonen. Dat gedrag heeft natuurlijk altijd erg veel aspecten. Te veel om voor de onderzoeker te bevatten. Daarom beperkt men zich maar tot enkele aspecten van het gedrag van de proefpersonen. Dit wordt dan systematisch geregistreerd, dat wil zeggen: voor elke proefpersoon. Daar zijn verschillende methoden voor:
1 observatie
2 vragenlijsten
3 tests

Deze methoden zullen we nu bespreken. Het gaat er daarbij nu nog niet om dat je precies alle voor- en nadelen van deze methoden kent – alhoewel het natuurlijk goed is om daar zelf over na te denken. Waar het om gaat, is dat je zicht krijgt op hetgene dat vooraf gaat aan alle statistische analyses: het verzamelen van gegevens.

De gegevens die we verzamelen zijn normaal gesproken afkomstig uit de 'werkelijkheid' buiten ons. Die werkelijkheid noemen we de **empirie**. Onderzoek hiernaar heet empirisch onderzoek. Er zijn een aantal regels die door vrijwel alle onderzoekers in de psychologie worden geaccepteerd:
- De werkelijkheid waar je het over hebt moet in principe voor iedereen waarneembaar zijn. Je mag dus geen conclusies trekken op basis van introspectie van jezelf. Je mag daar overigens wel vermoedens uit putten. Ook uitspraken over je vorige levens, of over een transcendente wereld die alleen jij kan ervaren, zullen niet serieus worden genomen.
- De uitspraken die je doet, moeten duidelijk zijn. Dat wil zeggen: slechts voor één interpretatie vatbaar. Iedereen moet zonder nadere discussie kunnen con-

troleren of het klopt wat je zegt. De uitspraak: 'Die jongen is lief,' is niet duidelijk.
- We beperken ons tot feitelijk beschrijvingen en geven geen morele oordelen.

1.3 Observatie

Je kunt bijvoorbeeld in een café gaan zitten om te observeren hoe mensen elkaar ontmoeten. Er spelen hierbij natuurlijk heel veel zaken een rol die je zouden kunnen interesseren. Om het allemaal bij te houden moet je dus een selectie maken: welke aspecten interesseren je genoeg om te observeren? Dat moeten natuurlijk wel aspecten zijn die inderdaad 'observeerbaar' zijn. Zoiets als 'of er een relatie is tussen non-verbaal gedrag en geslacht' is veel te vaag. Wat is 'non-verbaal gedrag'? Wat bedoel je met 'relatie'? Er zijn wel duizend 'relaties' te bedenken.

Je zou bijvoorbeeld het volgende onderzoek kunnen doen. Ik ga er voor het gemak vanuit dat je steeds een persoon uitkiest die alleen in het café zit of staat, en die persoon observeert tot hij of zij een ontmoeting heeft met iemand anders, dan wel het café verlaat. Dan schrijf je op wat je hebt gezien. Vervolgens kies je een nieuwe persoon uit om te observeren.

Bij de observatie kun je dan steeds de volgende vragen beantwoorden. Tussen haakjes staan de antwoordmogelijkheden.
1 Wat is het geslacht van de eerste persoon? (man/vrouw)
2 Wat is het geslacht van de tweede persoon? (man/vrouw)
3 Hoe lang duurt de ontmoeting? (1 minuut, 2 minuten, …)
4 Raken de personen elkaar aan? (ja/nee)

Deze vragen leveren je een selectie van het gedrag van de personen. Er zijn immers heel veel dingen die je niet registreert. Je schrijft bijvoorbeeld niet op waar de personen elkaar aanraken, of ze lachen, of ze veel praten, hoe hard ze praten, enzovoort.

1.3.1 Datamatrix

Als je deze observatie voor 20 paren uitvoert, zou je bijvoorbeeld de volgende gegevens kunnen krijgen. Voor de overzichtelijkheid is het gebruikelijk de gegevens in een tabel te zetten, zoals in tabel 1.1. Deze tabel noemt men de **datamatrix**.

Tabel 1.1

Paar	Vraag 1	Vraag 2	Vraag 3	Vraag 4
1	man	man	1	nee
2	man	man	28	nee
3	vrouw	man	15	ja
4	man	vrouw	2	nee
5	vrouw	man	1	nee
6	vrouw	vrouw	44	ja
7	vrouw	vrouw	1	nee
8	man	vrouw	10	nee
9	man	vrouw	23	ja
10	man	man	14	nee
11	vrouw	man	69	nee
12	man	vrouw	21	ja
13	vrouw	vrouw	12	ja
14	vrouw	vrouw	9	ja
15	vrouw	man	9	nee
16	man	man	3	ja
17	man	vrouw	16	nee
18	vrouw	vrouw	23	ja
19	vrouw	man	33	ja
20	man	vrouw	21	nee

Op grond van de bovenstaande gegevens kun je al een aantal simpele, concrete vragen beantwoorden. Maak nu opgave 1 in hoofdstuk 7.

1.4 Vragenlijsten

Als je wilt weten hoe mensen hun vrije tijd besteden, zou je dat als volgt kunnen onderzoeken. Je zoekt een groep personen die je wilt onderzoeken. Je maakt een lijst met vragen die je aan deze personen wilt stellen. Je legt een kopie van de vragenlijst voor aan elk van die personen, met de instructie om de vragen met betrekking tot zichzelf te beantwoorden. Je zou bijvoorbeeld een groep psychologiestudenten de volgende vragen kunnen voorleggen.

1 Ga je vaak naar de film? (nooit/soms/vaak)
2 Doe je veel aan sport? (nooit/soms/vaak)
3 Ga je vaak naar de kroeg? (nooit/soms/vaak)
4 Lees je veel romans? (nooit/soms/vaak)

En zo kun je nog wel een aantal vragen verzinnen.

1.4.1 Datamatrix

Als je deze vragenlijst aan 20 personen voorlegt, zou je bijvoorbeeld de volgende gegevens kunnen krijgen. Wederom worden de gegevens voor de overzichtelijkheid in een datamatrix weergegeven. Om het typewerk te besparen zullen we verder de antwoorden **coderen** met een getal:

   1 = nooit
   2 = soms
   3 = vaak

Een mogelijk resultaat is de datamatrix in tabel 1.2. Iedere kolom (verticaal) scores in de matrix noemen we een **variabele**. De antwoorden op vraag 1 vormen dus tezamen een variabele. De antwoorden op vraag 2 vormen een andere variabele. Iedere rij noemen we een **subject**. Daar worden ook vaak andere namen voor gebruikt, zoals eenheid, unit of case. Meestal is dat een persoon of een dier.

Tabel 1.2

Persoon	Vraag 1	Vraag 2	Vraag 3	Vraag 4
1	1	1	1	2
2	2	3	3	2
3	3	3	1	1
4	1	3	2	1
5	1	2	1	1
6	1	2	2	1
7	3	2	2	1
8	3	1	3	3
9	2	2	1	2
10	1	1	2	2
11	2	1	2	1
12	3	3	1	1
13	1	2	2	1
14	2	1	1	2
15	1	1	3	3
16	1	2	3	2
17	3	3	1	2
18	2	2	1	2
19	2	1	3	3
20	2	3	1	2

Op grond van de bovenstaande gegevens kun je een aantal concrete vragen beantwoorden. Een aantal voorbeelden daarvan staan in opgave 2 in hoofdstuk 7. Maak nu die opgave.

1.5 Psychologische tests

In veel gebieden van de psychologie heeft men succesvol onderzoek kunnen doen door het gebruik van **psychologische tests**. Elke test heeft de volgende drie kenmerken volgens de *Standards* van de American Psychological Association (APA) (AERA, APA & NCME, 1985):

- De test bestaat uit een aantal vragen of opdrachten. Die vragen of opdrachten worden **items** genoemd. Een te onderzoeken persoon moet deze items maken. Dat wil zeggen: de vragen beantwoorden of de opdrachten uitvoeren. In dit opzicht is een test niet meer dan een vragenlijst.
- Voor elk item krijgt de persoon een score op basis van het gegeven antwoord. Deze scores noemen we **itemscores**. In het geval van een intelligentietest bijvoorbeeld, zal per item worden beoordeeld of het antwoord van de persoon 'goed' of 'fout' is. Voor een goed antwoord krijgt de persoon 1 punt, voor een fout antwoord 0 punt.
- De itemscores van de persoon worden samengevat met een enkel getal, de zogenaamde **testscore**. In vrijwel alle gevallen is dit gewoon de som van de itemscores van de betreffende persoon.

Een psychologische test heeft tot doel bij individuele personen te meten in hoeverre zij een bepaalde eigenschap bezitten. De mate waarin de persoon die eigenschap bezit, wordt met de testscore uitgedrukt (dat is tenminste de bedoeling). Een test is dus een **meetinstrument**.

Er zijn heel veel verschillende tests. Je kan bijna geen eigenschap verzinnen of er is al wel eens een test voor gemaakt.

Voorbeelden
1 Een multiple-choicetentamen
Een multiple-choicetentamen is een test. Voor elke vraag krijg je een aantal punten, afhankelijk van je antwoord, en die punten worden opgeteld om je cijfer te bepalen. Dat cijfer is dus een testscore. Hoe hoger je cijfer is, hoe meer je beheerst van het betreffende vak. Althans, volgens de examinator.

2 Tijdschriften
In vrijwel elke *Viva*, *Elle*, enzovoort, staat wel een test om zaken te meten als: 'Ben jij een goede vriendin?', 'Vertrouw jij je vriend?', enzovoort.

3 BDI en ATQ

Beck's Depression Inventory (BDI) is een test waarmee men beoogd te meten hoe depressief (neerslachtig) de persoon in de voorafgaande week is geweest. De Automatic Thought Questionnaire (ATQ) is een test die beoogd te meten in welke mate de persoon werd gehinderd door 'automatische negatieve gedachten' in de voorafgaande week. Dit zijn negatieve gedachten die door het hoofd van de persoon malen en die in sommige situaties 'vanzelf' opkomen. ('De barkeeper ziet me over het hoofd. Hij wil me niet zien. Zie je wel, niemand wil me zien. Ik ben lelijk. Ik ben oninteressant. Alle andere mensen zijn leuker dan ik.') Automatische negatieve gedachten worden gezien als een oorzaak van depressiviteit.

In paragraaf A.1 van de appendix vind je de Nederlandse vertaling van deze twee tests. Merk op dat de antwoorden hier niet als 'goed' of 'fout' worden gescoord. Ze worden in feite gescoord als 'hoog-' of 'laagdepressief'. Merk verder op dat met deze tests niet wordt gepretendeerd een persoonseigenschap te meten die stabiel is gedurende het hele leven van de persoon. Het kan per week veranderen.

1.5.1 Zijn tests wel te vertrouwen?

Met psychologische tests proberen we eigenschappen van personen uit te drukken in getallen. Een beetje raar. Veel eigenschappen zijn eigenlijk veel te complex om domweg in getallen uit te drukken. Mag dat zomaar, een stel vragen verzinnen en de antwoorden optellen? Daar valt heel veel over te zeggen.

Ten eerste kan deze vraag niet in zijn algemeenheid worden beantwoord. Het hangt er maar net van af welke eigenschap je wilt meten, en welke test je daarvoor gebruikt. Sommige eigenschappen, zoals intelligentie, zijn inderdaad te complex om met een enkel getal uit te drukken. Bij sommige andere eigenschappen lukt dat misschien weer beter. Je moet dus voor elke test opnieuw onderzoeken of hij geschikt is.

Ten tweede heeft het, bij een gegeven test, weinig zin om hierover theoretisch te speculeren. Je moet gegevens verzamelen waaruit blijkt dat de test goed is. Een veelgehoorde kritiek op tests is bijvoorbeeld dat een testscore slechts een momentopname is. Welnu, dat zou waar kunnen zijn. Dat kun je onderzoeken door de test tweemaal af te nemen bij dezelfde personen, met een tussen periode van (zeg) een jaar. Als iedereen bij de tweede afname ongeveer dezelfde score heeft als bij de eerste afname, dan is de testscore kennelijk geen momentopname.

Ten derde moet je oppassen niet in woordspelletjes te vervallen. Het is natuurlijk erg makkelijk om te roepen dat de BDI geen depressiviteit meet omdat jij iets heel anders onder depressiviteit verstaat dan meneer Beck. Maar daar schiet niemand iets mee op. Er bestaat geen algemeen geaccepteerde definitie van depressiviteit. Dus kunnen we gewoon afspreken dat we daarmee voortaan de score op de BDI bedoelen. Trouwens, zelfs als je je eigen depressiviteitstest zou creëren, zal die ongetwijfeld leiden tot een andere begrip 'depressiviteit' dan wat je oorspronkelijk in gedachten had. Je uiteindelijke definitie dient namelijk precies te zijn, terwijl je oorspronkelijke begrip nogal vaag is. Dat kan dus nooit hetzelfde zijn.

Ten vierde is een test vooralsnog vaak het beste alternatief om op systematische wijze hanteerbare informatie over menselijk gedrag te verzamelen. In het geval van de BDI zal niemand ontkennen dat depressiviteit een complex verschijnsel is dat niet volledig wordt gevangen door de BDI. Niettemin is de BDI bruikbaar, omdat hij in ieder geval een deel van de relevante informatie wel geeft. Dat is nog altijd beter dan niets. En het is ook beter dan een chaotische stortvloed van alle mogelijke details, waar niemand iets mee kan.

Bij de bovengenoemde damesbladentests is vermoedelijk niet onderzocht of ze adequaat zijn. Zo'n test is dus wetenschappelijk gezien van nul en generlei waarde. Van de BDI en de ATQ is dat wel onderzocht. Hoe je de geschiktheid van een test kan onderzoeken, zal pas veel later in de studie worden behandeld. Op dit moment is dat nog te moeilijk. Voorlopig moet je dus maar aannemen dat de tests waar we het over hebben, redelijk goed zijn.

1.5.2 Datamatrix

In een onderzoek zijn de BDI en de ATQ bij een aantal jongeren tussen de 15 en de 19 afgenomen (samen met nog een aantal andere tests). Vervolgens deed een deel van deze personen mee aan de cursus 'Stemmingmakerij'. Dit noemen we groep 1. De andere personen deden niet mee aan de cursus. Dit noemen we groep 2. Een aantal maanden later, dus na de cursus, werden zowel de BDI als de ATQ nogmaals afgenomen bij alle personen. We geven hier de datamatrix met de testscores in tabel 1.3. Daarbij gebruiken we de volgende afkortingen:

Bdv	= depressiviteit voormeting	= score op de BDI bij de eerste afname
Bdn	= depressiviteit nameting	= score op de BDI bij de tweede afname
Atqv	= automatische gedachten voormeting	= score op ATQ bij de eerste afname
Atqn	= automatische gedachten nameting	= score op ATQ bij de tweede afname

Tabel 1.3

Groep	Bdv	Bdn	Atqv	Atqn
1	22	4	80	40
1	13	3	57	38
1	15	4	89	47
1	19		70	53
1	23	8	79	56
1	12	3	68	38
1	15	7	63	55
1	18	22	77	104
1	14	3	70	47
1	12	1	91	32
1	16	7	50	40
1	21	3	69	40
1	23	11	117	80
1	11	7	72	56
1	16	21	71	73
1	20	33	95	95
1	13	6	50	47
1	16	18	103	94
1	14	10	52	57
1	15	14	78	70
1	16	8	99	73
1	12	7	68	48
1	11	1	80	35
1	15	6	47	49
1	11	6	58	45
1	11	6	55	51
1	14	14	93	73
1	12	10	54	44
1	12	9	66	49
1	14	11	59	54
1	21	13	67	45
1	17	27	67	72
1	12	14	55	79
1	12	8	70	61
1	21	19	110	91
1	21	9	66	70
1	13	3	56	39
1	25	4	92	36
1	14	7	61	45
1	14	6	84	65

Groep	Bdv	Bdn	Atqv	Atqn
1	19	19	103	108
1	22	14	99	78
1	19	22	97	90
1	20	14	91	69
1	19	25	85	87
1	11	5	57	57
1	12	15	63	68
1	10	19	65	77
1	19	16	94	90
2	11	5	69	52
2	11	5	58	52
2	13	0	43	33
2	12	5	60	51
2	22	17	58	61
2	12	3	44	32
2	10	13	53	53
2	10	5	36	43
2	12	5	47	39
2	11	9	67	57
2	18	3	79	56
2	14	15	61	58
2	10	10	58	58
2	16	0	66	84
2	15	16	55	66
2	10	13	46	59
2	16	15	89	92
2	11	4	58	31
2	13	12	50	45
2	16	13	82	62
2	11	0	47	38
2	22	22	87	100
2	16	14	64	58
2	13	9	67	62
2	15	11	84	50
2	10	6	70	62
2	19	8	99	83
2	11	12	64	59
2	14	12	85	81
2	11	5	38	41
2	12	13	69	63

Observatie, vragenlijst, test

Groep	Bdv	Bdn	Atqv	Atqn
2	20	8	88	80
2	10	10	50	51
2	12	6	58	55
2	15	9	64	68
2	13	11	58	67
2	15	8	53	61
2	18	26	72	72
2	16	12	43	66
2	11	7	87	41
2	20	16	70	59
2	10	16	35	38

Number of cases listed = 91

Je ziet, we hebben nu wat meer proefpersonen, maar het weergeven van de datamatrix is niet echt informatief. Een kind kan begrijpen dat het handiger is om de zaak samen te vatten. Een voor de hand liggende manier om dat te doen, is om in beide groepen voor beide variabelen het gemiddelde te berekenen. Dat zijn dus vier gemiddelden. In figuur 1.1 is een stukje computeroutput weergegeven waar die gemiddelden in staan. (Er staan ook nog andere dingen in, die nog niet behandeld zijn. Dat heb je nou altijd met statistische programma's: je vraagt iets simpels, en dan geven ze er iets bij wat je niet snapt. Daar wordt een mens zenuwachtig van.)

Op grond van de gegevens in de datamatrix en de output kun je een aantal vragen beantwoorden. Die vragen staan in opgave 3 in hoofdstuk 7. Maak die opgave nu.

GROEP		BDV	BDN
1,00	Mean	15,8571	10,8750
	Std. Deviation	4,02078	7,37051
	N	49	48
2,00	Mean	13,7381	9,7381
	Std. Deviation	3,44334	5,66142
	N	42	42
Total	Mean	14,8791	10,3444
	Std. Deviation	3,89254	6,61656
	N	91	90

Figuur 1.1 Gemiddelden van Bdv en Bdn per groep

Jongen, 17 jaar, BDI-score 16

De laatste tijd ben ik nogal eens depressief. Meestal niet tijdens de les, maar thuis en vaak na een feest. Ik heb vaak het idee dat ik er maar een beetje 'bijhang'. Ik heb weinig zelfvertrouwen, ben erg verlegen, meng me nooit in gesprekken en ga na school ook haast niet met mensen om. Ik heb een paar goede vrienden, maar ik kan met hen ook niet goed over mijn problemen praten. Vaak denk ik dat zij best zonder mij kunnen maar ik niet zonder hen, ik maak namelijk moeilijk contact met mensen. Ik heb eens geprobeerd voor mezelf te bewijzen dat ik best zonder hen kon, maar toen voelde ik me toch heel erg alleen, kreeg nog meer het gevoel dat ik niets waard ben en baalde ik een paar dagen ontzettend. Af en toe denk ik ook aan zelfmoord en daar maken mijn vrienden zich best druk om. Ik weet wel zeker dat ik het (nu) niet zou doen (...) Meestal als ik depressief ben denken mijn ouders dat ik chagrijnig ben. Zo kom ik thuis ook over, maar thuis gedraag ik me heel anders dan op school. Thuis kan ik nooit echt zeggen wat me dwars zit. Altijd als ik baal ga ik over dingen nadenken. Hierdoor kan ik me moeilijk concentreren op mijn huiswerk en kom ik meestal slecht in slaap. Als ik kranten bezorg ga ik altijd piekeren over allerlei dingen en kan hier dan moeilijk mee stoppen

Uit: Nine Veltman (1997), Stemming maken

1.6 Het meetniveau van een variabele

Een variabele die een hoeveelheid uitdrukt, noemen we een **kwantitatieve** variabele. Andere variabelen noemen we **kwalitatieve** variabelen. Deze terminologie is enigszins ongebruikelijk. Vaker gebruikt men de termen 'continu' versus 'categoriaal', of 'interval' versus 'nominaal', in plaats van kwantitatief versus kwalitatief. Die begrippen hebben echter ook een veel sterkere betekenis, die meestal niet is gerechtvaardigd.

Voorbeeld
BDI-scores zijn kwantitatief. Nationaliteit is kwalitatief, want Belgen hebben niet meer nationaliteit dan Duitsers. Geslacht is kwalitatief. Overigens kun je daar nog over discussiëren, en dat geldt voor alle variabelen met twee categorieën: weliswaar hebben jongens niet meer geslacht dan meisjes, maar als je de variabele 'mannelijkheid' noemt, dan is het wel een hoeveelheid.

2 Elementair rapport van een variabele

2.1 Inleiding

Doel
Na de bestudering van dit hoofdstuk ben je in staat een elementair rapport te maken van een variabele.

Achtergrond
In het voorgaande hebben we driemaal een datamatrix beschouwd en op grond daarvan een aantal vragen beantwoord. Daarbij maakten we steeds een tussenstap: Het berekenen van een percentage of een gemiddelde. Zulke getallen geven als het ware een samenvatting van de oorspronkelijke gegevens in de datamatrix. We zullen dat nu systematischer gaan aanpakken. Hoe kun je de gegevens in je datamatrix samenvatten? We zullen ons daarbij voor de eenvoud beperken tot een enkele variabele, bijvoorbeeld alleen 'depressiviteit voormeting' (Bdv). Verder zullen we ons beperken tot een enkele groep, bijvoorbeeld alleen de totale groep. Dat heeft tot gevolg dat onze uitkomsten in principe tamelijk oninteressant zullen zijn. Interessante vragen hebben namelijk bijna altijd betrekking op meerdere variabelen of meerdere groepen. Toch zul je de analyses waar we het over gaan hebben nog vaak tegenkomen. Het is namelijk gebruikelijk om in vrijwel ieder onderzoek eerst te beginnen met een elementair rapport van de variabelen afzonderlijk.

2.2 Het elementair rapport

Wat moet er in zo'n elementair rapport staan? Daar bestaan geen officiële afspraken over, maar toch doen de meeste onderzoekers hier ongeveer hetzelfde. We maken bij deze de afspraak dat, in dit boek, een elementair rapport van een variabele de volgende zaken bevat:
1 de frequentieverdeling, het histogram en N;
2 het vijfgetallenresumé, uitschieters en het gemodificeerde boxdiagram;
3 gemiddelde en standaardafwijking;
4 indicatie van de normaliteit.

Al deze begrippen worden in dit deel van het boek behandeld. Wat je moet kunnen is: op grond van een gegeven datamatrix een elementair rapport van een of meer variabelen maken.

Een vraag die studenten vaak aan het begin van een statistiekcursus stellen is: in hoeveel decimalen moet je de uitkomsten opschrijven? Naar mijn weten is er geen enkel statistiekboek dat daar iets over zegt. Het wordt namelijk niet gezien als onderdeel van de statistiek. In natuurkunde en scheikunde bestaan daar regels voor, maar in statistiek niet. Of eigenlijk is de regel: gebruik alle decimalen in berekeningen, en rapporteer van einduitkomsten alleen de decimalen waarvan het aannemelijk is dat het de lezer kan interesseren. Dat is meestal hoogstens twee decimalen. In een statistiekcursus is het echter ook nodig om soms de tussenresultaten te bespreken, en het is niet handig om dat in zestien decimalen te doen. Om de communicatie te vergemakkelijken, is het handig om af te spreken om tussenresultaten in vier decimalen op te schrijven. Dan zullen de einduitkomsten van verschillende studenten meestal ongeveer hetzelfde zijn.

In elk elementair rapport (ook na dit hoofdstuk) moet elke as in elke figuur een naam en schaalverdeling hebben.

2.3 De frequentieverdeling, het histogram, en 'N'

De frequentieverdeling van een variabele is een tabel waarin voor iedere mogelijke score staat hoe vaak hij voorkomt in de steekproef. Het histogram of staafdiagram is een plaatje van de frequentieverdeling. 'N' is het aantal personen in de steekproef.

Voor de uniformiteit spreken we het volgende af: als er zeven of meer verschillende scores zijn, dan mag je een geklasseerde frequentieverdeling maken. Dit wil zeggen dat je de scores in klassen verdeeld, bijvoorbeeld: 1-5, 6-10, 11-15, enzovoort. Je frequentieverdeling bevat dan de frequentie van elke klasse in plaats van van de afzonderlijke scores. Daarbij gebruik je ten minste zeven klassen van gelijke breedte. Je mag niet te veel klassen nemen, omdat het aantal scores per klasse dan te klein wordt. Dan wordt het histogram onregelmatig. Naarmate N groter is, kunnen meer klassen worden genomen in het histogram. Klassen waarin geen enkel subject valt, moeten in het histogram toch worden weergegeven als er in de klassen daaronder en daarboven wel subjecten zijn.

Toelichting
Een vuistregel die soms gebruikt wordt is: neem ongeveer $\sqrt{N}$ klassen. Dan komen er, naarmate de steekproef groter wordt, steeds meer klassen met elk steeds meer waarnemingen. Deze vuistregel is echter geen wet van Meden en Perzen. Het gaat in statistiek ook om *communicatie*. Klassen van breedte 5 of 10 zijn meestal gemakkelijker in de communicatie dan klassen van breedte 7.83 of zoiets. Verder heeft het weinig zin hier heel gedetailleerde regels over af te spreken, want in de praktijk van een onderzoek maak je een histogram toch met een statistisch programma en

die kiezen meestal automatisch redelijke klassegrenzen. Maar je moet ook zelf in staat zijn een redelijk histogram te produceren en dan moet je het zo maken dat het informatief is. Dus niet te veel en niet te weinig klassen; zo dat sommige frequenties groot en andere klein zijn.

Voorbeeld 1

- Allereerst moeten we een datamatrix hebben waar we ons op baseren. We kiezen de datamatrix van het onderzoek 'Stemmingmakerij'.
- Ten tweede moeten we een variabele kiezen waarvan we een frequentieverdeling maken. We kiezen de variabele Bdv (depressiviteit voormeting).
- Dan moeten we bepalen welke scores er mogelijk zijn op deze variabele. In de datamatrix zie je dat de laagste score 10 is en de hoogste 25. De scores gaan in stappen van 1 omhoog. De mogelijke scores zijn dus: 10, 11, 12, 13, 14, ..., 24, 25. Deze zetten we onder elkaar in de eerste kolom van de tabel. Deze kolom geef je het kopje 'Score'. Rechts daarvan schrijf je de kop 'Frequentie'.
- Dan moeten we van iedere score turven hoe vaak hij voorkomt. Dit gaat het eenvoudigst door de kolom Bdv van de datamatrix van boven naar beneden af te lopen. Bij iedere score die je tegenkomt zet je in de frequentietabel een kruisje naast die score. Als we alle 91 personen hebben gehad, ziet het eindresultaat er als volgt uit.

Score	Frequentie
10	xxxxxxxx
11	xxxxxxxxxxxx
12	xxxxxxxxxxxx
13	xxxxxxx
14	xxxxxxxx
15	xxxxxxxx
16	xxxxxxxxx
17	x
18	xxx
19	xxxxxx
20	xxxx
21	xxxx
22	xxxx
23	xx
24	
25	x

Als je de kruisjes netjes op gelijke afstanden hebt gezet, noem je dit het histogram. Eventueel kun je het histogram nog mooier maken door de kruisjes te verbinden, te omhullen met een staaf, in te kleuren of wat je maar leuk vindt.
- Dan moeten we van iedere score tellen hoe vaak hij voorkomt. De uitkomst schrijf je ernaast. Dit heet de frequentieverdeling of frequentietabel (zie tabel 2.1).

Tabel 2.1

Score	Frequentie
10	8
11	13
12	13
13	7
14	8
15	8
16	9
17	1
18	3
19	6
20	4
21	4
22	4
23	2
24	0
25	1

- Ten slotte moeten we N bepalen. Dat kan eenvoudig door alle frequenties op tellen. In dit geval: N = 91. Soms gebeurt het dat niet iedere persoon een score heeft, bijvoorbeeld omdat sommigen vergeten zijn de lijst in te vullen. In dat geval tel je alleen de personen mee die een score hebben.

Voorbeeld 2
Soms is het handig om een geklasseerde frequentieverdeling te maken door middel van een zogenaamd **stam-en-bladdiagram**. Dat is een soort histogram waarbij je gebruikmaakt van de manier waarop getallen worden geschreven in het decimale (tientallig) getallenstelsel (waarschijnlijk de enige manier die je kent). Ik geef hier eerst de algemene omschrijving, maar het wordt vermoedelijk pas duidelijk als je het voorbeeld leest. Bij een stam-en-bladdiagram maak je een histogram zoals hierboven is voorgedaan, alleen:
- De eerste cijfers van de score gebruik je om de klasse aan te duiden, dat noem je de **stam**.
- In plaats van een kruisje schrijf je steeds de laatste cijfers van de score, dat noem je een **blad**.
- Bovendien zet je die cijfers in volgorde van klein naar groot.

Stel bijvoorbeeld dat de scores zijn: 19, 22, 3, 95, 3, 4, 5, 75, 6, 28, 71, 3. Deze scores bestaan steeds uit twee cijfers. Daarom nemen we als klassen: 0-9, 10-19, 20-29, 30-39, enzovoort. Alle scores binnen een klasse beginnen dan met hetzelfde cijfer. Dat cijfer zullen we gebruiken om de klasse aan te duiden en dan noemen we het de 'stam'. De stam van 19 is 1. De stam van 22 is 2. De stam van 3 is 0, want 3 = 03. Als de score 143 voor zou komen, dan was de stam daarvan 14. Het laatste cijfer van de score noemen we het 'blad'. Het blad van 19 is 9. Het blad van 3 is 3.

Schrijf nu de stammen onder elkaar op. Als sommige klassen leeg zijn, schrijf dan eerlijkheidshalve toch de stam op. Neem nu steeds een score in de data en schrijf het blad van die score (in plaats van een kruisje) naast de stam. In het voorbeeld:

Tabel 2.2

Stam	Bladeren	
0	3 3 4 5 6 3	
1	9	
2	2 8	← hier staan de scores 22 en 28
3		
4		
5		
6		
7	5 1	
8		
9	5	

Vervolgens zet je de bladeren op volgorde van klein naar groot. Dit is een stam-en-bladdiagram:

Tabel 2.3

Stam	Bladeren
0	3 3 3 4 5 6
1	9
2	2 8
3	
4	
5	
6	
7	1 5
8	
9	5

Een stam-en-bladdiagram is soms een handige manier om een histogram te maken, *maar niet altijd*. In het geval van de Bdv-scores (voorbeeld 1) zou je bijvoorbeeld maar twee klassen krijgen, en dat is te weinig. Tja, een stam-en-bladdiagram is gebaseerd op het tientallig stelsel. Dat is ooit ontstaan omdat mensen tien vingers hebben. Het zou naïef zijn om te verwachten dat dit altijd een wetenschappelijk verantwoorde basis is om waarnemingen in te delen.

Als je twee groepen hebt, kun je in elke groep een stam-en-bladdiagram maken en die met de stammen tegen elkaar zetten. Dat noem je een rug-aan-rug stamdiagram.

2.4 Het vijfgetallenresumé, uitschieters en het gemodificeerde boxdiagram

2.4.1 Het vijfgetallenresumé

Het vijfgetallenresumé van een variabele bevat, in deze volgorde: minimum, eerste kwartiel, mediaan, derde kwartiel, maximum.
- Het minimum is de laagste score die op de variabele wordt gehaald.
- Het eerste kwartiel is de score waar 25% van de personen beneden valt.
- De mediaan is de score waar 50% van de personen beneden valt.
- Het derde kwartiel is de score waar 75% van de personen beneden valt.
- Het maximum is de hoogste score die op de variabele wordt gehaald.

De zogenaamde **interkwartielafstand (IKA) is het derde kwartiel min het eerste kwartiel**. **Uitschieters** zijn scores die ten minste 1.5 IKA boven het derde kwartiel of onder het eerste kwartiel liggen (Tukey, 1977).

Het boxdiagram is een visuele weergave van het vijfgetallenresumé. Het gemodificeerde boxdiagram is een visuele weergave van het vijfgetallenresumé en de uitschieters.

Als je een gegroepeerde (of geklasseerde) frequentieverdeling hebt, kun je die gebruiken om te schatten hoe groot de mediaan en de kwartielen ongeveer zijn. Je kunt dan bijvoorbeeld concluderen dat de mediaan in de klasse 11-15 ligt. Het is echter niet mogelijk de mediaan en de kwartielen op deze manier exact te bepalen. Als de ruwe data beschikbaar zijn, heeft het daarom de voorkeur om die ruwe data te gebruiken voor het bepalen van de mediaan en de kwartielen.

Voorbeeld 1
We zullen hier behandelen hoe je het vijfgetallenresumé kunt bepalen op grond van de frequentieverdeling.
- Allereerst moeten we een datamatrix hebben waar we ons op baseren. We kiezen de datamatrix van het onderzoek 'Stemmingmakerij'.
- Ten tweede moeten we een variabele kiezen waarvan we de frequentieverdeling maken. We kiezen de variabele Bdv (depressiviteit voormeting).
- Dan moeten we de frequentieverdeling maken. Gelukkig hebben we dat in dit geval al gedaan.
- Dan moet je de frequenties omzetten in percentages. Dat doe je door iedere frequentie te delen door het totaal aantal personen. Om de uitkomst in een percentage om te zetten, moet je haar nog met 100 vermenigvuldigen.

- Vervolgens kun je de cumulatieve percentages berekenen. Dat *hoeft* volgens de eerder gemaakte afspraken niet in het elementaire rapport, maar het *mag* wel. En het kan handig zijn als je daarna nog percentielscores moet berekenen (hoofdstuk 3). De cumulatieve percentages bereken je door de percentages als volgt op te tellen:

Tabel 2.4

Score	Frequentie	Percentage	Cumulatief percentage	
10	8	8.8	8.8	
11	13	14.3	23.1	(= 8.8 + 14.3)
12	13	14.3	37.4	(= 8.8 + 14.3 + 14.3)
13	7	7.7	45.1	(= 8.8 + 14.3 + 14.3 + 7.7)
14	8	8.8	53.8	enzovoort
15	8	8.8	62.6	
16	9	9.9	72.5	
17	1	1.1	73.6	
18	3	3.3	76.9	
19	6	6.6	83.5	
20	4	4.4	87.9	
21	4	4.4	92.3	
22	4	4.4	96.7	
23	2	2.2	98.9	
24	0	0.0	98.9	
25	1	1.1	100.0	
Totaal	91	100.0		

Uit de cumulatieve percentages kunnen we opmaken dat, bijvoorbeeld, 37.4% van de personen een score kleiner dan of gelijk aan 12 heeft.
- Het minimum is nu gemakkelijk te vinden: de laagste score is 10.
- Voor het eerste kwartiel zoeken we de score met een cumulatief percentage van 25%. Helaas is die er niet. In plaats daarvan kiezen we de score waarvan het cumulatief percentage net iets groter is dan 25%. Dit is de score 12, met cumulatief percentage 37.4. Het eerste kwartiel is dus 12.
- Voor de mediaan zoeken we de score met een cumulatief percentage van 50%. Helaas is die er ook niet. In plaats daarvan kiezen we de score waarvan het cumulatief percentage net iets groter is dan 50%. Dit is de score 14, met cumulatief percentage 53.8%. De mediaan is dus 14.
- Voor het derde kwartiel zoeken we de score met een cumulatief percentage van 75%. Helaas is ook die er niet. In plaats daarvan kiezen we de score waarvan het cumulatief percentage net iets groter is dan 75%. Dit is de score 18, met cumulatief percentage 76.9%. Het derde kwartiel is dus 18.

- Het maximum is gemakkelijk te vinden: de hoogste score is 25.

Het vijfgetallenresumé is dus:

   10, 12, 14, 18, 25

2.4.2 Uitschieters

De volgende vraag is of er uitschieters zijn. Daartoe berekenen we eerst de interkwartielafstand:

   IKA = 18 - 12 = 6

Het derde kwartiel is 18, dus scores groter dan of gelijk aan $18 + 1.5 * 6 = 27$ zijn uitschieters. Het eerste kwartiel is 12, dus ook scores kleiner dan of gelijk aan 3 zijn uitschieters. In dit voorbeeld zijn er dus geen uitschieters.

Merk overigens op dat de score 25 enigszins gescheiden ligt van de rest, doordat score 24 een frequentie 0 heeft. Dan noem je 24 (niet 25) een **hiaat**. Een uitschieter levert vaak ook een hiaat op, en andersom. Maar ze gaan niet *altijd* samen.

2.4.3 Het gemodificeerde boxdiagram

Het (gemodificeerde) **boxdiagram** staat in figuur 2.1.

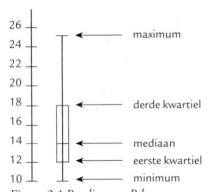

Figuur 2.1 Boxdiagram Bdv

In een 'gewoon' boxdiagram teken je de verticale lijn van minimum tot maximum. In een **gemodificeerd** boxdiagram teken je de verticale lijn van de laagste tot de hoogste score die nog geen uitschieters zijn. De uitschieters geef je dan apart aan met een sterretje of zoiets. In dit voorbeeld zijn er geen uitschieters, dus is het gemodificeerde boxdiagram gelijk aan het gewone boxdiagram.

Andere namen voor boxdiagram zijn: boxplot, doosdiagram (niet: doosplot). Bedenk zelf wat men met 'zij-aan-zij doosdiagrammen' zou bedoelen.

Voorbeeld 2
We zullen hier behandelen hoe je het vijfgetallenresumé kunt maken door de scores eerst op volgorde te zetten van klein naar groot. Deze methode is altijd goed, maar is nogal bewerkelijk als er veel scores zijn. Stel dat de scores zijn:

19, 22, 3, 95, 3, 4, 5, 75, 6, 28, 71, 3

Eerder hebben we hier al een stam-en-bladdiagram van gemaakt. Dat kunnen we nu gebruiken om de scores op volgorde te zetten (maar zonder stam-en-bladdiagram kun je dat ook wel):

3, 3, 3, 4, 5, 6, 19, 22, 28, 71, 75, 95
|⎯⎯⎯⎯⎯⎯⎯⎯⎯| |⎯⎯⎯⎯⎯⎯⎯⎯⎯|
6 laagste scores   6 hoogste scores

Eerst bepaal je de mediaan. Omdat er een **even** aantal scores is, zijn er nu twee 'middelste' getallen: 6 en 19. Beide getallen hebben evenveel recht op de titel 'mediaan'. Het is gebruikelijk om dan als compromis het gemiddelde van die twee getallen te nemen. De mediaan is dus (6 + 19) / 2 = 12.5. Dat is een idiote uitkomst, want de score 12.5 komt helemaal niet voor in de data. Je zou elk ander getal tussen 6 en 19 met evenveel recht een 'mediaan' kunnen noemen. Als het aantal scores **oneven** is, dan treedt dit probleem niet op: dan is er precies één middelste getal en dat is dan **de** mediaan.

Vervolgens bepaal je het eerste kwartiel en het derde kwartiel. Het eerste kwartiel is de mediaan van de scores die onder de mediaan liggen. Het derde kwartiel is de mediaan van de scores die boven de mediaan liggen. In dit geval is het eerste kwartiel (3 + 4) / 2 = 3.5. Het derde kwartiel is (28 + 71) / 2 = 49.5. Ook hier geldt dat elk ander getal tussen 28 en 71 evengoed een derde kwartiel mag worden genoemd. Het programma Excel zegt bijvoorbeeld dat het derde kwartiel hier 38.75 is, terwijl SPSS (het meestgebruikte statistiekprogramma in de sociale wetenschappen) hier zegt dat het derde kwartiel 60.25 is. De waarheid is dat al deze uitkomsten een valse schijn van exactheid suggereren.

Een soortgelijke onduidelijkheid ontstaat als er een oneven aantal scores is, bijvoorbeeld als de eerste score 3 er niet zou zijn. De mediaan is dan eenduidig gelijk aan het middelste getal, hier 19. Maar moet je de mediaan zelf nu meetellen als je het eerste of derde kwartiel berekent? Zo ja, dan is het derde kwartiel de mediaan van {**19**, 22, 28, 71, 75, 95} en dat is 49.5. Zo nee, dan is het derde kwartiel de mediaan van {22, 28, 71, 75, 95} en en dat is 71. En inderdaad, Excel zegt hier dat het derde kwartiel 49.5, is terwijl SPSS zegt dat het 71 is. Wie ben ik dan om te zeggen dat het ene goed en het andere fout is? Hooguit is het redelijk om te verlangen dat je voor beide kwartielen dezelfde methode gebruikt.

Over het minimum en maximum bestaat geen onenigheid. Dat zijn hier respectievelijk 3 en 95. Het vijfgetallenresumé is dus:

Volgens Excel: 3, 3.75, 12.5, 38.75, 95
Volgens SPSS: 3, 3.25, 12.5, 60.25, 95
Volgens Jules: 3, 3.5, 12.5, 49.5 , 95

De volgende vraag is of er uitschieters zijn. Daartoe berekenen we eerst de interkwartielafstand. Dat is het derde kwartiel min het eerste kwartiel, zodat ook hiervoor meerdere uitkomsten redelijk zijn:

Volgens Excel: IKA = 38.75 - 3.75 = 35
Volgens SPSS: IKA = 60.25 - 3.25 = 57
Volgens Jules: IKA = 49.5 - 3.5 = 46

Volgens Excel is het derde kwartiel 38.75 en de IKA 35. De scores groter dan of gelijk aan 38.75 + 1.5 * 35 = 91.25 zijn dan uitschieters naar boven. Dat is de score 95. Als je de uitkomsten van de andere twee methoden gebruikt, dan zijn er echter geen uitschieters.

Volgens Excel is het eerste kwartiel 3.75 en de IKA is 35, dus scores kleiner dan of gelijk aan 3.75 - 1.5 * 35 = -48.75 zijn uitschieters naar beneden. In dit voorbeeld zijn er dus geen uitschieters naar beneden.

Ten slotte moet het gemodificeerde boxdiagram nog worden getekend. We zullen hier de uitkomsten van Excel gebruiken om te kunnen illustreren wat je met een uitschieter moet doen. Volgens Excel is derde kwartiel plus 1.5 IKA gelijk aan 91.25. De hoogste score die hieronder ligt, is 75. Dan moet de verticale lijn van het gemodificeerde boxdiagram worden doorgetrokken tot 75, niet tot 91.25! De uitschieter 95 geef je aan met een sterretje.

Als je in het resulterende diagram (figuur 2.2) de onderste 'bakkebaard' of 'snorhaar' (niet: dooshaar) wilt zien, moet je goed kijken. Hoe zou dat komen?

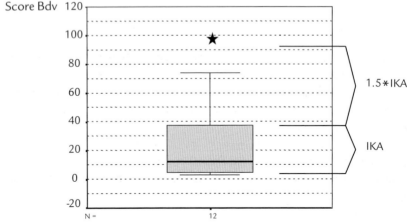

Figuur 2.2

2.5 Gemiddelde en standaardafwijking

De standaardafwijking van een variabele geeft aan hoe ver de scores op de variabele uit elkaar liggen. Het is een maat voor de variabiliteit of spreiding van de scores. Een standaardafwijking van 0 wil zeggen dat alle personen dezelfde score hebben. Een standaardafwijking van 12 wil zeggen dat we de verdeling qua spreiding kunnen vergelijken met een verdeling waarbij alle personen een score hebben die 12 punten onder of boven het gemiddelde ligt. Als de verdeling 'normaal' is (zie paragraaf 2.6), dan zal 68% van de scores niet meer dan 12 punten van het gemiddelde verschillen. Bij andere verdelingen kan dit percentage hoger of lager zijn. De standaardafwijking geeft dus aan hoe breed het centrum van het histogram is (als we de scores horizontaal en de frequenties verticaal uitzetten).

In plaats van 'standaardafwijking' wordt ook vaker de term 'standaarddeviatie' gebruikt. Dat is handig, want het lijkt meer op de Engelse term *standard deviation*. In dit boek zullen beide termen door elkaar worden gebruikt.

Nauw verwant aan de standaardafwijking is de zogenaamde variantie. De variantie is het kwadraat van de standaardafwijking. Dus: als de standaardafwijking groter wordt, wordt ook de variantie groter. Daarom is de variantie eveneens te zien als een maat voor spreiding. De variantie heeft echter dit nadeel: als de variabele in centimeters was gemeten, dan is de variantie in vierkante centimeters. Dat is meestal niet handig. Daarom rapporteert men in het algemeen alleen de standaardafwijking. Die is altijd in dezelfde meeteenheid als de variabele waar het over gaat. Als je nu denkt dat het zinloos is te leren wat een variantie is, dan heb je het mis. De variantie zelf wordt bijna nooit gerapporteerd, maar de *verhouding* van bepaalde varianties wordt wel heel vaak gerapporteerd. Dat geldt voor bijna alle analyses die we na deel A nog behandelen. Dat is omdat varianties eenvoudigere wiskundige eigenschappen hebben. Daarom moet je wel leren wat een variantie is. Alleen zal het in deel A nog niet echt worden gebruikt.

2.5.1 Berekening

Het berekenen van gemiddelde en standaardafwijking kan betrekkelijk eenvoudig door gebruik te maken van de statistische functies van je rekenmachine. In principe moet je hiervoor de gebruiksaanwijzing raadplegen, omdat het per rekenmachine kan verschillen. We zullen hier behandelen hoe het moet bij veel Casio's. We gaan uit van de datamatrix.
1 Maak je rekenmachine duidelijk dat je statistiek wilt gaan bedrijven. Daarvoor moet je hem in de juiste *mode* zetten. Toets eerst de toets [MODE]. Meestal verschijnen er nu een aantal keuzen in het display. Als er bijvoorbeeld komt te staan:

COMP	SD	REG
1	2	3

dan moet je [2] intoetsen. Want SD is de afkorting van standaarddeviatie, en die wil je gaan berekenen. Het gemiddelde krijg je erbij cadeau. Bij andere rekenmachines staat er misschien 'STAT', dan moet je dat natuurlijk kiezen. Soms staat het niet in het display maar op het toetsenbordje.

2   Wis het geheugen door [SHIFT] [AC] [=] in te toetsen. Bij sommige rekenmachines moet je altijd [INV] of [2nd] gebruiken in plaats van [SHIFT].
3   Voor iedere persoon in de datamatrix voer je de score als volgt in: [*score*] [DATA]. Hierbij is [DATA] de toets waar 'DATA' onder staat. Soms staat er 'DT' of 'STAT' of 'M+'. Bijvoorbeeld: persoon 1 heeft Bdv-score 22, en daarom typen we in: [22] [DATA]. Sommige rekenmachines zeggen na bijvoorbeeld 40 data dat het maximum bereikt is, maar dan kun je toch doorgaan of je kan het met [AC] [EDIT] veranderen. Alleen kun je dan de ingevoerde scores niet meer verbeteren.
4   Als je dit voor alle personen hebt gedaan, controleer je of het aantal scores in het geheugen overeenkomt met het aantal personen in de datamatrix. Het aantal scores in het geheugen krijg je door: [RCL] [hyp] in te typen. In andere rekenmachines kan het [RCL] [3] of [Kout] [n] zijn. In ons voorbeeld van de Bdv-data moet dit 91 opleveren.
5   Vervolgens krijg je het gemiddelde door [SHIFT] [$\bar{x}$] [=] in te toetsen. Het symbool $\bar{x}$ staat meestal boven of onder de betreffende toets. De standaardafwijking krijg je door [SHIFT],[xσn-1] [=] in te typen. In andere rekenmachines kan dat [s] zijn. Bij sommige machines mag je de [=] steeds weglaten.

Zolang je geen nieuwe data invoert, kun je gemiddelde en standaardafwijking steeds opnieuw opvragen. Als je een frequentieverdeling hebt, kun je de gegevens veel sneller invoeren, door bij stap 3 steeds in te toetsen: [*score*] [SHIFT] [;] [*frequentie*] [DATA]. Bijvoorbeeld: de Bdv-score 12 komt 13 keer voor en we kunnen al deze scores tegelijk invoeren door in te typen: [12] [SHIFT] [;] [13] [DATA].

Let erop dat de meeste rekenmachines **twee soorten standaarddeviatie** kunnen uitrekenen. Het is dus zaak dat je de goede kiest. De ene formule is geschikt als je data van een *steekproef* hebt; de andere formule moet je gebruiken als je alle data van een *populatie* hebt. Pas in deel 2 zullen we bij sommige theoretische opgaven de populatie-standaarddeviatie berekenen. In praktische toepassingen moet je altijd de **steekproef**-standaarddeviatie berekenen. Dat is altijd de grootste van de twee. Maar het verschil is meestal klein. Dus als je uitkomsten altijd net iets kleiner uitvallen dan die van je medestudenten, dan kan het wel eens zijn dat je systematisch de verkeerde knop van je rekenmachine gebruikt.

Als je alleen een geklasseerde frequentieverdeling hebt, kun je gemiddelde en standaardafwijking op grond daarvan schatten. Als 'score' moet je daarbij steeds het middelpunt van de klasse nemen. Het is echter nauwkeuriger om de ruwe scores te gebruiken, als je die hebt.

2.6 Indicatie van normaliteit

Veel statistische procedures zijn alleen geschikt voor variabelen die 'normaal' verdeeld zijn. Daarom moet je in een elementair rapport aangeven in hoeverre de geobserveerde verdeling lijkt op een normaalverdeling. Als de verdeling afwijkt van een normaalverdeling, moet je vermelden in welk opzicht hij afwijkt.

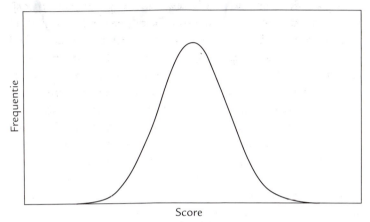

Figuur 2.3 Vorm van een normaalverdeling

Dat een variabele normaal verdeeld is, betekent globaal gesproken dat het histogram **klokvormig** en **symmetrisch** is (zie figuur 2.3). Er zijn nog wel meer eisen waar de verdeling aan moet voldoen voordat we hem een normaalverdeling noemen, maar die zijn minder belangrijk. Daarom slaan we ze nu over.

Als een verdeling symmetrisch is, dan is de mediaan gelijk aan het gemiddelde. Als een verdeling niet symmetrisch is, dan is hij **scheef**. Een verdeling is rechts-scheef is als de rechterstaart veel langer is dan de linkerstaart (zie bijvoorbeeld figuur 6.2). Dan is het gemiddelde groter dan de mediaan. Dat komt doordat de extreme scores in de rechterstaart wel het gemiddelde omhoogtrekken, maar niet de mediaan. Een scheve verdeling kan daarom tot schijnbaar tegenstrijdige conclusies leiden. Zo is het mogelijk dat bij het onderzoeken van een therapievorm blijkt dat de deelnemers er gemiddeld op vooruitgaan, terwijl de meeste deelnemers erop achteruitgaan.

Het begrip 'normaal verdeeld' is een wiskundig model, dat wil zeggen: een idealisering van de werkelijkheid. Een normaalverdeling is bijvoorbeeld continu. Dat betekent dat in principe elke score mogelijk is. Zo zou er een subject moeten bestaan dat precies de score 3,141592653589790... (en zo nog oneindig veel decimalen) heeft. En analoog voor alle andere reële getallen. Dat kan alleen als er oneindig veel subjecten zijn. Het predikaat 'normaal verdeeld' is strikt genomen dus alleen van toepassing bij een oneindig grote populatie. Niet op een klein steekproefje van 100 000 subjecten. En ook niet als je de scores slechts tot op 15 decimalen nauwkeurig gemeten hebt.

Als het histogram slechts in geringe mate afwijkt van een normaalverdeling, spreek je in de praktijk nog steeds van een normaalverdeling. Dit omdat je altijd te maken hebt met een steekproef, waardoor afwijkingen onvermijdelijk zijn. Het is slechts van belang of de variabele *in de populatie* normaal verdeeld is. En zelfs daar is het alleen van belang dat de variabele *bij benadering* normaal verdeeld is. Hoe serieus je een afwijking in een steekproef moet nemen, is moeilijk te zeggen. Dat hangt onder meer af van de grootte van de steekproef. Bij een kleine steekproef is het histogram nog geen goede afspiegeling van de populatie, en kun je dus vrij grote onregelmatigheden verwachten zonder dat die veel betekenen. Er zijn wel exacte procedures om dit te onderzoeken, maar die worden zelden gebruikt en zullen we niet behandelen. Om je een gevoel te geven voor de grootte van het steekproeftoeval, zie je een voorbeeld daarvan in figuur 2.4. Daar staat een aantal keer een histogram van een steekproef van N = 20. In allevier de gevallen is de steekproef getrokken uit een (kunstmatige) populatie waarin de variabele perfect normaal verdeeld is. Maar je ziet dat er in de steekproef nog vrij grote afwijkingen kunnen zijn. In figuur 2.5 zijn analoog vier steekproeven met N = 40 weergegeven. Ook hier zie je nog behoorlijke afwijkingen. Conclusie: eigenlijk is het aan een steekproef van N = 20 nauwelijks te zien of de populatie normaal verdeeld is. Daarvoor moet de steekproef veel groter zijn.

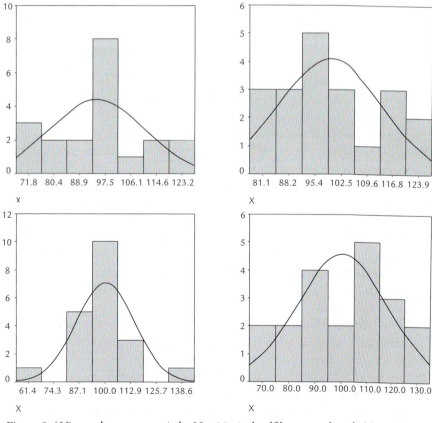

Figuur 2.4 Vier steekproeven met ieder N = 20 uit dezelfde normaal verdeelde populatie

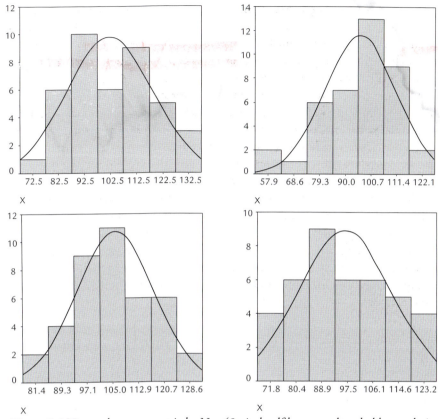

Figuur 2.5 Vier steekproeven met ieder N = 40 uit dezelfde normaal verdeelde populatie

Hoe erg een schending van normaalverdeeldheid is, hangt ook af van welke analyses je daarna nog wilt doen. Voor sommige analyses is een kleine schending van normaalverdeeldheid al te veel, terwijl andere analyses robuust zijn en bestand tegen vrij grote schendingen. De meestgebruikte procedures in de psychologie (t-toetsen en variantieanalyse) zijn vrij robuust. Voor die procedures is het slechts nodig dat de verdeling niet te scheef is en dat er niet te veel uitschieters zijn.

Of de verdeling bij benadering normaal verdeeld is, wordt meestal beoordeeld met grafische inspectie, bijvoorbeeld van het histogram (Tabachnick & Fidell, 2001). Nu heb je een probleem, want welke regels moet je hanteren om een tentamen goed te beantwoorden? Dat hangt af van je docent, maar ik stel het volgende voor.

1 Als de steekproef minder dan 20 personen bevat, kunnen we redelijkerwijs niet beoordelen of er sprake is van een normaalverdeling.

Met enige oefening kun je zo wel zien of een histogram ongeveer klokvormig en symmetrisch is. Zo ja, dan kun je zeggen dat de verdeling bij benadering normaal verdeeld is. Als de verdeling daarentegen heel scheef is of een groot percentage uitschieters heeft, moet je zeggen dat het vermoedelijk geen normaalverdeling is. Daartussen in zit een groot aantal gevallen waarbij het niet duidelijk is. Dan kun je de volgende regels gebruiken:

2 Het verschil tussen gemiddelde en mediaan mag niet meer dan 0.25 maal de standaardafwijking zijn.
3 Het eerste kwartiel moet 0.50 tot 0.75 maal de standaardafwijking onder het gemiddelde liggen. Idealiter is de afstand 0.67 maal de standaardafwijking.
4 Het derde kwartiel moet 0.50 tot 0.75 maal de standaardafwijking boven het gemiddelde liggen. Idealiter is de afstand 0.67 maal de standaardafwijking.
5 Het percentage uitschieters mag in het totaal (de uitschieters naar boven en beneden samengenomen) niet groter zijn dan 10%.

Deze regels drukken uit dat de verdeling niet heel scheef mag zijn (regels 2-4) en niet te veel uitschieters mag bevatten. Een enkele uitschieter is niet erg; theoretisch bevat een normaalverdeling in de populatie ongeveer 0.7% uitschieters, dus daar kan er wel eens eentje van in de steekproef komen. En hoe groter de steekproef, hoe waarschijnlijker dat er een paar uitschieters in zitten.

2.7 Samenvatting: het elementair rapport van Bdv

Samenvattend ziet het elementair rapport van de variabele Bdv er als volgt uit.

Histogram:

Score Frequentie
10   xxxxxxxx
11   xxxxxxxxxxxx
12   xxxxxxxxxxxx
13   xxxxxxx
14   xxxxxxxx
15   xxxxxxxx
16   xxxxxxxxx
17   x
18   xxx
19   xxxxxx
20   xxxx
21   xxxx
22   xxxx
23   xx
24
25   x

Frequentietabel:

Tabel 2.5

Score	Frequentie	Percentage	Cumulatief percentage
10	8	8.8	8.8
11	13	14.3	23.1
12	13	14.3	37.4
13	7	7.7	45.1
14	8	8.8	53.8
15	8	8.8	62.6
16	9	9.9	72.5
17	1	1.1	73.6
18	3	3.3	76.9
19	6	6.6	83.5
20	4	4.4	87.9
21	4	4.4	92.3
22	4	4.4	96.7
23	2	2.2	98.9
24	0	0.0	98.9
25	1	1.1	100.0
Totaal	91	100.0	

Vijfgetallenresumé: minimum   = 10
 eerste kwartiel = 12
 mediaan   = 14
 derde kwartiel = 18
 maximum   = 25

Uitschieters: geen

Boxdiagram:

Figuur 2.6

Gemiddelde: 14.88

Standaardafwijking: 3.893

Indicatie van normaliteit: Zie het histogram. De verdeling is duidelijk (rechts-) scheef, dus niet normaal verdeeld.
Zie ook regel 4 in paragraaf 2.6: Het derde kwartiel zou maximaal $14.88 + 0.75 * 3.893 = 17.80$ mogen zijn. Het derde kwartiel is echter gelijk aan 18.

3 Normeren

3.1 Inleiding

Doel
Na de bestudering van dit hoofdstuk ben je in staat om een individu te vergelijken met een normsteekproef op basis van percentielscores, standaardscores en/of normaalscores, die je zo nodig zelf hebt berekend.

Achtergrond
Vaak is het van belang om de score van een individu te vergelijken met de scores van andere personen in een groep. Stel bijvoorbeeld, je bent therapeut en een vrouw van 43 meldt zich bij je met allerlei vage klachten die je aan een depressie doen denken. Maar het is je niet helemaal duidelijk, misschien is er wel iets anders aan de hand. Om dit te onderzoeken zou je de BDI kunnen afnemen bij de vrouw. Het zou goed zijn om ook nog andere tests af te nemen, maar daar hebben we het nu even niet over. Stel, de vrouw heeft een score van 19 op de BDI. Dat zegt op zichzelf natuurlijk niet zoveel. Is dat hoog? Om deze vraag te beantwoorden is het gebruikelijk om de score te vergelijken met de scores die de meeste andere personen hebben.

Laten we de score van 19 vergelijken met de scores van alle andere Nederlanders. Als de gemiddelde score in die groep gelijk zou zijn aan 20, dan kun je concluderen dat de vrouw met de score van 19 minder dan gemiddeld depressief is. Het valt dus kennelijk wel mee met die depressiviteit.

Stilzwijgend neem je bij dit voorbeeld misschien aan dat de meeste mensen niet depressief zijn. Logischerwijs kan die aanname echter niet worden gerechtvaardigd. Misschien is heel Nederland wel in een toestand van permanente depressie, weet jij veel? Het is wel logisch om te zeggen dat de meeste mensen niet 'uitzonderlijk' depressief zijn. Door de vrouw met de groep te vergelijken kunnen we dus bepalen of zij al dan niet uitzonderlijk depressief is, maar we kunnen niet bepalen of zij al dan niet depressiever dan gewenst is.

Met welke groep moet je de vrouw eigenlijk vergelijken? Misschien is zij 'minder dan gemiddeld' depressief als we haar vergelijken met de groep van alle Nederlanders, maar 'meer dan gemiddeld' depressief als we haar vergelijken met de groep Nederlandse vrouwen van 43 jaar. Daar kun je een hele boom over opzetten en dat doen we niet.

Om dit soort vergelijkingen te maken zijn er drie methoden:
1 percentielscores
2 standaardscores
3 normaalscores

Deze methoden komen er alledrie op neer dat je de oorspronkelijke score omzet in een **relatieve score**. De persoon waar het om draait, zullen we steeds aanduiden als de **doelpersoon**. De groep waar de persoon mee vergeleken wordt noemen we de **normgroep** of **referentiegroep**.

3.2 Percentielscores

Een percentielscore is het percentage personen in de groep dat een score heeft die kleiner dan of gelijk aan de score van de doelpersoon is. Een percentielscore van 98 betekent dat 98% van de personen in de normgroep een score heeft die kleiner dan of gelijk aan de score van doelpersoon is. Dus heeft slechts 2% van de personen een score die hoger is dan de score van de doelpersoon. Percentielscores liggen altijd tussen 0 en 100. De betekenis van percentielscores is ongeveer als volgt:

Percentielscore	Betekenis
3	uitzonderlijk laag
30	betrekkelijk laag
50	mediaan
70	betrekkelijk hoog
97	uitzonderlijk hoog

3.2.1 Berekening van percentielscores

Als je beschikt over de datamatrix kun je eenvoudig tellen hoeveel personen in de datamatrix een score hebben die kleiner dan of gelijk aan de score van de doelpersoon is. Dit aantal deel je door het totaal aantal personen. De uitkomst hiervan ligt tussen 0 en 1, en dit noem je een proportie of fractie. Om het uit te drukken in een percentage, dus tussen 0 en 100, vermenigvuldig je met 100.

Als je beschikt over de frequentieverdeling, dan is er dus al voor je geteld hoe vaak de diverse scores voorkomen. Dit zijn namelijk de frequenties. Je telt dan de frequenties op van de scores die kleiner dan of gelijk aan de score van de doelpersoon zijn. Dit deel je door het totaal aantal personen (de som van alle frequenties). De uitkomst zet je om in een percentage (vermenigvuldigen met 100).

Als je slechts beschikt over een geklasseerde frequentieverdeling, dan kun je de percentielscores niet precies bepalen. Bereken in dat geval de percentielscore die hoort bij de hoogste score in de klasse, en de percentielscore die hoort bij de hoogste score in de klasse eronder. De gevraagde percentielscore moet tussen deze twee percentielscores liggen. Waar precies, dat is niet te bepalen. Een eenvoudige schatting is om dan het midden te nemen.

Percentielscores worden ook wel 'cumulatieve percentages' genoemd. In het elementair rapport van BDI zijn die te vinden onder de kop 'Cumulatief percentage'. Daar vind je voor iedere score de bijbehorende percentielscore.

Voorbeeld
Stel, we vergelijken een BDI score van 19 met de scores op de BDI die zijn geproduceerd door de groep jongeren in het onderzoek naar de cursus 'Stemmingmakerij'. We beperken ons tot de voormeting (Bdv). We herhalen even de frequentietabel (tabel 3.1).

Tabel 3.1

Score	Frequentie	Percentage	Cumulatief percentage
10	8	8.8	8.8
11	13	14.3	23.1
12	13	14.3	37.4
13	7	7.7	45.1
14	8	8.8	53.8
15	8	8.8	62.6
16	9	9.9	72.5
17	1	1.1	73.6
18	3	3.3	76.9
19	6	6.6	83.5
20	4	4.4	87.9
21	4	4.4	92.3
22	4	4.4	96.7
23	2	2.2	98.9
24	0	0.0	98.9
25	1	1.1	100.0
Totaal	91	100.0	

De scores 10 t/m 19 hebben samen een frequentie van:

$$8 + 13 + 13 + 7 + 8 + 8 + 9 + 1 + 3 + 6 = 76$$

Het totaal aantal personen is:

$$8 + 13 + 13 + 7 + 8 + 8 + 9 + 1 + 3 + 6 + 4 + 4 + 4 + 2 + 1 = 91$$

De proportie personen met een score tussen 10 en 19 is dus:

$$76 / 91 = .835 = 83.5\%$$

Dit is inderdaad het percentage dat in de tabel onder de kop 'Cumulatief percentage' staat. De percentielscore bij de score 19 is dus 83.5. Dat is betrekkelijk hoog, maar niet uitzonderlijk.

In figuur 3.1 is de relatie tussen de ruwe scores en de percentielscores weergegeven. Als de ruwe score toeneemt, neemt ook de percentielscore toe. Maar de relatie is niet rechtlijnig. Dus een vooruitgang van 1 punt op Bdv leidt niet altijd tot dezelfde toename in de percentielscore. Bijvoorbeeld, een toename van Bdv = 11 naar Bdv = 12 leidt tot een grote toename in de percentielscore. Een toename van Bdv = 22 naar Bdv = 23 leidt tot een kleine toename in de percentielscore. De toename van Bdv is in beide gevallen hetzelfde, maar de toename in de percentielscore is voor beide gevallen verschillend.

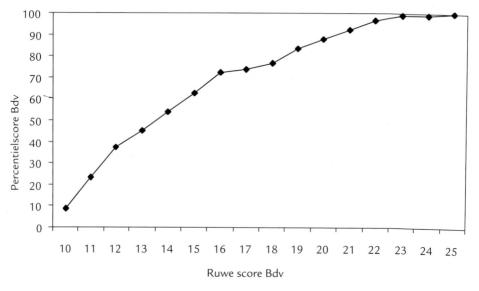

Figuur 3.1

3.3 Standaardscores

Bij een standaardscore herschalen we de oorspronkelijke scores zodanig dat de nieuwe scores een gemiddelde van 0 en een standaardafwijking van 1 hebben. De betekenis van standaardscores is ongeveer als volgt:

Standaardscore	Betekenis
-2	uitzonderlijk laag
-1	betrekkelijk laag
0	gemiddeld
1	betrekkelijk hoog
2	uitzonderlijk hoog

De meeste standaardscores liggen dus tussen de -2 en de +2. Het gemiddelde is 0.

Een misverstand is dat standaardscores *altijd* liggen tussen -2 en +2. Dat staat er niet, en het is ook niet waar. Bij een normaalverdeling ligt bijvoorbeeld ongeveer 5% van de standaardscores buiten deze grenzen. Ook een standaardscore van, zeg, 329 is mogelijk. Het is alleen erg onwaarschijnlijk. Als je al twijfelde of die persoon wel in de normgroep thuishoorde, zou zo'n uitkomst een reden kunnen zijn om te concluderen dat de persoon er inderdaad niet in thuishoort.

3.3.1 Berekening van standaardscores

Om een standaardscore te berekenen heb je nodig:
- de score van de doelpersoon
- het gemiddelde in de normgroep
- de standaardafwijking in de normgroep

Eerst trek je van de score van de doelpersoon het gemiddelde af. De uitkomst deel je door de standaardafwijking. Het resultaat is de gevraagde standaardscore. In formule:

$$\text{standaardscore} = \frac{\text{score - gemiddelde}}{\text{standaardafwijking}}$$

Met andere woorden: Je vergelijkt de score van de doelpersoon met het gemiddelde in de normgroep. Dit wordt vervolgens gezien in verhouding tot de standaardafwijking in de normgroep. De standaardafwijking fungeert hier als een soort meeteenheid. Met andere woorden: de standaardscore geeft aan wat de afstand is van de score tot het gemiddelde, gemeten in standaarddeviaties. Het teken van de standaardscore (+ of -) geeft aan of de score boven of onder het gemiddelde ligt.

Voorbeeld
We vergelijken weer de BDI-score van 19 met de scores op de voormeting van het onderzoek naar de cursus 'Stemmingmakerij' (Bdv). Dan:

score van de doelpersoon = 19
gemiddelde van de normgroep = 14.879
standaardafwijking van de normgroep = 3.893

Dus:

$$\text{standaardscore} = \frac{19 - 14.879}{3.893} = 1.059$$

Ook dit is betrekkelijk hoog, maar niet uitzonderlijk hoog.

In figuur 3.2 is de relatie tussen ruwe scores en standaardscores weergegeven. Als de ruwe score toeneemt, neemt ook de standaardscore toe. De relatie is rechtlijnig. Een toename van 1 punt op Bvd leidt altijd tot een toename van 0.2569 (= 1 / standaarddeviatie) van de standaardscore.

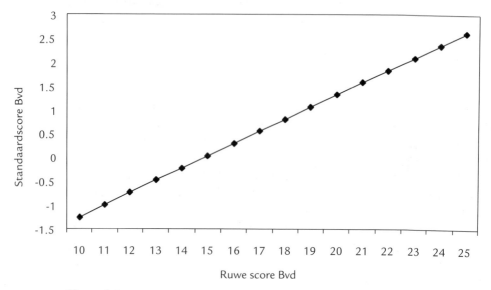

Figuur 3.2

3.4 Normaalscores

Bij normaalscores zet je de oorspronkelijke scores om in scores die ongeveer normaal verdeeld zijn. Meestal kiest men daarbij voor een normaalverdeling met gemiddelde 100 en standaardafwijking 15. We zullen het eenvoudig houden en kiezen voor de *standaard*-normaalverdeling. Dit wil zeggen, we zorgen dat de normaalscores een gemiddelde van 0 en een standaardafwijking van 1 hebben. De betekenis van deze normaalscores is min of meer hetzelfde als van standaardscores:

Normaalscore	Betekenis
-2	uitzonderlijk laag
-1	betrekkelijk laag
0	mediaan
1	betrekkelijk hoog
2	uitzonderlijk hoog

3.4.1 Berekening van normaalscores

Eerst bereken je de percentielscore van de doelpersoon. Vervolgens zoek je in een tabel op: als een variabele standaard-normaal verdeeld is, welke score op die variabele zou dan tot dezelfde percentielscore leiden? Het antwoord daarop is de gevraagde normaalscore.

Voorbeeld
We kijken weer naar een BDI-score van 19 en de scores van de groep jongeren op de Bdv. We hadden al uitgerekend dat de percentielscore 83.5 is. Dit komt neer op een proportie of fractie van .835. We gaan nu zoeken in tabel A van de standaard-normaalverdeling (zie de appendix, paragraaf A.4).

In tabel A zoeken we het getal dat het dichtst bij de beoogde fractie (.835) ligt. Ergens midden in de tabel zie je dat staan: .8340. Er zijn geen getallen die nog dichterbij liggen. Voor het gemak werken we verder met dit getal. Aan de randen zie je voor 'z' staan: 0.9 en .07. Bij elkaar is dat 0.97. Dit betekent: als een variabele standaard-normaal verdeeld is, en iemand heeft een score 0.97 op die variabele, dan is zijn percentielscore 83.4. De gevraagde normaalscore is dus 0.97. We zien dat ook de normaalscore aangeeft dat de score 19 betrekkelijk hoog is, maar niet uitzonderlijk hoog.

In figuur 3.3 is de relatie weergegeven tussen ruwe scores en normaalscores. Een toename in de ruwe score leidt tot een toename in de normaalscore. Maar, net als bij percentielscores, is de relatie niet rechtlijnig. Overigens zijn de normaalscores hier op een iets slimmere manier berekend dan zojuist is uitgelegd; zie opgave 13 in hoofdstuk 7.

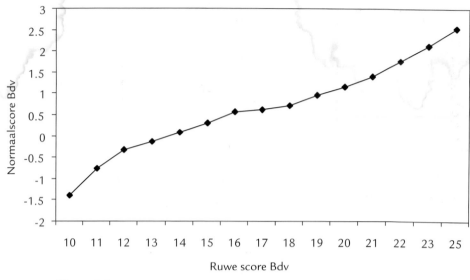

Figuur 3.3

3.5 Vergelijking van ruwe, standaard-, percentiel- en normaalscores

In figuur 3.4a staat het histogram van een continue variabele in een grote steekproef. In figuur 3.4b-d zie je voor *dezelfde* variabele de histogrammen van de standaardscores, percentielscores en normaalscores. Dit illustreert de volgende regels:

1 Het histogram van de standaardscores heeft dezelfde vorm als het histogram van de ruwe scores. Alleen de *schaal* is verschillend. Standaardscores hebben altijd gemiddelde 0 en standaarddeviatie 1.
2 Het histogram van de percentielscores is in principe een *uniforme verdeling*. Dat wil zeggen: alle staven zijn even hoog. Percentielscores hebben altijd gemiddelde 50 en standaarddeviatie $100 / \sqrt{12} = 28.87$.
3 Het histogram van de normaalscores is in principe een *normaalverdeling*. Normaalscores hebben altijd gemiddelde 0 en standaardeviatie 1.

Als de ruwe scores een normaalverdeling hebben, dan hebben zowel de standaardscores als de normaalscores een standaard-normaalverdeling. De standaardscores zijn dan gelijk aan de normaalscores.

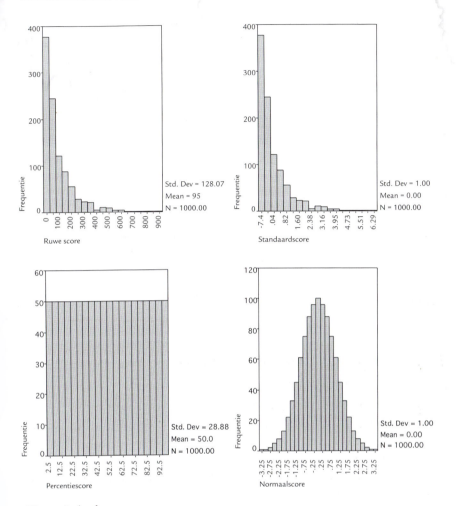

Figuur 3.4a-d

De bovenstaande eigenschappen gelden voor elke continue variabele als de steekproef maar groot genoeg is. Als de variabele niet continu is, of als de steekproef heel klein is, geldt eigenschap 1 nog steeds exact, maar eigenschappen 2 en 3 gelden alleen nog maar bij benadering.

In figuur 3.5a-d zie je voor Bdv de histogrammen van de ruwe scores, standaardscores, percentielscores en normaalscores. Deze variabele is niet continu; alleen gehele scores zijn mogelijk. Daarom wordt het ideaal van uniform verdeelde percentielscores en normaal verdeelde normaalscores niet bereikt. In figuur 3.5c-d is wel een trend in die richting zichtbaar, maar alleen als er scores worden samengevoegd tot klassen. Figuur 3.5e-f laat de ongeklasseerde verdelingen van percentielscores en normaalscores zien. Je ziet daar dat de staven even hoog blijven als bij de ruwe scores. Alleen de afstanden veranderen.

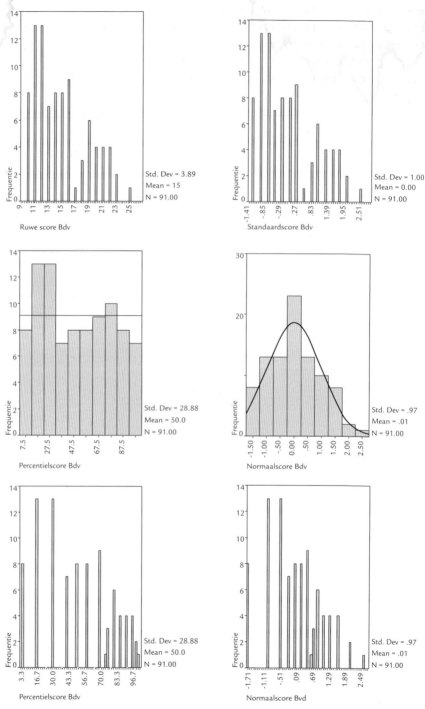

Figuur 3.5a-f

Bij standaardiseren behoud je informatie over de *afstanden* tussen de scores. Percentielscores en normaalscores zijn daarentegen uitsluitend gebaseerd op de *rangorde* van de ruwe scores. De informatie over de oorspronkelijke afstanden gaat daarbij verloren. Dit wordt vervangen door informatie over de percentages.

Kijk bijvoorbeeld in tabel 3.2 naar de scores van vier subjecten uit het stemmingmakerijonderzoek.

Tabel 3.2

Persoon	Ruwe score	Standaard- score	Percentiel- score	Normaal score*
32	17	0.54486	73.6	0.6132
8	18	0.80176	76.9	0.6810
14	11	-0.99655	23.1	-0.9933
6	12	-0.73965	37.4	-0.5165

* De normaalscores in deze tabel stemmen niet helemaal overeen met degene die je zelf zou krijgen als je met de tabel werkt. Zij zijn berekend met een computerprogramma dat niet alleen de percentielscore gebruikt, maar ook de rest van de verdeling.

- Volgens de ruwe scores is het verschil tussen de personen 32 en 8 even groot als het verschil tussen personen 14 en 6. Immers: 18 - 17 = 1 en 12 - 11 = 1.
- Volgens de standaardscores zijn deze verschillen ook even groot: 0.80176 - 0.54486 = 0.2569 en -0.73965 - -0.99655 = 0.2569.
- Volgens de percentielscores is het verschil tussen de personen 32 en 8 echter kleiner dan het verschil tussen de personen 14 en 6. Immers: 76.9 - 73.6 = 3.3 en 37.4 - 23.1 = 14.3.
- Ook voor de normaalscores geldt zoiets.

Wat moet je nou geloven? Dat weet niemand.

4 Normaalverdelingen

4.1 Inleiding

Achtergrond

In de statistiek wordt vaak gewerkt met variabelen die een zogenaamde normaalverdeling hebben. Dat heeft diverse redenen:

1 Het is een logische noodzaak dat normaalverdelingen in de statistiek vaak om de hoek komen kijken. Normaalverdelingen zijn voor de statistiek wat cirkels zijn voor de meetkunde. Normaalverdelingen zijn de limietvorm van vele andere typen verdelingen. Dit is het eerst bewezen voor binomiaalverdelingen door De Moivre (1667-1754) en in algemenere vorm door Laplace in 1810. De moderne, veel algemenere formulering is de Lindeberg-Lévystelling (Billingsley, 1986), beter bekend als de Centrale Limiet Stelling. Deze kan worden gezien als de eerste hoofdstelling van de wiskundige statistiek.

2 Bij veel statistische procedures wordt aangenomen dat de variabelen normaal verdeeld zijn. Dat wordt aangenomen omdat veel problemen dan een eenvoudige oplossing hebben. Die eenvoudige oplossingen zijn een gevolg van bepaalde unieke eigenschappen van normaalverdelingen. Toch werken die eenvoudige oplossingen meestal ook goed bij andere verdelingen. Dus waarom zou je dan moeilijk doen.

3 Normaalverdelingen werden in de psychologie geïntroduceerd door Francis Galton (1822-1911), in het bijzonder in de theorie van intelligentie. Sindsdien is het onderwerp 'intelligentie' geassocieerd met normaalverdelingen. Zie bijvoorbeeld het bekende boek *The bell curve*. Vaak wordt gesteld dat mentale vermogens normaal verdeeld zijn.

4 Het is een empirisch feit dat veel verdelingen in de psychologie voldoende op een normaalverdeling lijken. 'Voldoende' wil hier zeggen: goed genoeg om een aantal belangrijke statistische procedures te gebruiken waarbij een normaalverdeling wordt verondersteld (zie punt 2). *Visueel* en gevoelsmatig kan de afwijking nog best wel groot zijn.

5 Soms worden variabelen gedwongen een normaalverdeling te volgen door ze te transformeren naar normaalscores.

Doel
Na bestudering van dit hoofdstuk kun je, gegeven:
- het populatiegemiddelde en de populatie-standaardafwijking van een (eventueel op gehele getallen afgeronde) normaal verdeelde variabele X;

... met behulp van een tabel voor de standaard-normaalverdeling (tabel A, zie appendix):
- kansen bepalen van de vorm $P[X > a]$, $P[X < b]$, $P[a < X < b]$, $P[X > a$ of $X < a]$;
- ook als daarbij < wordt vervangen door ≤ of =;
- ook als deze kansen in woorden worden omschreven.

Verder kun je:
- de belangrijkste eigenschappen van normaalverdelingen en de standaard-normaalverdeling noemen;
- deze eigenschappen gebruiken om te beredeneren dat een bepaalde variabele niet precies (standaard-)normaal verdeeld is, cq. ook bij benadering niet normaal verdeeld is.

4.2 Notatie

We zullen het in dit hoofdstuk steeds hebben over een populatie. Het is gebruikelijk om dan de volgende symbolen te gebruiken:

μ = het **populatiegemiddelde**
σ = de **populatie-standaardafwijking**

(μ = de Griekse letter 'mu', σ = de Griekse letter 'sigma'). Deze notatie wordt vrijwel altijd gebruikt zodra er sprake is van een populatie. Ook als er helemaal **geen normaalverdeling** in de buurt is! Voor de waarden in de steekproef gebruikt men:

$\bar{x}$ = het steekproefgemiddelde
s = de steekproef-standaardafwijking

Toelichting
Het is gebruikelijk om altijd Griekse letters te gebruiken zodra je het hebt over een kenmerk van de populatie. Dat Grieks geeft het iets mysterieus. Terecht, want een populatie ken je nooit helemaal. Helaas lijkt het voor veel mensen dan ook gelijk zes keer zo moeilijk.

Voorbeeld
In het stemmingmakerijonderzoek vonden we voor de controlegroep op de voormeting een gemiddelde van 15.8571 en een standaardafwijking van 4.0208. Dat

zijn echter niet μ en σ! Want die 15.8571 en 4.0208 zijn gebaseerd op slechts een steekproef van N = 49 subjecten. Dus:

$$\bar{x} = 15.8571$$
$$s = 4.0208$$

Daarentegen zijn μ en σ de waarden in de populatie. Die waarden zijn onbekend. Ze zullen vermoedelijk wel in de buurt liggen van de steekproefwaarden.

4.3 Eigenschappen van normaalverdelingen

Een **kansdichtheidsfunctie** is een functie die een curve beschrijft met de volgende eigenschappen:
- Voor elk getal x is de kans op een score kleiner dan of gelijk aan x, gelijk aan het oppervlakte onder de curve, boven de x-as, en links van x.
- De totale oppervlakte onder de curve en boven de x-as is altijd gelijk aan 1.

Zo'n curve is te zien als een geïdealiseerd histogram van een continue variabele. Het geeft aan hoe het histogram er uit gaat zien als de steekproef steeds groter wordt, terwijl gelijktijdig de klasse-intervallen steeds kleiner worden gemaakt.

Een variabele X heeft per definitie een **normaalverdeling** als van elke score x de **kansdichtheid** wordt gegeven door:

$$f(x) = \frac{1}{\sqrt{2\pi}\sigma} e^{-\frac{1}{2}\left(\frac{x-\mu}{\sigma}\right)^2}$$

Hierbij is π = 3,141592653589790... en e = 2,71828182845905....

Je hoeft deze formule niet te kennen en niet te gebruiken. Ik geef hem slechts om te laten zien dat er een precieze definitie bestaat. Bovendien worden sommige studenten onzeker als ze geen precieze formule hebben. Dat zouden ze moeten afleren. Want hier is die formule, maar jij hebt er geen fluit aan.

Misschien vraag je je af waarom het nou precies *deze* formule is. Die vraag is verkeerd. Het is net zo'n vraag als de vraag waarom de verhouding van de omtrek van een cirkel op zijn diameter gelijk is aan π. Waarom nou precies het getal π? Tja.

De grafiek van de functie is een **symmetrisch** en **klokvormig** histogram. De locatie van de top wordt gegeven door μ. De breedte van het histogram wordt gegeven door σ. Dat is de breedte ter hoogte van het 'inflectiepunt' – dat wil zeggen: waar de curve overgaat van 'bol' naar 'hol'. Zie figuur 4.1.

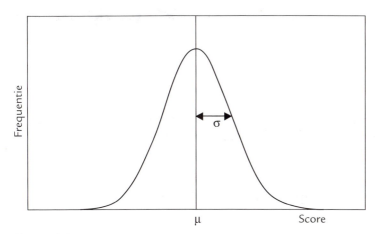

Figuur 4.1

Normaalverdelingen zijn **continu**. Dat betekent dat niet alleen gehele getallen als score mogelijk zijn, maar ook elke waarde daartussen. Dus de score op een test als de BDI kan niet precies normaal verdeeld zijn, want op de BDI kun je alleen gehele getallen als score krijgen.

Normaalverdelingen lopen **van** $-\infty$ **tot** $+\infty$. Als je op de x-as naar links (richting $-\infty$) of rechts (richting $+\infty$) gaat, dan komt de hoogte van de curve steeds dichter bij 0, maar hij blijft groter dan 0. Dat kan ik natuurlijk niet tekenen. Het betekent dat elk getal tussen $-\infty$ en $+\infty$ mogelijk is, hoewel extreem grote en extreem kleine getallen onwaarschijnlijk zijn. In het bijzonder betekent dit dat er ook negatieve getallen mogelijk zijn. Dus de variabele Leeftijd kan niet precies normaal verdeeld zijn, want dan zouden er negatieve leeftijden moeten bestaan, en er zouden leeftijden boven de 999 jaar moeten bestaan.

Als gevolg hiervan kunnen normaalverdelingen strikt genomen alleen bestaan in een **oneindig grote populatie**. Immers, voor elk getal x moet er een subject zijn dat de score x heeft. En er zijn oneindig veel getallen.

In de praktijk noemt men een variabele in het algemeen al **bij benadering normaal** verdeeld als de verdeling symmetrisch en klokvormig is.

Voorbeelden
Afhankelijk van μ en σ zijn er vele verschillende normaalverdelingen. In de figuren 4.2 tot en met 4.4 zijn drie voorbeelden getekend op dezelfde schaal.

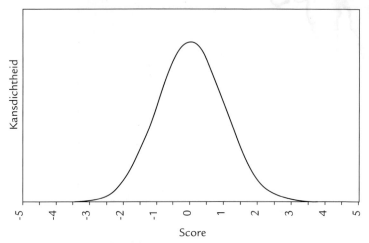

Figuur 4.2 Normaalverdeling met µ = 0 en σ = 1

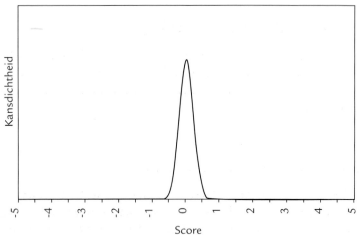

Figuur 4.3 Normaalverdeling met µ = 0 en σ = 0.2

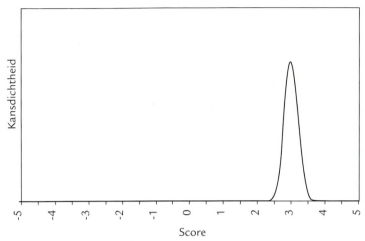

Figuur 4.4 *Normaalverdeling met* μ = 3 *en* σ = 0.2

4.4 De standaard-normaalverdeling

De normaalverdeling met μ = 0 en σ = 1 noemt men de **standaard-normaalverdeling**. Dat is dus een normaalverdeling met gemiddelde 0 en standaardafwijking 1.

Als de ruwe scores X normaal verdeeld zijn, dan zijn de standaardscores Z standaard-normaal verdeeld.

4.5 Rekenen met normaalverdelingen

Als je wilt berekenen hoeveel procent van de populatie een score heeft die lager is dan een gegeven score *x*, dan is dat de grootte van het oppervlak onder de curve, links van *x* (zie figuur 4.5). Er kan worden bewezen dat er geen eindige formule kan bestaan waarmee zulke oppervlakken kunnen worden berekend. Er bestaan wel oneindige formules waarmee men het oppervlak steeds nauwkeuriger kan berekenen. De uitkomsten daarvan staan in tabel A. Daar zijn gemakshalve alleen de uitkomsten gegeven voor een **standaard-normaalverdeling**. Als je te maken hebt met een andere normaalverdeling, moet je eerst de score *x* omzetten in de standaardscore *z*:

$$z = \frac{x - \mu}{\sigma}$$

Als de *x*-scores normaal zijn verdeeld, dan zijn de *z*-scores standaard-normaal verdeeld. Vervolgens zoek je in tabel A de kans op die hoort bij de berekende *z*.

Vervolgens is het mogelijk om van allerlei logische combinaties de kans te berekenen. Als je daarin weinig ervaring hebt, is het verstandig om er steeds een tekeningetje bij te maken waarin je arceert over welke scores het gaat.

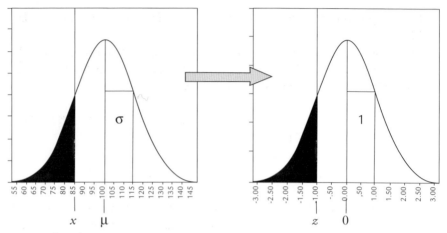

Figuur 4.5a-b

Voorbeelden
Stel een variabele is normaal verdeeld met gemiddelde 100 en standaardafwijking 15. We zullen hier zeven vragen over beantwoorden. Daarbij behoren de zeven histogrammen van figuur 4.6. Bij elke vraag krijg je eerst de opdracht het betreffende gebied te arceren. *Doe dat ook!* Diverse problemen die mensen met dit soort vragen hebben, komen eruit voort dat ze zich te goed voelen om eerst deze kinderlijke stap te maken. Dat is oké en tijdbesparend als je inderdaad zo goed bent, maar eigenwijs en tijdverspillend als je nog niet zo goed bent. Sommige studenten vroegen me om ook de formules op te schrijven, dus dat doe ik. Je hoeft slechts een van beide manieren te kennen.

1. Hoeveel procent van de populatie heeft een score **kleiner** dan 85?
   Zie figuur 4.6a. *Arceer nu het gebied waarvan de kans moet worden berekend.* Uit de gegevens volgt dat $x = 85$, $\mu = 100$ en $\sigma = 15$. Dus $z = (85 - 100) / 15 = -1.00$. Volgens tabel A hoort daarbij een kans $p = .1587 = 15.87\%$. Dat is de kans die je moet hebben. In formules:

$$P[X < 85] = P[(X - \mu)/\sigma < (85 - 100)/15] = P[Z < -1.00] = .1587 = 15.87\%$$

2. Hoeveel procent van de populatie heeft een score **groter** dan 115?
   Zie figuur 4.6b. *Arceer nu het gebied waarvan de kans moet worden berekend.* Dan $z = (115 - 100) / 15 = 1.00$. Volgens tabel A hoort daarbij een kans $p = .8413 = 84.13\%$. Maar kijk naar het histogram bij tabel A: de opgezochte kans gaat over de mensen met een score *kleiner* dan 115. De gevraagde kans is het omgekeerde, dus $1 - .8413 = 15.87\%$. In formules:

$P[X > 115] = P[(X - \mu)/\sigma > (115 - 100)/15] = P[Z > 1.00] = 1 - P[Z < 1] = 1 - .8413 = .1587 = 15.87\%$

3 Hoeveel procent van de populatie heeft een score **kleiner** dan 85 **of groter** dan 115?
   Zie figuur 4.6c. *Arceer nu het gebied waarvan de kans moet worden berekend.* Uit 1 en 2 volgt dat dit .1587 + .1587 = .3174 = 31.74% is. In formules (hierbij is $\cup$ het symbool voor de vereniging van twee verzamelingen):

   $P[X < 85 \text{ of } X > 115] = P([X < 85] \cup [X > 115]) = P[X < 85] + P[X > 115]$
   $= .1587 + .1587 = .3174 = 31.74\%$

4 Hoeveel procent van de populatie heeft een score **kleiner** dan 85 **en groter** dan 115?
   Zie figuur 4.6d. *Arceer nu het gebied waarvan de kans moet worden berekend.* Het antwoord is: 0%, want geen enkel getal kan tegelijk kleiner dan 85 en groter dan 115 zijn. Als het goed is had je dan ook een groot probleem met het arceren van dit gebied, want er viel niets te arceren. In formules (hierbij is $\cap$ het symbool voor de verzamelingsdoorsnede en $\emptyset$ het symbool voor de lege verzameling):

   $P[X < 85 \text{ en } X > 115] = P([X < 85] \cap [X > 115]) = P(\emptyset) = 0$

5 Hoeveel procent van de populatie heeft een score **groter** dan 85 **en kleiner** dan 115?
   Zie figuur 4.6e. *Arceer nu het gebied waarvan de kans moet worden berekend.* Dit gebied is het omgekeerde van dat in vraag 3, dus 1 - .3174 = .6826 = 68.26%. In formules:

   $P[X > 85 \text{ en } X < 115] = P(\text{niet } [X < 85 \text{ of } X > 115]) = 1 - P[X < 85 \text{ of } X > 115] = 1 - .3174 = .6826 = 68.26\%$

   Of:

   $P[X > 85 \text{ en } X < 115] = P[X < 115] - P[X < 85] = .8413 - .1587 = .6826 = 68.26\%$

6 Hoeveel procent van de populatie heeft een score **precies gelijk** aan 85?
   Zie figuur 4.6f. *Arceer nu het gebied waarvan de kans moet worden berekend.* Het antwoord is: 0%. Als het goed is had je dan weer een groot probleem om het gevraagde gebied te arceren, want dat bestaat enkel uit de getekende verticale lijn bij X = 85. En die lijn is oneindig dun, dus ik zie niet hoe jij dat zou kunnen arceren ...

De clou is: een normaalverdeling is continu. Een tegen-intuïtief, maar wiskundig onweerlegbaar gevolg daarvan is dat de gebeurtenis $x = 85.0000\ldots$ kans 0 heeft. Let wel: niet 'bijna 0', niet 'nadert naar 0', niet 'oneindig klein'; nee: *precies 0*. Sommige mensen protesteren hiertegen en zeggen dan: 'Maar het is toch niet onmogelijk om precies die score te krijgen?' Inderdaad, maar de wetten van de kanstheorie zijn: *Als* een gebeurtenis onmogelijk is, *dan* is de kans 0. Niet omgekeerd! Of ze zeggen: 'Als elke score een kans 0 heeft, dan is de totale kans dus ook 0 en die moet 1 zijn.' Nee. Er zijn oneindig veel scores, en zo iemand gaat ervan uit dat oneindig keer 0 gelijk is aan 0. Maar dat is niet zo. De begrippen 'optellen' en 'vermenigvuldigen', zoals je die als kleuter hebt geleerd, zijn niet gedefinieerd bij voortzetting in het oneindige. Als je daar precies over nadenkt en het alsnog definieert op een manier die vrij is van logische tegenstrijdigheden – iets waar wiskundigen enkele honderden jaren over gedaan hebben en wat ik hier dus niet ga herhalen – dan blijken er verschillende soorten 'oneindig' te zijn, en daarbij is soms wel degelijk oneindig keer 0 gelijk aan 1. Dat is vergelijkbaar met het feit dat de oppervlakte van de lijn die je moest arceren gelijk is aan 0, hoewel al zulke lijnen samen een gebied van oppervlakte 1 beslaan.

Kortom:

$$P[X = 85] = 0$$

7 Als de oorspronkelijke score wordt afgerond op een geheel getal, hoeveel procent van de populatie krijgt dan de **afgeronde score** 85?

Dat zijn de subjecten met $84.5 \leq X < 85.5$. Zie figuur 4.6g. *Arceer nu het gebied waarvan de kans moet worden berekend.* De z-waarden van deze grenzen zijn respectievelijk $z = (84.5 - 100) / 15 = -1.03$ en $z = (85.5 - 100) / 15 = -0.97$. De p-waarden die daarbij horen zijn $p = .1515$ en $p = .1660$. De gevraagde kans is het verschil hiervan: $.1660 - .1515 = .0145 = 1.45\%$. In formules:

$$P[\text{afgeronde } X = 85] = P[84.5 < X < 85.5] = P[X < 85.5] - P[X < 84.5]$$
$$= P[Z < -0.97] - P[Z < -1.03] = .1660 - .1515 = .0145 = 1.45\%$$

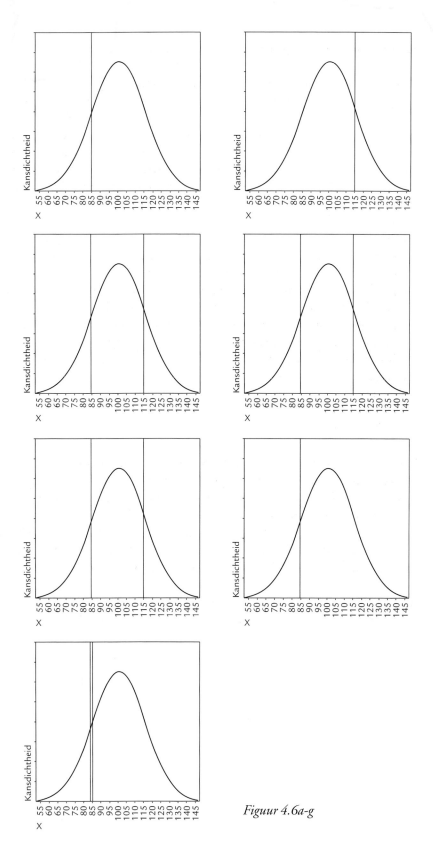

Figuur 4.6a-g

4.6 Enkele belangrijke getallen van een normaalverdeling

Er zijn een paar getallen van normaalverdelingen die vaak terugkomen en het kan daarom handig zijn om ze te leren. Dan hoef je het niet elke keer op te zoeken. Verreweg het belangrijkste is deze:

$$P[Z < -1.96 \text{ of } Z > 1.96] = .05$$

Met andere woorden: 5% van de personen heeft een z-score groter dan 1.96 of kleiner dan -1.96. Informeel wordt die 1.96 vaak afgerond op 2.

Deze komt ook vaak voor:

$$P[Z > 1.645] = .05$$

Met andere woorden: 5% van de personen heeft een z-score groter dan 1.645.

Verder zie je vaak deze:

$$P[Z > 1] = .1587$$

Met andere woorden: 16% van de personen ligt meer dan 1 standaarddeviatie boven het gemiddelde. Analoog ligt 16% van de personen meer dan 1 standaarddeviatie onder het gemiddelde. Daaruit volgt dat 32% van de personen meer dan 1 standaarddeviatie van het gemiddelde is verwijderd, waarvan de helft erboven en de helft eronder. Dus 68% van de personen ligt binnnen 1 standaarddeviatie van het gemiddelde.

Deze getallen gelden alleen bij normaalverdelingen. *In zijn algemeenheid*, dus ook voor alle andere verdelingen, geldt de zogenaamde **ongelijkheid van Chebyshev**:

$$P[Z \leq -k \text{ of } Z \geq k] \leq 1 / k^2$$

Dus voor bijvoorbeeld $k = 2$, krijg je $P[Z < -2 \text{ of } Z > 2] \leq .25$. Met andere woorden, bij elke verdeling moet minstens 75% van de scores binnen twee standaarddeviaties van het gemiddelde liggen. Bij een normaalverdeling is dat zelfs ongeveer 95%.

5 De intuïtieve psycholoog en steekproeven

5.1 Inleiding

Achtergrond
De delen 1A, 1B en 2A van deze serie boeken bevatten steeds een hoofdstuk over 'de intuïtieve psycholoog'. Hierin zal het alledaagse, intuïtieve denken van mensen worden vergeleken met de formele wetenschappelijke norm die in het betreffende boekdeel is behandeld. De term 'intuïtief denken' zal worden gebruikt als verzamelnaam voor alle vormen van denken waarbij mensen tot een conclusie komen zonder eerst uitgebreid wetenschappelijk onderzoek te doen en zonder een uitgebreid beroep te doen op statistische formules. Dus het gaat bijvoorbeeld niet om de 'intuïtie' van het zenboeddhisme en ook niet om 'intuïtief pakte zij zijn hand vast'.

De metafoor van de mens als intuïtieve wetenschapper is al eeuwen oud. Een uitgebreide beschrijving hiervan is te vinden bij Nisbett & Ross (1980). In de jaren 1970 kreeg dit een nieuwe impuls door het onderzoek van Kahneman & Tversky (Kahneman & Tversky, 1973; Tversky & Kahneman, 1974). Hun ideeën waren onder andere geïnspireerd op de fouten die zij studenten steeds weer zagen maken in de statistiekcursussen die zij gaven. Hun onderzoeksprogramma is zeer invloedrijk geweest in diverse takken van de wetenschap, in het bijzonder sociale psychologie, economie en medische besliskunde. Die grote invloed blijkt uit het feit dat Kahneman hiervoor uiteindelijk samen met enkele anderen in 2002 de Nobelprijs voor economie ontving.

Kahneman & Tversky betoogden dat mensen vaak vertrouwen op **heuristieken** (vuistregels) bij het bepalen van kansen. Een heuristiek is een vuistregel die in de praktijk *vaak* tot het goede antwoord leidt, maar *niet altijd*. Bijvoorbeeld, een heuristiek die je bij het maken van multiple-choicetentamens kan gebruiken als je het antwoord niet weet is 'kies het langste alternatief'. Die regel werkt vaak: het kost meestal meer woorden om de waarheid te formuleren dan om onzin op te schrijven. Maar de regel werkt natuurlijk niet altijd. Daarom is het een heuristiek.

Kahneman & Tversky onderscheidden oorspronkelijk drie heuristieken:
1 De **representativiteitsheuristiek**. Deze houdt in dat mensen de kans dat A tot B behoort, inschatten op grond van de gelijkenis tussen A en B.
2 De **beschikbaarheidsheuristiek**. Deze houdt in dat mensen een grote kans toekennen aan gebeurtenissen waarvan er gemakkelijk voorbeelden in ze opkomen.

3 De **ankerheuristiek**. Deze houdt in dat mensen, als ze ergens nieuwe informatie over krijgen, een nieuwe schatting maken door hun oude schatting een beetje bij te stellen (meestal te weinig).

Later zijn daar door hun en andere onderzoekers nog vele heuristieken aan toegevoegd. Deze heuristieken zullen soms aan de orde komen als verklaring voor de beschreven fenomenen. De beschrijving van die fenomenen zelf (bijvoorbeeld *insensitivity to sample bias*) is voor een groot deel ontleend aan het boek van Nisbett & Ross (1980).

In mijn cursus merk ik vaak dat studenten geneigd zijn de stof van deze hoofdstukken te verwaarlozen. Alsof zij denken dat het 'eigenlijk geen statistiek' is. Dat is discutabel. Het onderzoek van Kahneman & Tversky laat zien dat het voor het correct toepassen van statistiek *in de praktijk* vaak niet voldoende is om te weten hoe het moet. Je moet ook weten hoe het *niet* moet. In veel van hun onderzoeken kenden de proefpersonen wel de formele statistische regel, maar ze verzuimden die toe te passen zodra de vraag ingekleed was met allerlei afleidende informatie. En zulke afleidende informatie is er in de praktijk altijd. Dat ik niet de enige ben die vindt dat dit onderwerp in statistiek- en methodenboeken hoort te worden behandeld, blijkt verder uit het feit dat ook sommige andere auteurs dit doen (Aron & Aron, 1994; Mook, 2001).

Waarom zou je eigenlijk statistiek moeten doen? Je kunt toch ook gewoon in de wereld rondlopen en conclusies trekken uit je ervaringen? Inderdaad is dat wat ieder mens zijn hele leven doet. Eigenlijk gebruikt iedereen voor zichzelf een soort ruwe, intuïtieve statistiek. Aangezien dat veel makkelijker is (je hoeft daar niet voor te leren), moeten we duidelijk maken wat de voordelen zijn van de officiële statistiek.

Ook al zou je zelf van mening zijn dat de officiële statistiek veel voordelen heeft, dan nog: er zijn veel mensen die daar anders over denken of zich er in ieder geval niet naar gedragen. Zo kun je in veel populair-wetenschappelijke psychologieboeken argumenten aantreffen als: 'In mijn jarenlange ervaring als therapeut is het mij duidelijk geworden dat …'. Vervolgens lees je een conclusie waar andere therapeuten, met evenveel ervaring, het helemaal niet mee eens zijn, of die bij systematisch onderzoek misschien pertinent onwaar blijken te zijn. Het is niet gemakkelijk om tegen de mening van zo'n ervaren autoriteit in te gaan. Het helpt als je weet wat de valkuilen van zijn 'methode' zijn.

Het onderwerp van dit hoofdstuk bevindt zich op het snijpunt van psychologie en statistiek. Terwijl in normaal psychologisch onderzoek de statistiek alleen wordt toegepast, fungeert het hier als een model voor menselijk denken. Dat zie je in veel theorieën van de cognitieve psychologie. Zo stelt Piaget het kind deels voor als onderzoeker van zijn wereld. De psychologie is dus niet alleen methodologisch geïnspireerd door de statistiek, maar ook inhoudelijk. In dit hoofdstuk wordt besproken in welke opzichten het alledaagse, intuïtieve menselijke denken afwijkt van de wetenschappelijke norm. Je ziet dan dat mensen systematisch bepaalde denkfouten maken zodra ze te maken hebben met minder alledaagse situaties. Dit maakt duidelijk wat de meerwaarde is van de statistische methode ten opzichte van de intuïtieve methode. Die meerwaarde is niet zozeer dat het nauwkeuriger is; dat is slechts bijzaak. Veel belangrijker is dat de statistische methode echt tot andere conclusies kan leiden.

Doel
Na bestudering van dit onderdeel van de stof, dien je in staat te zijn een vergelijking te maken tussen het intuïtief menselijk denken enerzijds, en de officiële statistische methoden anderzijds. De bekende beperkingen van het intuïtief menselijk denken bij het trekken en beoordelen van steekproeven moet je kunnen onderbouwen en toepassen. In het bijzonder moet je in staat zijn de beperkingen van het menselijk denken:
1 uit te leggen met voorbeelden;
2 te onderbouwen met de beschreven empirische onderzoeken;
3 te voorspellen hoe die beperkingen zich zullen uiten in alledaagse situaties die door jouzelf of door ons zijn verzonnen of die in deze tekst staan beschreven.

Het beoogde doel is dat je beschikt over bepaalde argumenten, feiten en theorieën uit de psychologie die van belang zijn in methodologische discussies. Dit zou je zodanig moeten beheersen dat je het zelf kan toepassen in discussies. In paragraaf 8.1 staat bij de leerdoelen nader beschreven wat voor soort vragen je moet kunnen beantwoorden.

5.2   Ongevoeligheid voor steekproefgrootte

Het gemiddelde van een grote steekproef ligt meestal veel dichter bij het populatiegemiddelde dan het gemiddelde van een kleine steekproef. Hetzelfde geldt voor percentages. In die zin is een grote steekproef veel betrouwbaarder dan een kleine steekproef. In hun alledaagse denken zijn mensen echter vaak geneigd te weinig rekening te houden met de grootte van de steekproef. Dat kan twee kanten opgaan. Ten eerste tillen zij vaak te zwaar aan resultaten van een kleine steekproef. Ten tweede laten zij zich juist te weinig beïnvloeden door resultaten die zijn gebaseerd op een grote steekproef. Daar zijn twee oorzaken voor aan te wijzen. De eerste is onbekendheid met de Wet van de Grote Aantallen. De tweede is dat hun intuïtieve beoordeling beïnvloed wordt door zaken die niet ter zake doen, zoals de levendigheid van de informatie.

5.2.1 De statistische norm over steekproefgrootte

De **Wet van de Grote Aantallen** houdt in dat het steekproefgemiddelde met kans 1 het populatiegemiddelde benadert als de steekproef maar groot genoeg wordt gemaakt. Oorspronkelijk stond deze wet te boek als een ervaringsfeit. Sinds de axiomatische fundering van de kanstheorie is deze wet een bewezen wiskundige stelling (Billingsley, 1986). Je kan dus zeggen dat het steekproefgemiddelde betrouwbaarder wordt (als schatting van het populatiegemiddelde) wanneer de steekproef groter wordt. De zogenaamde 'wortel-N-wet' zegt hoe snel dat gaat: de onbetrouwbaarheid van steekproefgemiddelden neemt af met een factor wortel N. Als jij een steekproef hebt met $N = 3$ en ik heb een steekproef met $N = 300$, dan is mijn steekproefgemiddelde $\sqrt{100} = 10$ keer zo betrouwbaar.

In figuur 5.1 is het gemiddelde van een steekproef weergegeven die steeds groter wordt, van $N = 1$ tot $N = 60$. Horizontaal staat N. Verticaal staat het steekproefgemiddelde. Het populatiegemiddelde is 0.5; dit is aangegeven met een stippellijn. Je ziet dat, naarmate N groter wordt (dus als je naar rechts gaat in de figuur), het steekproefgemiddelde dichter bij het populatiegemiddelde komt te liggen. Weliswaar verwijdert het steekproefgemiddelde zich soms even, maar de globale trend is dat het er steeds dichter bij komt te liggen. En dat is niet alleen bij *deze* steekproef zo. Figuur 5.2 laat dezelfde plot zien voor tien steekproeven uit dezelfde populatie. Zij vertonen allemaal deze trend. In figuur 5.3 zijn deze steekproeven te volgen als N verder toeneemt tot 500. Weer komen de steekproefgemiddelden dichter bij het populatiegemiddelde te liggen. Volgens de Wet van de Grote Aantallen is dat geen toeval maar een wiskundige noodzakelijkheid. Dus, het onderliggende proces is

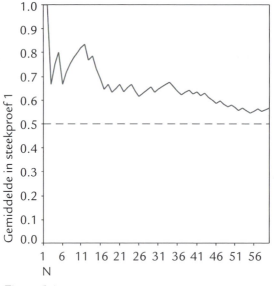

Figuur 5.1

wel toevallig (het trekken van een random steekproef) maar de uitkomst is steeds minder toevallig.

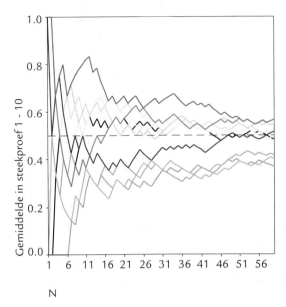

Figuur 5.2

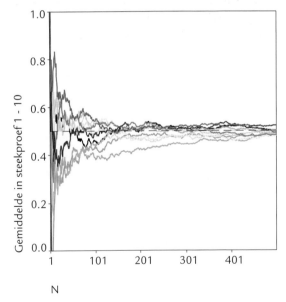

Figuur 5.3

5.2.2 Beperking van het intuïtief denken met steekproefgrootte

Ongevoeligheid voor de grootte van de steekproef (*insensitivity to sample size*) is het fenomeen dat mensen in hun intuïtieve, alledaagse beoordelingen te weinig rekening houden met de grootte van de steekproef. Kleine steekproeven tellen zij te zwaar mee en grote steekproeven juist te licht.

Een gevolg van de Wet van de Grote Aantallen is dat je de uitkomsten van grote steekproeven zwaarder moet laten wegen dan de uitkomsten van kleine steekproeven. Vergelijk bijvoorbeeld de volgende twee onderzoeken.

- Onderzoek A. Het onderzoek naar conversiestoornissen, beschreven in opgave 6 in hoofdstuk 7. Hierbij zijn 26 subjecten met een conversiestoornis onderzocht, en van deze 26 subjecten bleken er 4 een verleden van seksueel misbruik te hebben. Deze onderzoeker zou dus redelijkerwijs kunnen schatten dat $4 / 26 = 15\%$ van de personen met een conversiestoornis een verleden van seksueel misbruik heeft.
- Onderzoek B. De herinneringen van een therapeut. De therapeut had 3 cliënten met een conversiestoornis, en van deze 3 personen bleken er 2 een verleden van seksueel misbruik te hebben. Deze therapeut zou het betreffende percentage dus redelijkerwijs kunnen schatten op $2 / 3 = 67\%$.

Welke van deze twee uitkomsten kun je het beste geloven? Me dunkt dat je wel een rund moet zijn om na het lezen van de voorafgaande tekst onderzoek B even hoog of zelfs hoger aan te slaan dan onderzoek A. Toch is dat wat mensen vaak doen.

Ten eerste kan dat gebeuren doordat men geen rekening houdt met de Wet van de Grote Aantallen of zelfs **die wet niet kent**. De redenering is dan als volgt:

> Onderzoeker A zegt het ene, en onderzoeker B zegt het andere, dus de waarheid zal wel in het midden liggen.

De fout die hier wordt gemaakt, is dat beide onderzoeken als even geloofwaardig worden gezien terwijl ze dat niet zijn. Bij onderzoek A is de steekproef bijna negen keer zo groot, dus de betrouwbaarheid is bijna drie keer zo groot. Egalitarisme is hier ongepast. Overigens heeft men gelijk met de conclusie dat de beste schatting vermoedelijk tussen beide resultaten in ligt; alleen dan wel veel dichter bij A dan bij B! In feite is de beste schatting om te zeggen dat van de $26 + 3 = 29$ personen er $4 + 2 = 6$ waren met een verleden van seksueel misbruik, en dat het percentage dus $6 / 29 = 21\%$ is.

Ten tweede laten mensen zich vaak juist sterker beïnvloeden door een zeer kleine steekproef dan door een grote steekproef, doordat de informatie uit kleine steekproeven vaak **levendiger** wordt gepresenteerd. Dat zal bijvoorbeeld gebeuren als de kleine steekproef niet een officieel onderzoek is, maar bestaat uit mensen die je zelf kent en die je al jarenlang alle ins en outs vertellen van hun problematiek, bijvoorbeeld omdat je hun therapeut bent, of gewoon omdat je een vriendin bent.

De meeste mensen zullen geneigd zijn om zulke personen veel zwaarder mee te tellen omdat ze er veel meer over weten, hoewel die extra kennis niets verandert aan het feit dat N = 3. Het zal ook gebeuren als er een artikel over verschijnt in een tijdschrift zoals *Cosmo*, met daarin drie fraaie en aangrijpende persoonlijke beschrijvingen. Zulke informatie is levendig en zal daarom gemakkelijk indruk op je maken en gemakkelijk onthouden worden. Een onderzoeker met een grote steekproef daarentegen, wordt alleen al door de grootte van de steekproef gedwongen de informatie te presenteren in statistieken zoals gemiddelden en percentages. Zulke informatie is saai, wordt nauwelijks verwerkt, en wordt in een oogwenk weer vergeten. De 'redenering' lijkt te zijn:

> Onderzoeker A had een mooi verhaal, en van onderzoek B herinner ik me alleen nog dat het saai was, dus onderzoeker A heeft gelijk.

Hierdoor zullen mensen, zelfs als ze op de hoogte zijn van de Wet van de Grote Aantallen, zich vaak gemakkelijker laten beïnvloeden door kleine dan door grote steekproeven.

Overigens is dit niet per se een bewust proces. De stelling is niet dat mensen tegen zichzelf zeggen: 'Kom, laat ik de kleinste steekproef geloven,' of: 'Laat ik het mooiste verhaal geloven.' De stelling is alleen dat hun uiteindelijke conclusies daar vaak op neerkomen. Daarom moet je hier niet spreken van een 'denkfout'; het is misschien een 'geheugenfout' of een 'aandachtsfout'. Maar het resultaat is hetzelfde.

Daarnaast is het soms wel een min of meer bewust proces en een denkfout. Veel leken staan wantrouwend tegenover statistieken en sommigen zeggen uitdrukkelijk dat zij zich door statistieken nooit zullen laten overtuigen – maar alleen door een verhaal. Zo iemand kiest er in feite voor om de kleine steekproef eerder te geloven dan de grote steekproef.

Dat leken zich door statistieken niet gemakkelijk laten overtuigen komt ook deels door het imago dat statistiek heeft. Een bekende uitspraak is: 'There are lies, damned lies and statistics.' Zulke uitspraken worden door veel mensen aangegrepen om statistieken zonder meer terzijde te schuiven. De achtergrond van deze uitspraak is dat statistieken vaak 'misleidend' zouden zijn. Maar in werkelijkheid zijn het bijna nooit de *statistieken* die misleidend zijn. Het zijn hun *lezers* die zichzelf misleiden, door hun totale gebrek aan kennis en inzicht. Iemand met een gedegen opleiding zal statistieken zeer serieus nemen maar er nooit een verkeerde conclusie uit trekken. De geciteerde uitspraak is daarom van hetzelfde kaliber als iemand die geen Frans kent en daarom zegt: 'There are lies, damned lies and French.' Ik zou eerder verkondigen: 'There is thruth, Great Truth, and statistics.'

5.2.3 Onderzoeken over ongevoeligheid voor steekproefgrootte

1 Niet goed op de hoogte

Dat mensen vaak niet goed op de hoogte zijn van de Wet van de Grote Aantallen, bleek uit een onderzoek van Kahneman & Tversky (1972) bij proefpersonen die geen statistiek hadden gehad. Aan de proefpersonen werden twee ziekenhuizen beschreven, een groot en een klein. In het grote ziekenhuis werden gemiddeld 45 babies per dag geboren, in het kleine gemiddeld 15 per dag. Er werd gevraagd welk ziekenhuis de meeste dagen zou hebben waarop 60% of meer jongetjes worden geboren. De meeste subjecten dachten dat dit voor beide ziekenhuizen even waarschijnlijk was. Van de overige subjecten kozen er evenveel voor het grote ziekenhuis als voor het kleine ziekenhuis. Proefpersonen die een statistiekcursus hadden gevolgd, maakten die fout in het algemeen niet meer. Wat is volgens jou het antwoord, en waarom?

2 Levendige informatie

Dat mensen zich eerder laten beïnvloeden door kleine hoeveelheden levendige informatie, bleek uit een onderzoek van Borgida & Nisbett (1977). In de ene conditie kregen de psychologiestudenten gemiddelde cursusevaluaties op een vijfpuntsschaal. Er werd bij verteld dat deze gemiddelden een samenvatting waren van de mening van enkele tientallen eerdere studenten. In de andere conditie konden de subjecten twee of drie studenten zien en horen die de cursussen evalueerden op dezelfde vijfpuntsschaal, en daarna commentaar gaven dat overeenkwam met hun evaluaties. In beide condities moesten de subjecten vervolgens een cursus kiezen waar ze aan mee wilden doen. Het bleek dat zij zich veel meer lieten beïnvloeden door de persoonlijke aanbevelingen dan door de abstracte gemiddelden. Maar die gemiddelden waren gebaseerd op een veel grotere steekproef.

5.2.4 Het dagelijks leven: voorbeelden van ongevoeligheid voor steekproefgrootte

In het dagelijks leven zullen mensen vaak besluiten moeten nemen op grond van de kennis die zij op dat moment hebben. Die kennis bestaat voor het grootste deel uit eigen ervaringen of theorieën en voor een klein beetje uit beter gestaafde kennis. Dat mensen niet altijd op de hoogte zijn van de resultaten van wetenschappelijke onderzoeken is vanzelfsprekend, daar hebben ze vaak de tijd niet voor. *Dat is niet waar het nu om gaat.* Dat mensen zich dan bij gebrek aan beter maar baseren op een kleine steekproef van eigen ervaringen, is ook niet waar het om gaat. Waar het wel om gaat, is wat er gebeurt als mensen beide soorten kennis hebben: een kleine steekproef van levendige informatie, bestaande uit persoonlijke ervaringen of mooie verhalen, en een grote steekproef van informatie die saai wordt gepresenteerd, met lijsten en tabellen. De rationele keuze zou zijn om het besluit te baseren op de grote steekproef, en de werkelijke keuze is meestal om het besluit te baseren op de levendige informatie.

1 De interviewillusie

De *interviewillusie* wordt door Nisbett & Ross (1980) genoemd als een voorbeeld hiervan. Deze houdt in dat werkgevers bij sollicitaties vertrouwen op hun inschatting van de kandidaten na een gesprek van ongeveer een uur. Dat wordt vaak veel zwaarder gewogen dan rapportcijfers en schriftelijke aanbevelingen van voormalige werkgevers. Die laatste bronnen zijn vaak gebaseerd op honderden keren zoveel informatie als men uit een gesprek van een uur kan halen. Zoiets kan alleen terzijde worden geschoven door iemand die de Wet van de Grote Aantallen negeert.

2 Anekdotes

Een ander voorbeeld is hoe gemakkelijk mensen zich laten overtuigen door *anekdotes*. Bijvoorbeeld de anekdote van oom Karel die rookte als een ketter maar toch 91 werd, wat dan wordt gebracht als serieus tegenwicht van tientallen onderzoeken bij tienduizenden mensen.

3 De eerste indruk

Veel mensen zijn zich er bewust van dat een *eerste indruk* op andere mensen erg belangrijk is. Dan ga je ervan uit dat mensen hun oordeel over jou misschien baseren op een heel kleine steekproef van jouw gedrag. Uit het bovenstaande blijkt dat die aanname vermoedelijk terecht is. Een bijkomend probleem is dat velen niet geneigd zijn hun oordeel nog te veranderen als de steekproef wat groter wordt en de nieuwe informatie eigenlijk tot een andere conclusie zou nopen.

4 Snel oordelen

Ambady & Rosenthal (1993) lieten zien dat er een correlatie van .72 is tussen hoe aardig docenten werden gevonden na het zien van twee seconden (!) non-verbaal gedrag op een video en de eindevaluatie over die docenten na een cursus van een semester. Dat wil zeggen dat de docenten die voorafgaande aan de cursus, na het zien van enkel de videoband, aardig werden gevonden, na de cursus ook goede docenten werden gevonden. Dit suggereert dat de studenten na een steekproef van twee seconden hun oordeel al klaar hadden.

5.3 Ongevoeligheid voor steekproefbias

Wie wil weten hoe groot een bepaald populatiegemiddelde is, doet er het beste aan een random steekproef te trekken. Veel steekproeven die je in het dagelijks leven tegenkomt, zijn echter niet random. Vaak hebben allerlei factoren geleid tot een bepaalde selectie, waardoor de steekproef niet meer representatief is, ook niet als hij heel groot is. In hun intuïtieve beoordelingen houden mensen daar meestal te weinig rekening mee.

5.3.1 De statistische norm over steekproefbias

Veel mensen weten wel dat je een representatieve steekproef moet hebben. Maar wat is dat eigenlijk? Een representatieve steekproef is een steekproef die in zijn belangrijkste kenmerken (bijvoorbeeld het gemiddelde) ongeveer gelijk is aan de populatie. Een **vertekende** steekproef is daarentegen in belangrijke kenmerken afwijkend van de populatie. Anders dan je misschien zou denken, speelt het begrip representatief echter geen rol in de statistiek. Het is meer een term voor leken. Want hoe zou je kunnen beoordelen of een steekproef representatief is? Dan moet je eerst de populatie kennen, en dat was nou juist het probleem dat je wilde oplossen met de steekproef. In plaats daarvan is statistiek gebaseerd op het principe dat de steekproef *random en groot* moet zijn; dan is hij volgens de Wet van de Grote Aantallen *waarschijnlijk* representatief.

Een steekproef is **random** als de selectieprocedure van de elementen zodanig is, dat elk element van de populatie een even grote kans heeft om in de steekproef te komen. Strikt gesproken is het dus niet de steekproef zelf die random is, maar de selectiewijze. Het voordeel van random selectie is dat de steekproefgemiddelden dan **unbiased** (spreek uit: un-bajast) oftewel **zuiver** zijn. Dat wil zeggen dat de verwachte waarde van de steekproefgemiddelden gelijk is aan het populatiegemiddelde. Ook de steekproef zelf wordt dan vaak unbiased genoemd. Als een steekproef niet random is, kan het gebeuren dat de verwachte waarde van het steekproefgemiddelde groter of juist kleiner is dan het populatiegemiddelde. Dan noemt men het steekproefgemiddelde **biased** of **onzuiver**. Ook de steekproef zelf wordt dan vaak biased genoemd. Dus: een random steekproef is altijd unbiased; een non-random steekproef kan biased zijn. Als de selectieprocedure biased is, zal het gemiddelde waarschijnlijk vertekend zijn *en dat ook bij grote steekproeven blijven.*

De meeste mensen die een beetje statistiek hebben gehad, zijn zich er wel van bewust dat een steekproef bij voorkeur groot moet zijn. Maar in werkelijkheid is het veel belangrijker dat de selectieprocedure unbiased is. Als de selectiewijze biased is, helpt het niet om een grotere steekproef te nemen; het gemiddelde blijft de verkeerde waarde aanwijzen. Stel bijvoorbeeld dat Nederland wordt geregeerd door een kabinet met onder andere CDA en VVD. Stel dat ik wil weten hoe Nederlanders denken over het kabinetsbeleid. Om dit te onderzoeken, ga ik naar een VVD-congres en laat daar door zo veel mogelijk mensen een vragenlijst over het kabinetsbeleid invullen. Krijg ik daarmee een goed beeld van alle Nederlanders? Nee, natuurlijk. Waarschijnlijk denken leden van een partij die in de regering zit, veel positiever over het beleid dan andere Nederlanders. Daar verander ik niets aan door een grotere steekproef te nemen. Zo zijn er nog talloze voorbeelden. Stel bijvoorbeeld dat ik wil weten welke krant meer wordt gewaardeerd: *de Volkskrant* of *De Telegraaf.* Om dit te onderzoeken neem ik een steekproef van 20 000 abonnees van *de Volkskrant*, en vraag hun mening over beide kranten. Uiteraard komt *de Volkskrant* er dan beter af, die mensen zijn niet voor niets abonnee. Zo'n onderzoek bewijst dus helemaal niets. De uitkomst zit er van tevoren al ingebakken. 'Bias' ligt dan ook dicht bij 'oneerlijk' en 'bevooroordeeld'.

In figuur 5.4 wordt getoond wat het effect kan zijn van een biased selectieprocedure. In beide gevallen bestaat de populatie voor 50% uit subjecten met de score 0 (bijvoorbeeld tegenstanders van een bepaald wetsontwerp) en 50% uit subjecten met de score 1 (voorstanders). Het populatiegemiddelde is dus .50, en dit is aangegeven met de stippellijn. Stel nu dat de selectieprocedure zodanig is dat de voorstanders slechts 30% kans hebben in de steekproef te komen. De figuur laat voor tien steekproeven het verloop van het gemiddelde (het percentage voorstanders) zien als N toeneemt van 1 tot 500. Ondanks de steeds groter wordende steekproef, blijft het steekproefgemiddelde in alle gevallen ver onder de waarde die het eigenlijk zou moeten hebben: .50.

Bestudeer het verschil tussen deze figuur en figuur 5.3. In figuur 5.3 waren de steekproeven unbiased, in figuur 5.4 zijn zij biased. Bij de unbiased steekproeven liggen sommige steekproefgemiddelden onder de juiste waarde, en andere erboven. Zij liggen dus rond de stippellijn en naarmate N groter wordt, gaan ze daar dichter bij liggen. Bij de biased steekproefgemiddelden zijn de steekproefgemiddelden overwegend te klein. Zij liggen onder de stippellijn, en naarmate N groter wordt de *fout* stabieler.

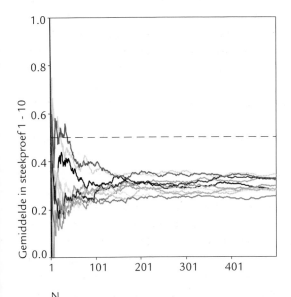

Figuur 5.4

Het verschil tussen het effect van steekproefgrootte en steekproefbias wordt soms uitgelegd met een schietroos, zoals in figuur 5.5. Hierbij is de roos (bull's-eye) te zien als het populatiegemiddelde. Elk schot is het analogon van een steekproefgemiddelde. De bedoeling is om de roos te raken. Dat wil zeggen dat het steekproefgemiddelde gelijk is aan het populatiegemiddelde. In figuur 5.5a zie je wat er gebeurt bij kleine, unbiased steekproeven. De kogels landen vaak ver van de roos, maar gemiddeld komen zij goed terecht. In figuur 5.5b is te zien wat er gebeurt bij grote unbiased steekproeven. De kogels landen vaak in de buurt van de roos. In figuur 5.5c is te zien wat er gebeurt bij kleine, biased steekproeven. De kogels hebben een grote spreiding en zitter er bovendien gemiddeld naast. In figuur 5.5d is te zien wat er gebeurt bij een grote biased steekproef. De kogels hebben een kleine spreiding, maar ze komen er allemaal naast.

Hopelijk maken deze figuren duidelijk dat je beter een kleine maar zuivere steekproef kan hebben dan een grote biased steekproef. Dus unbiasedness is belangrijk dan de steekproefgrootte. Een kleine steekproef is te vergelijken met een ongetrainde schutter, maar bias is te vergelijken met een kromme loop waarvan je bovendien niet weet dat hij krom is.

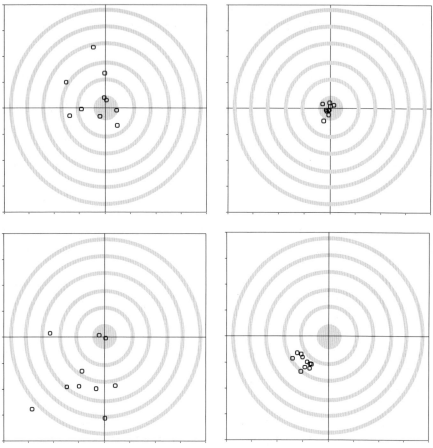

Figuur 5.5a-d

5.3.2 Beperking van het intuïtief denken bij steekproefbias

Ongevoeligheid voor de onzuiverheid van de steekproef ('insensitivity to sample bias') is het fenomeen dat mensen in hun intuïtieve, alledaagse beoordelingen te weinig rekening houden met de onzuiverheid van de steekproef. Zelfs als het aannemelijk is dat ze op de hoogte zijn van de bias, corrigeren ze daar onvoldoende voor.

Stel bijvoorbeeld dat in een gesprek de vraag rijst wie er aardiger is: je medestudent Xavier, die ook dit boek bestudeert, of jullie statistiekdocent, dr. Iller. Natuurlijk kan Xavier de stelling verkondigen dat hij sowieso aardiger is dan ieder ander, maar laten we even aannemen dat hij de vraag serieus probeert te beantwoorden. Hij zou dan kunnen proberen zich te herinneren wat hij in het verleden mensen zoal heeft horen zeggen over hem, en wat hij ze heeft horen zeggen over dr. Iller. Laten we verder aannemen dat het hem lukt om een redelijk grote steekproef te krijgen, door diep in zijn geheugen te tasten. Het punt van steekproefbias is dan: hij moet wel een heel akelig persoon zijn, wil die vergelijking ongunstig voor hem uitpakken. Waarom?

1. De mensen die Xavier spreekt zijn een biased steekproef. Want dat zijn vooral mensen die bevriend met hem zijn, studiegenoten, collega's en familie.
   a. Vrienden. Toen ze bevriend met hem werden, is er een bepaalde selectie opgetreden: de mensen die hem niet aardig vonden werden niet met hem bevriend. Daar praat hij niet of nauwelijks meer mee. Dus, als 0.1% van de bevolking Xavier aardig vindt, dan zal het toch zo zijn dat bijna 100% van zijn vrienden hem aardig vinden.
   b. Studiegenoten en collega's. Maar zelfs al zou hij zijn eigen vrienden uitsluiten, en zich beperken tot studenten die toevallig bij hem in een werkgroep zitten, dan nog is de steekproef biased. Met studiegenoten heeft Xavier veel meer gemeen dan met andere mensen, en de kans dat zij elkaar aardig vinden is daardoor ook groter. Datzelfde geldt voor collega's.
   c. Familie. Weliswaar is het niet uitzonderlijk als sommige familieleden tot iemands grootste vijanden behoren, maar in dat geval is de kans klein dat hij nog vaak met ze praat.

Kortom: Xaviers vijanden hebben bijna geen kans om in de steekproef terecht te komen, maar de vijanden van dr. Iller hebben een normale kans. Dat is toch niet eerlijk?

2. Wat die mensen waarnemen, is een biased steekproef uit het relevante gedrag. Dit als gevolg van de sociale rollen van Xavier en dr. Iller. De mensen die zich tegenover Xavier uitspreken over dr. Iller zijn waarschijnlijk studiegenoten van hem. Die zien maar één kant van dr. Iller, namelijk de kant van statistiekdocent. Die rol brengt bepaalde verplichtingen met zich mee: studenten erop aanspre-

ken die te laat komen, een collegezaal tot stilte manen, een onvoldoende geven aan iemand die het tentamen slecht maakt, 'nee' zeggen tegen mensen die een uitzondering willen, 'nee' blijven zeggen als ze een uitzondering blijven willen; noem maar op. Dat zijn dingen waar studenten niet blij van worden. Een gewetensvolle statistiekdocent is zeer beperkt in de mogelijkheden zich populair te maken bij studenten.

Vergelijk dit met de mensen die zich over Xavier uitspreken. Die zien hem overwegend in zijn vrije tijd, maar niet in de rol van statistiekleerling. Ze zien niet dat hij op meerdere colleges te laat kwam, regelmatig zat te praten in de les, zich onvoldoende voorbereidde, ging zeuren om van een volkomen terechte 5 een perfect onterechte 6 te maken, en ten slotte kwaad werd toen dat niet lukte. Dat zien ze vermoedelijk niet, en wat ze zeker niet zien is hoe vriendelijk hij zou zijn als hij statistiekdocent was en vrijwel dagelijks een deel van zijn tijd moest verspillen aan een paar van zulke lieden.

3 Wat mensen aan Xavier vertellen is een biased steekproef van hun meningen. Denk je nou echt dat mensen hem in het gezicht gaan zeggen dat ze hem eigenlijk onaardig vinden? Dan moet hij het wel heel bont maken. Maar de minder leuke kanten van dr. Iller, daar zullen ze met plezier, gedetailleerd en schaamteloos over uitwijden. Althans, tegen Xavier, niet tegen dr. Iller. Kortom, mensen die Xavier even aardig vinden als dr. Iller, zullen waarschijnlijk bij Xavier de indruk wekken dat ze hem aardiger vinden.

4 Wat Xavier onthoudt is een biased steekproef van wat er gezegd wordt. Stel bijvoorbeeld dat zijn zus en zijn moeder, die hem wat beter kennen, hem met enige regelmatig onder de neus wrijven hoe onaangenaam hij kan zijn in de omgang. Er is een goede kans dat hij die opmerkingen minder goed onthoudt dan de meer vleiende opmerkingen van hen of anderen. Want als hij enigszins positief is ingesteld, dan zal hij over lovende opmerkingen, die zijn dag goedmaken, lang en instemmend nadenken. Die opmerkingen geven hem een prettig gevoel, dus het is leuk om ze nog eens voor de geest te halen, en nog eens, en nog eens. Doordat zulke opmerkingen beter en langer verwerkt worden, worden ze beter in Xaviers geheugen opgeslagen en later beter onthouden.

Maar wat weet Xavier nou eigenlijk van dr. Iller? Misschien is ze wel heel aardig voor haar kinderen. En inderdaad, misschien is ze wel een vrouw. Dat je je waarschijnlijk een man voorstelde, illustreert hoe snel mensen dingen invullen met stereotypen en vooroordelen. En de stereotypen van statistiekdocenten zijn meestal weinig vleiend. Informatie die overeenstemt met iemands bestaande vooroordelen, wordt meestal beter onthouden, dus de paar goede dingen die Xavier over haar hoorde, maken weinig kans de filters van zijn geheugen te overleven.

Tot zover de uitleg waarom deze steekproef biased is. *Ongevoeligheid* voor bias wil in dit voorbeeld zeggen dat Xavier evengoed toch concludeert dat hij aardiger is dan je statistiekdocent. Waardoor dat komt, daar zijn wel theorieën over, maar het voert te ver om die hier te bespreken. Het komt erop neer dat mensen zich niet bewust zijn van de bias, dat ze vaak te koppig zijn om van mening te willen veranderen, en dat ze nauwelijks van mening zouden kunnen veranderen als ze dat al zouden willen. Kortom, wat ik hier ook opschrijf, Xavier blijft gewoon doen alsof zijn steekproef altijd beter is dan elke andere. Wat even weinig objectief is als direct en zonder steekproef verkondigen dat hij sowieso aardiger is dan ieder ander.

5.3.3 Onderzoeken over ongevoeligheid voor steekproefbias

1 Vraag-en-antwoordspelletje

Ross, Amabile & Steinmetz (1977) vroegen in een experiment steeds twee personen om een vraag-en-antwoordspelletje te spelen. Deze personen werden random toegewezen aan de rol van 'vragensteller' en 'antwoorder'. De vragensteller kreeg de opdracht om een aantal 'uitdagende maar niet onmogelijke' vragen te stellen uit zijn eigen algemene kennis, om te laten zien wat hij wist (dus geen vragen zoals 'hoe heet mijn zus'; dat kan de antwoorder natuurlijk niet weten). De antwoorder moest de vragen hardop beantwoorden. Na elk antwoord moest de vragensteller 'correct' of 'incorrect' zeggen, en dan het goede antwoord geven. De vragenstellers stelden vooral vragen over futiele feiten die zij toevallig wisten, zoals: 'Wat is 's werelds langste gletsjer?' Na de sessie moesten zowel de vragensteller als de antwoorder, alsmede aanwezige observatoren, een beoordeling geven van de algemene kennis van zowel de vragensteller als de beoordelaar.

De gestelde vragen kunnen worden gezien als een steekproef van algemene kennisvragen. Wanneer je twee antwoorders met elkaar vergelijkt, kun je redelijkerwijs stellen dat degene die de meeste goede antwoorden geeft, waarschijnlijk ook de meeste algemene kennis heeft. Maar dat geldt niet als je de algemene kennis van de vragensteller wilt beoordelen. De vragensteller is aanzienlijk in het voordeel doordat hij zelf de vragen mag bedenken en natuurlijk alleen vragen neemt waarop hij het antwoord weet. Het is dus gegarandeerd dat hij op 100% van de vragen het antwoord weet. Een grotere bias is nauwelijks te verzinnen. De antwoorders hadden dat voordeel niet en hadden dan ook maar ongeveer 40% van de antwoorden goed.

Omdat de vragenstellers en de antwoorders random waren toegewezen aan hun rol, is het te verwachten dat beide groepen gemiddeld ongeveer evenveel algemene kennis hebben. Dat zou dan ook uit de oordelen moeten komen als de proefpersonen zich niet laten misleiden door de bias in de steekproef van vragen. Figuur 5.6 laat de resultaten zien. Zowel de antwoorders als de observatoren schatten de algemene kennis van de antwoorders lager in dan die van de vragensteller. Het is duidelijk dat zij onvoldoende rekening hielden met het voordeel dat de vragensteller had. Alleen de vragenstellers zelf lieten die vertekening niet zien. Vermoedelijk waren zij zich bewust van de vele gebreken in hun eigen kennis, iets wat ze niet aan de anderen hoefden te laten zien.

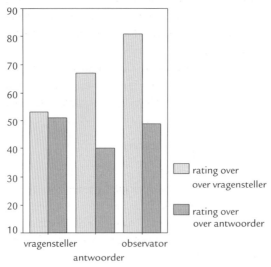

Figuur 5.6

2 Verandering van attitude

Hamill, Wilson & Nisbett (1980) gaven aan subjecten in de eerste conditie een levendige beschrijving van een vrouw in de bijstand, Ms. Santana:

'De centrale figuur was een zwaarlijvige (…) en onverantwoordelijke Puerto Ricaanse vrouw die al jarenlang in de bijstand zat. Ze was nu van middelbare leeftijd, had samengewoond met een aaneenschakeling van "echtgenoten", meestal ook werkloos, en had kinderen van ieder van hun (…) Het leek er niet op dat haar kinderen boven het niveau van hun ouders zouden uitstijgen. Ze gingen onregelmatig naar school en namen de wet sinds hun tienerjaren niet meer serieus, waarbij de oudere kinderen inmiddels stevig doorgedrongen waren in een leven van heroïne, gokken en uitkeringen.'

In de tweede conditie werd deze beschrijving vervangen door een aantal correcte statistische samenvattingen, waaruit bijvoorbeeld bleek dat de gemiddelde tijd waarin mensen in de bijstand bleven voor mensen van middelbare leeftijd ongeveer twee jaar was. De subjecten dachten oorspronkelijk dat het ongeveer tien jaar was.

Bij de subjecten werd gemeten wat hun attitudes waren ten opzichte van ontvangers van een bijstandsuitkering in het algemeen. Dat werd zowel vooraf als achteraf gedaan. Op zo'n manier kon worden vastgesteld in welke mate hun attitudes veranderden. Het bleek dat het levendige verhaal de attitude naar beneden haalde. De abstracte statistische informatie had daarentegen weinig invloed op hun attitude. Na het experiment werd ook nog een vragenlijst afgenomen. Daaruit bleek dat de subjecten de statistische informatie wel onthouden hadden. Het is dus niet zo dat zij het te saai vonden en het daarom niet opnamen, of het snel weer vergaten. Ze onthielden het wel, maar het had geen invloed. Daarentegen had de levendige beschrijving met N = 1 wel veel invloed.

Tot zover is het onderzoek alleen nog een illustratie van ongevoeligheid voor steekproefgrootte. De subjecten die de beschrijving van Ms. Santana hadden gehad, werden nog verder verdeeld in twee groepen. De ene groep werd verteld dat dit geval **typisch** was voor ontvangers van een bijstandsuitkering. (Hierbij moet je typisch lezen als de vertaling van *typical*, dus een kenmerkend, representatief voorbeeld. In het Nederlands kan dit woord ook het omgekeerde betekenen.) De andere groep werd verteld dat dit geval niet typisch was. Ook deze informatie werd herinnerd. In beide condities was de verandering in attitudes echter even groot. Dat duidt erop dat de subjecten geen rekening hielden met de bias in de steekproef. Want als Ms. Santana niet typisch is, dan zegt haar voorbeeld helemaal niets. Het kan goed zijn dat men haar juist heeft uitgekozen omdat ze de enige is. In deze groep zou de attitude dus niet moeten veranderen.

3 Representativiteit

In een soortgelijk onderzoek lieten Hamill, Wilson & Nisbett (1980) aan de subjecten een interview met een gevangenbewaarder zien. In de ene conditie was dit een beschaafd persoon die betrokken was bij de gevangenen. In de andere conditie was hij wreed en praatte over de gevangenen als 'dieren' die alleen op dwang reageerden. Daarnaast werd de informatie over de representativiteit van deze bewaarder gemanipuleerd. Sommige subjecten werd daar niets over verteld; sommige subjecten werd verteld dat deze bewaarder 'typisch' was voor de bewaarders in die gevangenis en andere subjecten werd verteld dat hij 'atypisch' was. In het laatste geval werd vermeld dat hij behoorde tot de drie of vier meest humane (of juist inhumane) bewaarders van de zestig bewaarders in die gevangenis. Ook was er nog een controlegroep van subjecten die helemaal geen interview kregen te zien. Daarna vulden alle subjecten een vragenlijst in, waarin zij onder andere vragen moesten beantwoorden over hoe zij dachten over Amerikaanse gevangenbewaarders.

Het bleek dat subjecten die de humane bewaarder hadden gezien, daarna ook 'gevangenbewaarders in het algemeen' humaner beoordeelden dan de controlegroep deed. Omgekeerd beoordeelden subjecten die de inhumane bewaarder hadden gezien 'gevangenbewaarders in het algemeen' juist inhumaner dan de controlegroep deed. De informatie over de representativiteit van de geïnterviewde bewaarder had echter geen effect. Dus de subjecten lieten zich even sterk door het interview beïnvloeden, of de getoonde bewaarder nu representatief was of juist niet. De subjecten waaraan verteld was dat de bewaarder atypisch was, hadden zich er logischerwijs echter minder door moeten laten beïnvloeden.

5.3.4 Het dagelijks leven: voorbeelden van ongevoeligheid voor steekproefbias

1 Schijnbare consensus

In het dagelijks leven zijn de *mensen die je tegenkomt* vermoedelijk geen random steekproef. In het algemeen gaan mensen meer om met mensen die in allerlei opzichten op henzelf lijken. Mede als gevolg daarvan overschatten mensen vaak het percentage personen dat het met hen eens is. Dat heet de *false consensus illusion*.

2 Sociale rol

Zoals opgemerkt zal de *sociale rol* van mensen er vaak toe leiden dat je slechts een vertekende steekproef van hun gedrag waarneemt. Zo stond ik ooit perplex dat bij de pensionering van mijn vader bleek dat zijn collega's hem massaal bepaalde eigenschappen toeschreven die ik – op grond van zijn gedrag thuis – niet voor mogelijk had gehouden. Het punt is dat iemands gedrag in zijn rol als vader niet representatief is voor zijn gedrag in zijn rol als anesthesist. En omgekeerd. Sterker nog, het gebeurt regelmatig dat acteurs worden beoordeeld op hun gedrag dat zij in hun filmrol speelden – hoewel het evident is dat het betreffende gedrag 'nep' is. Bekend is het verhaal van Rijk de Gooijer die in *Soldaat van Oranje* een nazi-beul speelde. Toen hij bij de première Koningin Juliana ontmoette, weigerde zij hem een hand te geven met de woorden: 'Wat bent u een afschuwelijke man.' Hoezeer iemands sociale rol je op het verkeerde been kan zetten, zie je ook aan het feit dat mensen zelden bedenken dat de president ook wel eens naar de wc gaat met alle hoorbare en ruikbare consequenties van dien. En je ziet het bij de aan verontwaardiging grenzende verbazing van studenten als hun docent wordt gespot in een weinig gezagvolle houding in de kroeg.

3 Anekdotes

Een ander voorbeeld is hoe gemakkelijk mensen zich laten overtuigen door *anekdotes*. Bijvoorbeeld de anekdote van oom Karel die rookte als een ketter maar toch 91 werd. Eerder werd dit voorbeeld al gegeven als een voorbeeld van een te kleine steekproef. Het is ook een voorbeeld van een biased steekproef, want degene die de anekdote vertelt, neemt waarschijnlijk geen random steekproef uit de rokers die hij kent, maar doet zijn best om een voorbeeld met deze strekking te vinden. En dat vind je dan wel.

4 Voor- en tegenstanders

In sommige tv-programma's wordt kijkers gevraagd *te reageren* over een bepaald politiek beleid. Voor tegenstanders is het veel aantrekkelijker om te bellen dan voor voorstanders. Als gevolg daarvan zal het percentage tegenstanders worden overschat, maar presentatoren lijken zich daarvan meestal niet bewust.

5 Jachtgedrag

Een ander voorbeeld is de inschatting van kattenbezitters over het jachtgedrag van hun poes. De meeste kattenbezitters (in mijn ervaring) zeggen dat hun kat zelden of nooit iets vangt. Maar biologen schatten dat de Nederlandse katten elk jaar 30 miljoen vogels vangen en nog 30 miljoen andere prooien. Er waren katten die per week meer dan 200 vogels vingen zonder dat de eigenaar dat wist. Het lijkt erop dat kattenbezitters geneigd zijn de door hun kat meegebrachte prooien te zien als een random steekproef, terwijl hun aantal logischerwijze lager ligt dan het werkelijke aantal prooien.

6 Visualiseren

6.1 Inleiding

Doel
Na het bestuderen van dit hoofdstuk ben je in staat om op grond van een histogram een schatting te geven van gemiddelde, mediaan, standaardafwijking, IKA, eerste kwartiel, derde kwartiel en uitschieters. Tevens ben je in staat twee histogrammen hierop met elkaar te vergelijken. Het liefst zijn deze vaardigheden in hoge mate geautomatiseerd, wat wil zeggen dat je niet lang hoeft na te denken over de bijbehorende opgaven.

Achtergrond
Eén beeld zegt meer dan duizend woorden. Het is dan ook handig om statistische informatie visueel weer te geven, bijvoorbeeld met een histogram. Ook in de vervolgdelen van dit boek – en in veel andere boeken – zal daar vaak gebruik van worden gemaakt. Deze vorm van communicatie met plaatjes werkt natuurlijk alleen als je geleerd hebt dat soort plaatjes te 'lezen'. Dat moet je nu dus leren.

6.2 Het lezen van een histogram

Hoe je een histogram moet maken, is al eerder uitgelegd. Wat de relatie is met zaken als gemiddelde en standaardafwijking, zal nu worden besproken. Als voorbeeld nemen we het histogram van figuur 6.1.

Om in te schatten hoe groot de diverse statistische maten zijn, is het handig die bij het histogram te tekenen (of dat in je hoofd zo voor te stellen). Dan krijg je het volgende figuur (figuur 6.2). Hierbij is het histogram verdeeld in vier gebieden met elk een gelijk oppervlak van de staven. Deze gebieden zijn aangegeven met vier verschillende grijstinten (zwart, donkergrijs, lichtgrijs, wit). Elk gebied bevat zodoende 25% van de scores. De grenzen van deze gebieden op de x-as zijn het eerste kwartiel, de mediaan en het derde kwartiel.

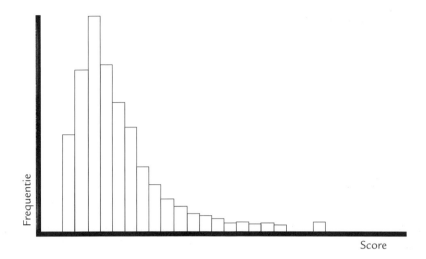

Figuur 6.1 Onbewerkt histogram

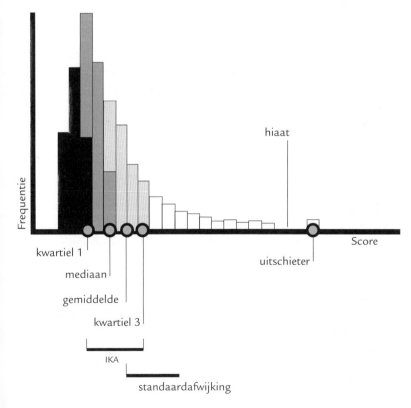

Figuur 6.2 Histogram met diverse statistische maten

Gemiddelde en mediaan geven beide aan waar het centrum van het histogram ligt. Het gemiddelde is hier groter dan de mediaan, omdat de verdeling rechts-scheef is: de lange rechterstaart van de verdeling trekt het gemiddelde naar rechts. De lengte van de staart heeft echter geen invloed op de mediaan. Zou de uitschieter bijvoorbeeld nog verder naar rechts verschuiven, dan zou het gemiddelde nog groter worden terwijl de mediaan hetzelfde blijft.

IKA en standaardafwijking geven beide aan hoe breed het centrum van het histogram is. De standaardafwijking is gevoelig voor de lengte van de linker- en rechterstaart. De IKA hangt daar niet van af. Zou de uitschieter bijvoorbeeld nog verder naar rechts verschuiven, dan zou de standaardafwijking groter worden terwijl de IKA hetzelfde blijft.

Om deze reden noemt men mediaan en IKA resistenter dan gemiddelde en standaardafwijking. Zij worden minder sterk beïnvloed door uitschieters en dergelijke. Dit doordat zij een deel van de informatie in de scores negeren (met name de onderlinge afstanden). Dat is prettig als je denkt dat die informatie een vertekend beeld geeft. Daarom kijkt men vooral:
- naar mediaan en IKA als de verdeling sterk afwijkt van normaliteit;
- naar gemiddelde en standaardafwijking als de verdeling ongeveer normaal is.

Voor de zekerheid moet je echter alle maten vermelden.

Voorbeeld

 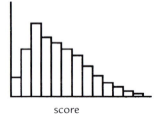

Figuur 6.3

Neem aan dat de diagrammen van figuur 6.3 dezelfde schaalverdelingen van de assen hebben. Diagram B heeft links een 'bult'. Diagram A heeft op dezelfde plaats een bult, maar heeft daarnaast ook nog rechts een bult. Dat betekent dat er bij diagram A een groter percentage hoge scores is. Daaruit kun je het volgende concluderen:
- Het gemiddelde is het grootst bij A.
- De mediaan is het grootst bij A.
- Het derde kwartiel is het grootst bij A.

Verder zie je dat diagram A symmetrisch is en diagram B rechts-scheef. Dus:
- Bij A is het gemiddelde gelijk aan de mediaan.
- Bij B is het gemiddelde groter dan de mediaan.

Het eerste kwartiel is wat moeilijker. De linkerhelft van diagram A is gelijk aan de linkerhelft van diagram B. In het totaal heeft diagram A echter meer scores dan diagram B (omdat diagram A ook nog rechts een bult heeft). Dit heeft tot gevolg dat elke staaf in de linkerhelft van diagram A voor een kleiner percentage waarnemingen staat dan de even hoge staaf in diagram B. Bijvoorbeeld staaf 2 van diagram A heeft misschien 5% van de waarnemingen, terwijl de even hoge staaf 2 van diagram B misschien 8% van de waarnemingen heeft. Gevolg:
- Het eerste kwartiel is het grootst bij A.

Ten slotte de spreidingsmaten. Diagram A heeft twee bulten, diagram B heeft slechts één bult, die ongeveer even groot is. Scores binnen een bult liggen betrekkelijk dicht bij elkaar. Scores uit twee verschillende bulten liggen ver uit elkaar. Diagram A heeft dus veel meer scores die ver uit elkaar liggen. De spreiding is dus groter bij A. Dus:
- De standaardafwijking en de interkwartielafstand zijn het grootst bij A.

7 Opgaven deel A

Opgave 1

Op grond van de gegevens van tabel 1.1 kun je al een aantal simpele, concrete vragen beantwoorden. Hier volgen een aantal voorbeelden. Probeer deze vragen zo goed mogelijk te beantwoorden. Ga ook na wat de beperkingen van je antwoorden zijn.

a Duren ontmoetingen van vrouw-vrouwparen gemiddeld langer dan ontmoetingen van man-manparen? Dat zou ikzelf verwachten, omdat vrouwen de naam hebben dat zij meer op sociale interactie zijn gericht.

b Raken vrouw-vrouwparen elkaar vaker aan dan man-manparen? Zo ja, in hoeverre kun je hier dan uit concluderen dat vrouwen intiemer met elkaar omgaan dan mannen?

Opgave 2

Op grond van de gegevens in tabel 1.2 kun je een aantal concrete vragen beantwoorden. Hier volgen een aantal voorbeelden. Probeer deze vragen zo goed mogelijk te beantwoorden.

a Hoeveel procent van de mensen die vaak naar de kroeg gaan doen nooit aan sport? Hoeveel procent van de mensen die nooit naar de kroeg gaan doen nooit aan sport? Kun je zeggen dat kroegtijgers minder aan sport doen dan anderen?

b Beantwoord soortgelijke vragen door items 1 en 4 aan elkaar te relateren.

Opgave 3

Op grond van de gegevens in de datamatrix in tabel 1.3 kun je een aantal vragen beantwoorden. Daarbij mag je gebruikmaken van het stukje computeroutput van figuur 1.1.

a Zijn deelnemers aan de cursus bij de nameting gemiddeld minder depressief dan niet-deelnemers? Is dat alleen gemiddeld zo, of is het voor elke deelnemer zo? Wat kun je hieruit concluderen over de effectiviteit van de cursus?

b Zijn de deelnemers aan de cursus bij de voormeting gemiddeld meer of juist minder depressief dan de niet-deelnemers? Verandert dit je conclusies bij (a)?

Opgave 4

Manisch-depressieve mensen zijn afwisselend 'depressief' en 'hypomaan' – wat ongeveer het omgekeerde is. Er is gesuggereerd dat manie de creativiteit verhoogt. Weisberg (1994) onderzocht dit voor de componist Robert Schumann. Op grond van dagboeken hadden eerdere onderzoekers al geconcludeerd dat Schumann manisch-depressief was, en dat hij in veel jaren een enkel dominant gemoed had – hoofdzakelijk depressief of hoofdzakelijk hypomaan. Andere onderzoekers hadden los daarvan al vastgesteld hoeveel composities hij in elk jaar heeft gemaakt, en wat de kwaliteit daarvan was. Figuur 7.1 en de gegevens van tabel 7.1 zijn overgenomen van Weisberg.

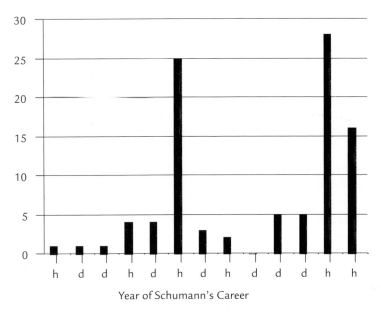

Figuur 7.1

Tabel 7.1

Year	Number of compositions
	Depression
1830	1
1831	1
1839	4
1842	3
1844	0
1847	5
1848	5
Gemiddeld	2.7
	Hypomania
1829	1
1832	4
1840	25
1843	2
1849	28
1851	16
Gemiddeld	12.7

a Maak een histogram, vijfgetallenresumé en gemodificeerde boxplot voor het aantal composities in Schumanns hypomane jaren.
b Doe hetzelfde voor de depressieve jaren.
c Bespreek de belangrijkste verschillen en overeenkomsten tussen de depressieve en de hypomane jaren. Baseer je bij de bespreking op de boxplots. (Mijn ervaring doet mij voorspellen dat veel studenten dit een vage vraag zullen vinden. Maar lees nou eens goed wat de vraag is: 'Bespreek de belangrijkste verschillen en overeenkomsten tussen de depressieve en de hypomane jaren.' Dat is toch een perfect legitieme vraag aan een psycholoog? Het probleem is hoogstens dat jij misschien denkt dat deze vraag niet in 'de statistiek' thuishoort, omdat er geen numeriek antwoord op is te geven. Nou, dan heb je het mis. Kijk maar: je bent nu met statistiek bezig, en toch is zojuist deze vraag gesteld. Dat je allerlei kwartielen kan berekenen, dat is leuk en aardig, maar daarna begint het pas: kun je er ook een conclusie uit trekken? Daar gaat het natuurlijk om. Daarom zul je nog veel van dit soort vragen krijgen. Een moeilijkheid van dit soort vragen is dat je pas antwoord kan geven als je eerst voor jezelf een aantal andere vragen hebt beantwoord, zoals: welke verschillen zijn er, welke daarvan zijn belangrijk, waarom zou het ene verschil belangrijker zijn dan het andere, wat zou Schumann zelf belangrijk vinden, wat zouden de onderzoekers belangrijk vinden, welke verschillen zijn onafhankelijk van elkaar, welke verschillen hebben de meeste informatiewaarde, welke zijn het gemakkelijkst te begrijpen?)

Opgave 5

a Maak een histogram en bepaal het vijfgetallenresumé voor de volgende verzameling getallen.

    1   3   5   1   3   1   14   1   5   18   12   3

b Hoe zeker ben je over de waarde van het derde kwartiel? Zijn er ook andere waarden die redelijkerwijs als uitkomst kunnen gelden?

c Zijn er uitschieters? Zijn er hiaten?

d Geef in het histogram met een pijl aan waar de mediaan zich bevindt. Doe hetzelfde voor het eerste en het derde kwartiel. Leg uit waarom een hiaat ertoe kan leiden dat een kwartiel niet nauwkeurig bepaald kan worden.

e Is de verdeling links-scheef, rechts-scheef of symmetrisch? Hoe kun je dat zien aan het histogram? Hoe kun je dat zien aan de kwartielen?

Opgave 6

Deze data zijn een selectie van de data die zijn verkregen in een onderzoek naar conversiestoornissen door Elsbeth Nauta en Karin Roelofs. Conversiestoornissen kenmerken zich door uitval van lichamelijke functies (bijvoorbeeld geen gevoel, of verlamdheid) zonder dat daar een lichamelijke oorzaak voor is aan te wijzen. Ook wordt verondersteld dat psychische stressfactoren een rol spelen in het ontstaan van de klachten. In dit onderzoek werden patiënten met conversiestoornissen vergeleken met patiënten die een affectieve stoornis hadden (angst en/of depressie). De laatste groep wordt hier de controlegroep genoemd. De theorie is dat conversiestoornissen een gevolg zijn van negatieve emotionele ervaringen in de jeugd. In het onderzoek moesten alle personen een vragenlijst invullen over hun jeugd, de VBE (Vragenlijst Belastende Ervaringen; Nijenhuis, Van der Hart & Vanderlinden, 1996). Op grond daarvan werden scores op de volgende vijf variabelen berekend:

Emonegl	Emotional neglect	emotionele verwaarlozing
Emoabus	Emotional abuse	emotioneel misbruik
Physabus	Physical abuse	lichamelijk misbruik
Sexharas	Sexual harasment	seksuele aanranding
Sexabus	Sexual abuse	seksueel misbruik

Deze variabelen zullen de traumavariabelen worden genoemd. In figuur 7.2 zijn de boxplots voor elk van de traumavariabelen in elk van de groepen (conversie, controle) weergegeven. Daarbij staan de variabelen per groep van links naar rechts in dezelfde volgorde als in de legenda. Alle scores liggen tussen 0 en 12.

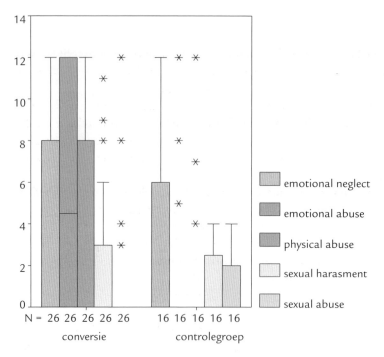

Figuur 7.2

a   Waarom is er in deze figuur geen box te zien voor Emotional abuse en Physical abuse in de controlegroep? In de figuur staat dat er zestien subjecten waren met een score op deze variabelen, maar waar zijn ze dan? Bedenk dat deze figuur met een statistisch programma is gemaakt.
b   Op welke traumavariabelen is het verschil tussen de conversiegroep en de controlegroep het duidelijkst? Beschrijf de belangrijkste verschillen tussen de conversiegroep en de controlegroep.
c   In hoeverre geven deze data aanleiding te veronderstellen dat Emotional abuse leidt tot een conversiestoornis?
d   In hoeverre geven deze data aanleiding te veronderstellen dat Emotional neglect leidt tot een conversiestoornis?
e   In hoeverre geven deze data aanleiding te veronderstellen dat Sexual abuse leidt tot een conversiestoornis?
f   In hoeverre kan uit deze data worden geconcludeerd dat personen met een trauma-ervaring in de jeugd een grotere kans hebben op een psychische stoornis op latere leeftijd?

Opgave 7

De data van tabel 7.2 zijn verkregen met het zogenaamde gatingparadigma door Manon Boeschoten, Chiel Luytelaar, Kim Stael en Marielle Gorissen. Wanneer een proefpersoon in een experiment af en toe een klik te horen krijgt, is er gemiddeld over een groot aantal trials ongeveer 50 milliseconde na de klik een piekje te zien in de EEG centraal. De grootte van deze piek zal hier de P50 amplitude worden genoemd. Wanneer er twee klikken kort achter elkaar worden aangeboden, geldt bij normale proefpersonen dat de P50 amplitude na de tweede klik kleiner is dan na de eerste klik.

Een theorie is dat dit een filterproces in het brein reflecteert: een aanhoudend geluid krijgt steeds minder aandacht. (Als je op een feestje staat hoor je wel de persoon waarmee je spreekt, maar minder van het achtergrondgeluid, tenzij dat weer relevant wordt bijvoorbeeld als je je naam hoort.) Bij schizofrene personen zou dit filtermechanisme verstoord zijn en daardoor zou bij de tweede klik de P50 amplitude ongeveer even groot zijn als bij de eerste klik.

De gegevens van tabel 7.2 zijn afkomstig uit zo'n experiment. In de variabele Diagnose staat de diagnose, zoals die is gegeven door een psychiater. In de variabele Stim1 staat de P50 amplitude na de eerste klik, gemiddeld over zo'n 60 trials voor elke persoon. In de variabele Stim2 staat de P50 amplitude na de tweede klik, eveneens gemiddeld over zo'n 60 trials voor elke persoon. In de variabele Verschil staat het verschil Stim2 - Stim1.

a Maak een frequentietabel en een histogram voor de variabele Verschil bij schizofrenen.
b Maak voor zowel schizofrenen als normalen apart een vijfgetallenresumé en een gemodificeerde boxplot. Teken de boxplots zij-aan-zij op dezelfde schaal.
c Bespreek, met de genuanceerdheid en precisie die men van een wetenschapper kan verlangen, in hoeverre de data de theorie bevestigen. Een simpel 'ja' of 'nee' is hier onvoldoende. Een simpel 'ja' zou namelijk suggereren dat alle normalen een grotere vermindering hebben dan alle schizofrenen, en dat is in strijd met de data – en dus uiterst onwetenschappelijk. Gebruik daarom alle uitkomsten van de twee vijfgetallenresumés in je bespreking.
d Maak voor schizofrenen en normalen apart een elementair rapport.
e Heeft de groep met het grootste gemiddelde ook de grootste mediaan? Heeft de groep met de grootste IKA ook de grootste standaardafwijking? Is dat alleen nu zo maar anders bijna nooit, of is dat logischerwijs altijd zo, of is dat vaak zo maar niet altijd?

Tabel 7.2

Diagnose	Sekse	Stim1	Stim2	Verschil	Rversch	Pversch	Nversch
schizophrenia	man	8.04	2.24	-5.80			
schizophrenia	man	2.07	3.74	1.67			
schizophrenia	man	4.63	1.59	-3.04			
schizophrenia	man	1.22	1.56	0.34			
schizophrenia	man	3.40	2.26	-1.14			
schizophrenia	man	1.41	2.86	1.45			
schizophrenia	man	4.60	2.94	-1.66			
schizophrenia	man	2.37	2.47	0.10			
schizophrenia	man	4.48	8.94	4.46			
schizophrenia	man	7.89	6.18	-1.71			
schizophrenia	man	2.10	1.20	-0.90			
schizophrenia	vrouw	1.79	2.52	0.73			
schizophrenia	vrouw	5.69	2.96	-2.73			
depression	man	11.89	5.27	-6.62			
depression	man	7.14	8.87	1.73			
depression	man	5.32	4.37	-0.95			
depression	man	5.54	9.72	4.18			
depression	man	11.25	8.11	-3.14			
depression	vrouw	3.51	4.21	0.70			
depression	vrouw	4.25	4.03	-0.22			
depression	vrouw	3.07	1.69	-1.38			
depression	vrouw	1.79	2.63	0.84			
depression	vrouw	22.79	11.09	-11.70			
depression	vrouw	10.50	7.52	-2.98			
depression	vrouw	7.19	6.79	-0.40			
depression	vrouw	13.14	3.48	-9.66			
depression	vrouw	3.77	1.56	-2.21			
normal	man	2.03	1.50	-0.53	?	?	?
normal	man	10.89	10.79	-0.10	?	?	?
normal	man	9.59	5.23	-4.36	?	?	?
normal	man	3.38	1.21	-2.17	?	?	?
normal	man	9.87	2.96	-6.91	?	?	?
normal	man	9.69	5.33	-4.36	39.13	34.78	-0.3912
normal	man	8.41	3.79	-4.62	26.09	23.91	-0.7091
normal	man	8.75	3.24	-5.51	13.04	10.87	-1.2335
normal	man	3.54	1.72	-1.82	69.57	67.39	0.4507
normal	man	10.84	6.88	-3.96	43.48	41.30	-0.2197
normal	man	8.49	4.63	-3.86	52.17	50.00	0.0000
normal	vrouw	2.90	2.54	-0.36	91.30	89.13	1.2335
normal	vrouw	1.67	1.30	-0.37	86.96	84.78	1.0272

Diagnose	Sekse	Stim1	Stim2	Verschil	Rversch	Pversch	Nversch
normal	vrouw	7.89	2.74	-5.15	17.39	15.22	-1.0272
normal	vrouw	7.70	2.02	-5.68	8.70	6.52	-1.5124
normal	vrouw	8.98	8.54	-0.44	82.61	80.43	0.8573
normal	vrouw	4.27	7.35	3.08	100.00	97.83	2.0191
normal	vrouw	7.31	2.87	-4.44	30.43	28.26	-0.5751
normal	vrouw	7.39	4.40	-2.99	60.87	58.70	0.2197
normal	vrouw	2.19	1.48	-0.71	73.91	71.74	0.5751
normal	vrouw	5.87	1.95	-3.92	47.83	45.65	-0.1092
normal	vrouw	9.87	4.79	-5.08	21.74	19.57	-0.8573
normal	vrouw	6.73	3.22	-3.51	56.52	54.35	0.1092

Opgave 8

Bij de constructie van vragenlijsten komt altijd de vraag aan de orde hoeveel antwoordcategorieën men moet nemen. Dat is een simpele vraag, maar er is verrassend weinig literatuur over. Het hangt ook af van het soort vragenlijst en het doel ervan. De meestvoorkomende soort vragenlijst bevat items met een klein aantal geordende antwoordcategorieën of *ratings* (bijvoorbeeld 'nooit-soms-vaak') die worden gescoord als opeenvolgende gehele getallen (bijvoorbeeld 0-1-2) die per subject bij elkaar worden opgeteld om tot een totaalscore te komen.

Het weinige onderzoek dat er is, suggereert dat het bij dit soort vragenlijsten meestal voldoende is om vijf antwoordcategorieën voor elk item te nemen. Hierbij wordt dan gekeken naar de betrouwbaarheid van de totaalscore (hoe je die betrouwbaarheid kan berekenen, komt in deel 3 van deze serie aan de orde). De betrouwbaarheid van de totaalscore wordt meestal maar een klein beetje groter als je meer dan vijf categorieën neemt, maar wordt duidelijk kleiner als je minder dan vijf categorieën neemt.

Het is echter niet alleen het *aantal categorieën* dat meespeelt, ook de *spreiding van de antwoorden* moet groot genoeg zijn. Immers, een kleine spreiding betekent dat iedereen ongeveer dezelfde score heeft en dan kun je de vraag net zo goed weglaten. Of stel dat er vijf categorieën zijn en de subjecten kiezen daarvan altijd slechts twee aangrenzende categorieën, bijvoorbeeld 0 en 1. Dan functioneert het item de facto als een item met twee categorieën, en dat is te weinig. De vaakst gekozen categorieën moeten dan verder worden opgesplitst. Een vuistregel om te bepalen of de spreiding groot genoeg is, is: *de standaarddeviatie van het item moet ten minste 1 zijn*. Als het voor een enkel item een beetje kleiner dan 1 is, is dat niet erg, maar als het voor veel items duidelijk kleiner dan 1 is, dan moeten meer of andere antwoordcategorieën worden genomen.

De ZOZ (Zorgbehoeftemeting OuderenZorg) is een vragenlijst die in verzorgingshuizen en verpleeghuizen wordt gebruikt om de zorgbehoefte van cliënten te meten. De lijst bevat 24 vragen. Als men van een cliënt de zorgbehoefte wil meten, worden die vragen met betrekking tot de cliënt ingevuld door een tweetal personen van het verzorgend personeel. Een vraag is bijvoorbeeld: 'Is afhankelijk van hulp bij aan- en/of uitkleden' met antwoordcategorieën 'niet', 'een beetje', 'gedeeltelijk', 'in grote mate' en 'volledig'. Deze antwoorden worden gescoord met de getallen 0 t/m 4. In tabel 7.3 is de frequentieverdeling gegeven van de antwoorden op deze vraag zoals die werd gevonden in een onderzoek bij 128 intramurale cliënten van verpleeghuizen.

Tabel 7.3

Score	Frequentie
0	11
1	9
2	14
3	29
4	65
Totaal	128

a Bereken gemiddelde en standaardafwijking.
b Bereken de percentielscores.
c Is de spreiding groot genoeg? Zo nee, welke categorieën moeten worden opgesplitst?
d Bedenk een voorbeeld van een soortgelijke tabel met precies evenveel personen, waarbij de standaardafwijking duidelijk kleiner is dan 1.

Opgave 9

Zie opgave 6. In figuur 7.3 is een stukje computeroutput van een statistisch programma weergegeven voor dit onderzoek.

Descriptive Statistics

groep		N	Minimum	Maximum	Mean	Std. Deviation
conversie	emotional neglect	26	0	12	3,96	5,048
	emotional abuse	26	0	12	5,19	5,329
	physical abuse	26	0	12	3,04	4,745
	sexual harasment	26	0	11	1,77	3,204
	sexual abuse	26	0	12	1,27	2,892
	Valid N (listwise)	26				
controle	emotional neglect	16	0	12	3,00	4,953
	emotional abuse	16	0	12	1,56	3,596
	physical abuse	16	0	12	1,44	3,425
	sexual harasment	16	0	4	1,06	1,692
	sexual abuse	16	0	4	,94	1,526
	Valid N (listwise)	16				

Figuur 7.3

a Een persoon heeft op Emotional abuse de score 3. Bereken wat de standaardscore van deze persoon zou zijn als hij of zij een conversiestoornis heeft. Bereken wat de standaardscore van deze persoon zou zijn als hij of zij behoort tot de controlegroep. Waarom is de standaardscore in het ene geval negatief en in het andere geval positief?
b Een persoon met score 12 op Emotional abuse heeft standaardscore 1.28 wanneer hij tot de conversiegroep behoort, maar standaardscore 2.90 wanneer hij tot de controlegroep behoort. Tot welke groep zal deze persoon waarschijnlijk behoren? Leg uit.

Opgave 10

Zie opgave 6. In tabel 7.4 is de datamatrix van dit onderzoek gegeven.
a Bereken de standaardscores voor Emotional abuse.
b Maak een histogram voor de ruwe scores van Emotional abuse en een histogram voor de standaardscores van Emotional abuse. Maak in beide gevallen geen klassen.
c Vergelijk de twee histogrammen van (b). Welke dingen zijn hetzelfde, welke dingen zijn verschillend?

Tabel 7.4

Geslacht	Groep	Emonegl	Emoabus	Physabus	Sexharas	Sexabus
vrouw	conversie	8	12	12	0	0
vrouw	conversie	12	12	12	0	0
vrouw	conversie	8	0	0	0	0
vrouw	conversie	8	8	8	8	8
vrouw	conversie	12	12	0	0	0
vrouw	conversie	0	10	8	3	0
vrouw	conversie	12	12	0	11	3
man	conversie	0	0	0	0	0
vrouw	conversie	0	0	0	3	3
vrouw	conversie	12	12	12	0	0
man	conversie	0	0	0	0	0
vrouw	conversie	0	0	0	0	0
vrouw	conversie	0	8	0	0	0
vrouw	conversie	0	12	3	3	0
vrouw	conversie	0	0	3	9	3
vrouw	conversie	0	3	0	6	4
vrouw	conversie	0	0	0	0	0
vrouw	conversie	0	7	12	0	0
man	conversie	9	9	9	0	0
vrouw	conversie	0	0	0	0	12

Geslacht	Groep	Emonegl	Emoabus	Physabus	Sexharas	Sexabus
vrouw	conversie	12	12	0	0	0
vrouw	conversie	0	0	0	0	0
vrouw	conversie	0	0	0	3	0
man	conversie	0	0	0	0	0
vrouw	conversie	6	6	0	0	0
vrouw	conversie	4	0	0	0	0
vrouw	controle	0	0	0	0	0
man	controle	0	0	0	0	0
man	controle	0	0	0	0	0
vrouw	controle	12	12	12	4	2
man	controle	0	0	0	0	0
vrouw	controle	0	0	0	2	0
man	controle	0	0	0	0	0
vrouw	controle	0	0	0	4	4
vrouw	controle	12	0	0	3	3
vrouw	controle	0	0	0	0	2
vrouw	controle	0	0	0	0	0
vrouw	controle	4	0	0	4	4
man	controle	12	8	7	0	0
vrouw	controle	0	5	0	0	0
man	controle	8	0	0	0	0
vrouw	controle	0	0	4	0	0

Opgave 11

a Op een tentamen kunnen 100 punten worden gehaald. Het gemiddelde is 73.7 en de standaardafwijking is 10.16. Alleen studenten met een score groter dan of gelijk aan 56 slagen. De scores zijn bij benadering normaal verdeeld. Bereken het percentage studenten dat slaagt.

b Bij een ander vak in dezelfde opleiding kunnen op het tentamen eveneens 100 punten worden gehaald en de grens voor een voldoende ligt eveneens bij 56 punten. Het tentamen is even moeilijk als het vak bij (a) in de zin dat het gemiddelde ook hier 73.7 is. Ook hier zijn de scores bij benadering normaal verdeeld. De standaardafwijking is hier echter twee keer zo groot, dus 20.32. Bereken het percentage studenten dat slaagt.

c Vergelijk de uitkomsten van (a) en (b) en bespreek in hoeverre de moeilijkheid van een tentamen is af te lezen aan het percentage geslaagde studenten.

d De docent van het vak uit opgave (a) overweegt of hij studenten met score tussen 46 en 55 in aanmerking zal laten komen voor een extra opdracht waarmee zij alsnog een voldoende kunnen krijgen. Er deden 329 studenten mee aan het tentamen. Bereken hoeveel studenten voor de extra opdracht in aanmerking zouden komen.

Opgave 12

IQ-tests worden meestal zo genormeerd dat de scores in de populatie normaal verdeeld zijn met gemiddelde 100 en standaardafwijking 15. In veel onderzoeken is geconstateerd dat in de Verenigde Staten zwarte personen gemiddeld een wat lager IQ hebben dan witte personen. Het verschil zou ongeveer 15 punten bedragen. Dit wordt onder andere besproken in het controversiële boek *The Bell Curve*. Uit de aard der zaak doet dit soort onderzoeken nogal wat stof opwaaien. Een probleem bij zulke discussies is dat veel mensen verkeerde conclusies uit het onderzoek trekken, en vervolgens over die verkeerde conclusies gaan ruziën. Zo moet je onder andere de volgende vragen onderscheiden:
1 Is de conclusie waar?
2 Zo ja, komt dat dan door genetische verschillen tussen witten en zwarten?
3 Impliceert dat dan dat het niet te beïnvloeden is?
4 Is een intelligent mens waardevoller dan een minder intelligent mens?
5 Als de conclusie waar is, impliceert dat dan dat alle witten intelligenter zijn dan alle zwarten?

(Veel psychologiestudenten noemen daarnaast nog de mogelijkheid dat een intelligentietest misschien geen intelligentie meet, maar dat raakt de kern van de zaak niet, want dat is maar net wat je afspreekt onder het woord 'intelligentie' te verstaan en bovendien is dan nog steeds de vraag waarom er een verschil is op datgene wat wel gemeten wordt.)

Het is perfect mogelijk om de eerste vraag met ja te beantwoorden en de andere vragen allemaal met nee. We zullen daar bij deze opgave niet verder op ingaan en de conclusie voor waar aannemen. Stel dus dat er twee populaties zijn, waarbij het IQ in de zwarte populatie normaal verdeeld is met gemiddelde 90 en standaardafwijking 15, terwijl het IQ in de witte populatie normaal verdeeld is met gemiddelde 105 en standaardafwijking 15. Overigens mag het wat mij betreft net zo goed gaan over geslacht en de frequentie van toiletbezoek; waar het om gaat is dat er tussen de twee groepen een verschil van gemiddelden bestaat dat niet heel erg groot is. We gaan onder andere kijken wat dan het verschil is in de frequentie van extreme scores.

a Teken schematisch het histogram van beide populaties in één figuur. Is er een overlap? Heeft elke witte een hoger IQ dan elke zwarte?
b Bereken hoeveel procent van de witten een hoger IQ heeft dan het gemiddelde IQ van zwarten. Bereken hoeveel procent van de zwarten een hoger IQ heeft dan het gemiddelde IQ van witten.
c Hoeveel procent van de witte personen heeft een IQ dat groter is dan 110? Hoeveel procent van de zwarten heeft een IQ dat groter is dan 110? Hoeveel keer groter is dat percentage bij witten dan bij zwarten?
d Beantwoord dezelfde vragen als bij (c) voor het percentage mensen dat een IQ heeft dat groter is dan 135.

e Op een zaterdagmiddag zat ik te eten in een eetcafé aan een tafeltje naast de toiletten, die tot mijn leedwezen ook bleken te fungeren als openbaar toilet van het winkelend publiek. Het viel me op dat er ongeveer 20 (!) keer zoveel vrouwen als mannen naar het toilet gingen. Op straat liepen ongeveer evenveel mannen als vrouwen. Het lijkt me niet dat vrouwen thuis ook 20 keer zo vaak naar het toilet gaan als mannen. Bedenk *met behulp van wat je in deze opgave geleerd hebt* een verklaring voor het (kennelijke) feit dat winkelende vrouwen veel vaker naar het toilet gaan dan winkelende mannen, terwijl ze thuis maar een beetje vaker gaan.

Opgave 13

Zie opgave 7. In de variabele Rversch staan de percentielscores van de controlegroep. In de variabele Pversch staan gecorrigeerde percentielscores. Die zijn gedefinieerd als:

gecorrigeerde percentielscore bij ruwe score x
= percentielscore bij x - 0.5 * percentage subjecten met score x

Bijvoorbeeld in het stemmingmakerijonderzoek had een subject met ruwe score 11 een percentielscore 23.1 (dat is het percentage subjecten met score ≤ 11) en het percentage subjecten met score gelijk aan 11 was 14.3. Dan is de gecorrigeerde percentielscore 23.1 - 0.5 * 14.3 = 15.95. De gecorrigeerde percentielscores zijn dus altijd iets kleiner dan de percentielscores. Het probleem met gewone percentielscores is namelijk dat we nogal willekeurig hebben besloten dat een percentielscore het percentage subjecten is met een score kleiner dan *of gelijk aan* de score van het doelsubject. We hadden net zo goed kunnen besluiten de percentielscore te definiëren als het percentage subjecten met een score *kleiner dan* de score van het doelsubject. Dan zouden percentielscores altijd wat kleiner uitvallen. Gecorrigeerde percentielscores zijn hier een middenweg tussen.

Er is nog een belangrijker voordeel van gecorrigeerde percentielscores, dat misschien wat moeilijker te begrijpen is. Eigenlijk willen we van het doelsubject weten wat zijn percentielscore zou zijn ten opzichte van een oneindig grote populatie als de variabele continu zou zijn. Geef de percentielscore ten opzichte van die populatie even aan met P. We hebben echter slechts de beschikking over een steekproef uit die populatie. Geef de percentielscore ten opzichte van die steekproef aan met p. Dan zijn de steekproef-percentielscores (p) gemiddeld iets groter dan de populatie-percentielscores (P). Zoiets noemt men een **vertekening** (in het Engels: **bias**). Dat komt door het bovenstaande probleem, dat we de score zelf ook meetellen. En als we de score zelf niet zouden meetellen, dan zijn de steekproef-percentielscores gemiddeld juist weer te klein. De gecorrigeerde percentielscores zijn niet of minder vertekend. Daardoor zijn de normaalscores ook minder vertekend wanneer je ze berekend uit gecorrigeerde percentielscores.

Opgaven deel A

Overigens zijn er ook diverse andere manieren om percentielscores en normaalscores te corrigeren, maar dit is de eenvoudigste manier en daar laat ik het even bij.

a In de datamatrix van opgave 7 zijn voor de controlegroep bij de eerste vijf subjecten de percentielscores, de gecorrigeerde percentielscores en de normaalscores weggelaten. Bij deze cellen is een vraagteken ingevuld. Bereken alsnog de juiste waarden. Bereken daarbij de normaalscores uit de gecorrigeerde percentielscores.
b Maak een histogram van de gecorrigeerde percentielscores. Welke vorm zou dit histogram hebben als de steekproef nog veel groter was geweest?
c Maak een histogram van de normaalscores. Welke vorm zou dit histogram hebben als de steekproef nog veel groter was geweest?
d Bereken het gemiddelde van de percentielscores en het gemiddelde van de gecorrigeerde percentielscores. Waaraan zie je de vertekening van gewone percentielscores? Hoe zie je dat gecorrigeerde percentielscores gemiddeld niet vertekend zijn?

Opgave 14

In tabel 7.5 is voor twee groepen ratten de tijd in minuten gegeven die zij nodig hadden om de weg te vinden naar een bakje voer in een doolhof waarin zij al eerder de weg hadden leren vinden. De eerste groep kreeg voorafgaande aan deze taak amfetamine toegediend, de tweede niet. Het doolhof bestond uit tien splitsingen en daarom kan men de snelheid van de rat definiëren als het aantal juist genomen splitsingen per minuut, hier 10 / tijd. Tijd en snelheid zijn twee gelijkwaardige manieren om de prestatie van een rat uit te drukken: als je de tijd weet, weet je de snelheid, en andersom.

Tabel 7.5

Groep 1		Groep 2	
Tijd	*Snelheid*	*Tijd*	*Snelheid*
1	10	1	10
1	10	1	10
1	10	1	10
1	10	1	10
1	10	1	10
1	10	5	2
1	10	5	2
50	0.2	5	2

a Bereken de gemiddelde tijd in groep 1 en de gemiddelde tijd in groep 2. Welke groep doet er gemiddeld het langst over?
b Bereken de gemiddelde snelheid in groep 1 en de gemiddelde snelheid in groep 2. Welke groep is gemiddeld het snelst?
c Verklaar de paradoxale resultaten van (a) en (b).
d Bereken in beide groepen de mediaan van de tijd en de mediaan van de snelheid. Welke groep is sneller?

Opgave 15

In tabel 7.6 staan de gegevens van een aantal personen die een behandeling kregen met een controversieel middel tegen angststoornissen. Cliënten zeggen vaak dat zij baat hadden bij een behandeling, terwijl diverse onderzoekers stellen dat het middel niet of averechts werkt. Voorafgaande en na de behandeling werd de mate van angst gemeten bij elke persoon.

Tabel 7.6

Persoon	Voormeting	Nameting
1	96	52
2	88	47
3	95	60
4	83	269
5	117	141
6	120	87
7	82	38
8	99	82
9	106	225
10	100	85
11	106	133
12	102	104
13	95	81
14	112	79

a Bereken de verschilscore Nameting - Voormeting voor elke persoon.
b Maak een elementair rapport voor de verschilscores.
c Hoe kun je aan de bij (b) berekende mediaan zien dat de meerderheid van de personen vooruit is gegaan (minder angst had)?
d Is men gemiddeld vooruit- of achteruitgegaan?
e Bespreek in hoeverre de cliënten gelijk hebben en in hoeverre de onderzoekers gelijk hebben. Zou je het middel willen proberen als je zelf cliënt was? Stel dat jij werkgever bent en dat de bovenstaande scores weergeven hoeveel minuten

iemand per dag niet kan werken door zijn of haar angststoornis. Zou je willen dat jouw werknemers dit middel gebruiken?
f Hoe komt het dat het gemiddelde en de mediaan elkaar hier in zekere zin tegenspreken? Onder welke voorwaarden zal dat gebeuren en wanneer zal het niet gebeuren?

Opgave 16

a Leg met voorbeelden uit wat het verschil tussen *insensitivity to sample size* en *insensitivity to sample bias* is.
b Het is een bekend feit dat als je mensen een mening voorlegt waar zij het mee eens zijn, en je vraagt ze te schatten hoeveel andere mensen het daarmee eens zijn, dat zij dat aantal dan overschatten. Men overschat het aantal medestanders. Leg met behulp van heuristieken en gezond verstand uit hoe dat vermoedelijk komt. Wat is hier belangrijker: *insensitivity to sample size* of *insensitivity to sample bias*?
c Beschrijf een onderzoek waarin bleek dat de proefpersonen ongevoelig waren voor sample bias.
d Geef een voorbeeld waarin mensen ongevoelig zijn voor de grootte van de steekproef.

Opgave 17

Iedereen weet wel dat er in een oorlog veel doden vallen. Maar hoeveel eigenlijk? De meeste mensen komen daarbij niet veel verder dan 'heel veel'. Toch zijn de werkelijke aantallen op een bepaalde manier interessant, zeker als je ze vergelijkt met je eigen schattingen.
a In tabel 7.7 staat een lijst met belangrijke veldslagen en oorlogsfeiten, die hier voor het gemak allemaal 'veldslagen' zullen worden genoemd. Geef voor elke veldslag een schatting van het aantal doden dat daar is gevallen aan de zijde die in de tabel genoemd wordt. Het is voor deze opgave belangrijk dat je dat ook doet bij de veldslagen waar je geen flauw idee over hebt. Dat je het (waarschijnlijk) niet weet, en zelfs geen flauw idee hebt, dat weet ik ook wel. Maar denk er goed over na en *schrijf hoe dan ook een getal op!* Doe dit voor je de opgave verder leest.

Tabel 7.7

Veldslag	Jaar	Zijde	Door jou geschat aantal doden	Bekendheid	
Slag bij Stalingrad	1942-1943	Duits	300.000	9	
D-day, landing in Normandië	1944	geallieerd	200.000	0	
Napoleons veldtocht naar Rusland	1812	Frans	300.000	9	
Slag bij Verdun	1916	beide	150.000	4	
Slag tussen de slaven van Spartacus en het Romeinse leger	71 v. C.	slaven	400.000	0	
Atoombom op Hiroshima	1945	Japans	900.000	8	
Bombardement op Hamburg	1943	Duits	150.000	10	

b Geef voor elke veldslag een cijfer tussen 0 en 10 voor hoe bekend de betreffende veldslag voor jou is (0 = nooit van gehoord, 10 = heel vaak van gehoord). Schrijf deze cijfers in de vijfde kolom van de tabel. Doe dit voor je de opgave verder leest.

c Zoek bij elke veldslag een schatting voor het werkelijke aantal doden op, bijvoorbeeld op internet, in geschiedenisboeken of in een encyclopedie. Dat hoeft niet een schatting van overheidswege te zijn, als het maar van een bron is die er verstand van heeft. Schrijf dit aantal in de laatste kolom van de tabel.

d Ga na in welke opzichten je eigen schattingen verkeerd waren. Let daarbij met name op deze twee verhoudingen: Hoeveel keer groter is het werkelijke aantal doden in vergelijking tot jouw schatting? Bij welke veldslagen dacht jij dat de ene groter was terwijl in werkelijkheid de andere groter was?

e Ga na waar het door jouw geschatte aantal doden sterker mee samenhangt: met de bekendheid of met het werkelijke aantal doden. Je zou het bijvoorbeeld op de volgende manier kunnen doen, maar als je die niet snapt mag je ook zelf een manier bedenken: Maak een figuur met op de horizontale as de bekendheid en op de verticale as het door jou geschatte aantal doden. Teken dan voor elke veldslag een punt op de juiste plaats in de figuur. Maak vervolgens een tweede figuur met op de horizontale as het werkelijke aantal doden en op de verticale as het door jou geschatte aantal doden. Vergelijk deze twee figuren.

f Bereken het gemiddelde en de standaarddeviatie van het door jou geschatte aantal doden. Doe hetzelfde voor het werkelijke aantal doden. Bij dit soort positieve getallen is het logisch dat als het gemiddelde groter wordt, de standaardafwijking ook groter wordt. Bereken daarom ook voor beide variabelen de zogenaamde *variatiecoëfficiënt* = standaardafwijking gedeeld door gemiddelde. Op welke wijze wijken jouw schattingen af van de werkelijke aantallen?

g Bespreek in hoeverre er bij (c) en (d) sprake is van de beschikbaarheidsheuristiek, insensitivity to sample bias en/of insensitivity to sample size.
h Dit is slechts een van de vele onderwerpen waarvan je (vermoedelijk) weinig statistieken kent. Hoewel ... vermoedelijk is dit ook een van de onderwerpen waar je het *meeste* van weet, want oorlogen krijgen altijd veel aandacht in de media. Kun je nagaan hoe weinig een mens eigenlijk weet ... Noem een aantal onderwerpen waarvan je vindt dat je als psycholoog meer statistieken zou moeten kennen.

Opgave 18

In figuur 7.4a-f staan zes histogrammen. De schaalverdeling is voor al deze histogrammen hetzelfde.

a Noem de histogrammen a, b en c op volgorde van klein naar groot voor elk van de volgende maten: gemiddelde, mediaan, standaarddeviatie, IKA, eerste kwartiel, derde kwartiel. Soms hebben twee histogrammen een gelijke waarde, dan moet je dat ook aangeven. Voor het gemiddelde zou het antwoord bijvoorbeeld deze vorm kunnen hebben: a < b = c (maar *dit* antwoord is misschien fout).
b Doe hetzelfde voor de histogrammen d, e en f.
c Bij welke histogrammen is het gemiddelde kleiner dan de mediaan?

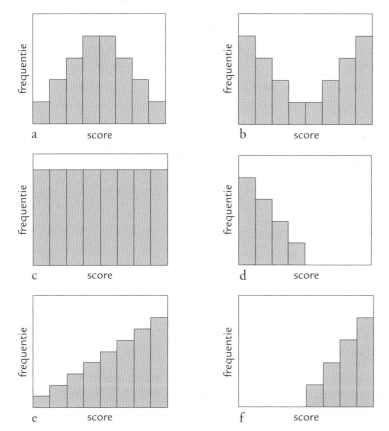

Figuur 7.4a-f

8 Leerdoelen en zelftoetsen deel A

8.1 Leerdoelen

Hieronder staat beschreven welke standaardvragen je zeker moet kunnen beantwoorden na het bestuderen van de stof en het maken van de opgaven. Daarnaast is het de bedoeling dat je ook begrijpt wat je aan het doen bent en dat je ook vragen kan beantwoorden waarvoor wat meer inzicht en begrip van de stof nodig is, of waarvoor je met de stof moet kunnen redeneren. Dat zijn met name de vragen zoals die in de opgaven staan.

Elementair rapport: rapporteren over één variabele
Gegeven:
- een datamatrix
- een korte beschrijving van de variabelen, te weten:
  - naam
  - plaats
  - betekenis
  - meetprocedure (indien nodig voor meetniveau)
  - zo nodig aanwijzingen omtrent het meetniveau

Gevraagd: een rapport van de verdeling van een aangewezen variabele; dit rapport moet inhouden:
- de frequentieverdeling (zo nodig geklasseerd)
- het histogram
- vijfgetallenresumé en uitschieters
- gemodificeerd boxdiagram
- gemiddelde
- standaardafwijking
- indicatie van de normaliteit

Criteria: Ieder punt wordt benoemd (bijv: 'gemiddelde = 43', niet alleen '43').

Uitbreiding: berekenen normscores
Gegeven: een frequentieverdeling of een datamatrix

Gevraagd:
- een tabel met normscores; dit houdt in:
  - percentielscores
  - standaardscores
  - normaalscores

Criteria: Bij de tabel staat natuurlijk wat wat is (kopjes).

Uitbreiding: rekenen met normaalverdelingen
Gegeven: gemiddelde en standaardafwijking van een normaal verdeelde variabele

Gevraagd: cumulatieve kansen en logische combinaties daarvan

Visualisering: schatten op grond van visuele weergave
Gegeven: een serie histogrammen of boxdiagrammen, met schaalaanduiding

Gevraagd:
- een schatting van diverse maten:
  - vijfgetallenresumé
  - gemiddelde, standaarddeviatie
- een vergelijking van de histogrammen of boxdiagrammen hierop (bijvoorbeeld welke groep heeft de grootste standaardafwijking)

Criteria:
- De schatting is binnen redelijke grenzen.
- Rekening houden met geleerde regels.
- De te schatten maten worden in de vraag genoemd.

Vragen over de intuïtieve psycholoog
1 Je moet met een *voorbeeld* kunnen uitleggen wat de belangrijkste conclusies over de intuïtieve psycholoog *betekenen*.

   Gegeven: één van de conclusies over een veelvoorkomende heuristiek of soort fout

   Gevraagd: een praktisch voorbeeld dat deze illustreert

Criteria: Het voorbeeld mag zelfverzonnen zijn, of afkomstig uit dit boek.

2 Je moet met *onderzoeken* kunnen uitleggen *waarom* een bepaalde conclusie over de intuïtieve psycholoog is getrokken.

Gegeven: één van de conclusies over een veelvoorkomende heuristiek of soort fout

Gevraagd: de beschrijving van één of meer empirische onderzoeken waarmee deze conclusie werd onderbouwd

Criteria:
- De beschrijving is voor een buitenstaander begrijpelijk.
- Zowel de opzet als de resultaten van het onderzoek worden beschreven.
- Er wordt uitgelegd in welk opzicht de intuïtieve humane inferenties afwijken van de wetenschappelijke norm.

3 Je moet de conclusies kunnen toepassen op oude en *nieuwe situaties*.

Gegeven: een beschrijving van een empirisch onderzoek uit één van de te leren paragrafen, of een alledaagse situatie

Gevraagd: een voorspelling over de resultaten van het onderzoek, cq. de intuïtieve humane inferenties in die situaties

Criteria: De voorspelling is feitelijk juist, dan wel op redelijke wijze gemotiveerd met behulp van de theorie (dat wil zeggen: de algemene heuristieken).

Bij alle vragen waarbij je iets moet beschrijven of uitleggen geldt:
- Je antwoord moet duidelijk maken dat **jij** het begrijpt en er mag dus niet worden verondersteld dat de lezer het ook wel begrijpt zonder jouw uitleg
- Je antwoord moet voor een buitenstaander begrijpelijk zijn en moet bestaan uit correcte, logisch samenhangende Nederlandse zinnen

Dit laatste merken we op omdat sommigen de neiging hebben hun antwoord neer te krabbelen in de vorm van pijlen, kreten, enzovoort, of zinnen opschrijven die grammaticaal fout of dubbelzinnig zijn. Dat is een grote frustratie van veel statistiekdocenten. Het lijkt wel of iemand de mythe heeft rondgestrooid dat je bij statistiek geen normaal Nederlands hoeft te praten. Nou dat is dus niet zo.

8.2 Zelftoets A1

Deze zelftoets is aan de makkelijke kant. Je moet erop rekenen dat een echt tentamen ook moeilijkere onderdelen bevat. Het is wijs om je daarover te informeren bij de cursus die je volgt.

Aangezien je nu op een universiteit zit (naar ik aanneem), worden er bij het nakijken normen gehanteerd die strenger zijn dan je wellicht gewend was. Het kan heel veel punten schelen als je je daar in verdiept. Zo hebben veel scholieren geleerd dat het altijd verstandig is om zo veel mogelijk op te schrijven van wat je weet, en dat je dan altijd punten krijgt. Maar sommige universitaire docenten zijn daar bepaald niet van gediend en bestraffen zulk gedrag direct of indirect. Je kan hierbij twee vragen stellen:
- In hoeverre kan aanvullende informatie die fout is, tot aftrek van punten leiden? Dus als je een bijzonder goed elementair rapport maakt, en daarbij schrijft dat mediaan en gemiddelde altijd gelijk zijn (wat onzin is), zal dat laatste dan fout worden gerekend of wordt het genegeerd?
- In hoeverre kan aanvullende informatie die correct maar overbodig is, tot aftrek van punten leiden? Dus als er gevraagd wordt wat de belangrijkste verschillen zijn tussen een mediaan en een gemiddelde, en je bespreekt daarnaast ook wat de verschillen zijn tussen IKA en standaardafwijking, worden voor dat laatste dan punten afgetrokken?

Persoonlijk ben ik bijvoorbeeld geneigd in *beide* gevallen punten af te trekken. In het eerste geval omdat er fouten in staan. In het tweede geval omdat het antwoord niet voldoende is aangepast aan de vraag, wat mij doet vermoeden dat de schrijver noch de vraag, noch het antwoord begrijpt. Het is dus belangrijk dat je je informeert wat de beste strategie is op het tentamen dat jij maakt.

Een andere vraag is in hoeverre bij de beoordeling van uitwerkingen zal worden gekeken naar de kwaliteit van de communicatie, zoals overzichtelijkheid, presentatie, formulering en leesbaarheid. Jij als student vindt het misschien al heel wat dat je een gemiddelde hebt kunnen uitrekenen met een rekenmachine, maar het is niet aannemelijk dat een universitaire docent daarvan onder de indruk is. Statistiek wordt gebruikt om onderzoekers te overtuigen, en dat doe je niet met een brei van cijfers en onafgemaakte zinnen.

Opgave 1

Een onderzoeker beschikt over twee tests, de BDI en de ATQ. De BDI is een test die 'depressiviteit' meet, de ATQ is een test die de frequentie van 'automatisch negatieve gedachten' meet. In een onderzoek zijn deze twee tests bij een aantal jongeren tussen de 15 en de 19 jaar afgenomen. Een aantal maanden later werden zowel de BDI als de ATQ nogmaals afgenomen bij alle personen. We geven hier een datamatrix met de testscores. Daarbij gebruiken we de volgende afkortingen:

Bdv = depressiviteit voormeting = score op de BDI bij de eerste afname

Bdn = depressiviteit nameting = score op de BDI bij de tweede afname

Atqv = automatische gedachten voormeting = score op ATQ bij de eerste afname

Atqn = automatische gedachten nameting = score op ATQ bij de tweede afname

Maak een elementair rapport van de variabele Atqn.

Tabel 8.1

Bdv	Bdn	Atqv	Atqn
22	4	80	40
13	3	57	38
15	4	89	47
23	8	79	56
12	3	68	38
15	7	63	55
18	22	77	104
14	3	70	47
12	1	91	32
16	7	50	40
21	3	69	40
23	11	117	80
11	7	72	56
16	21	71	73
20	33	95	95
13	6	50	47
16	18	103	94
14	10	52	57
15	14	78	70
16	8	99	73
12	7	68	48

Opgave 2

Op basis van de datamatrix in opgave 1 heeft een onderzoeker de volgende frequentieverdeling van Atqv gemaakt (tabel 8.2).

Tabel 8.2

Klasse	Frequentie
50-59	4
60-69	4
70-79	6
80-89	2
90-99	3
100-109	1
110-119	1

Het gemiddelde is 76.10, de standaardafwijking 17.94. Bereken de (geschatte) percentielscores, standaardscores en normaalscores op Atqv van de eerste vijf personen in de datamatrix van opgave 1. Je moet gebruikmaken van de hierboven gegeven frequentieverdeling.

Opgave 3

In figuur 8.1 staan steeds een tweetal histogrammen gegeven. Horizontaal staat de score, verticaal de frequentie. De schaalverdeling van de assen is bij alle diagrammen hetzelfde. Bij elk tweetal staan twee vragen met antwoordalternatieven. Omcirkel steeds het juiste alternatief.

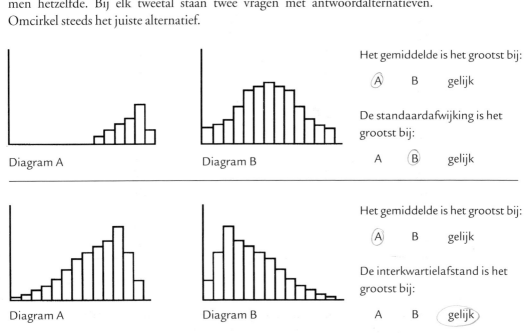

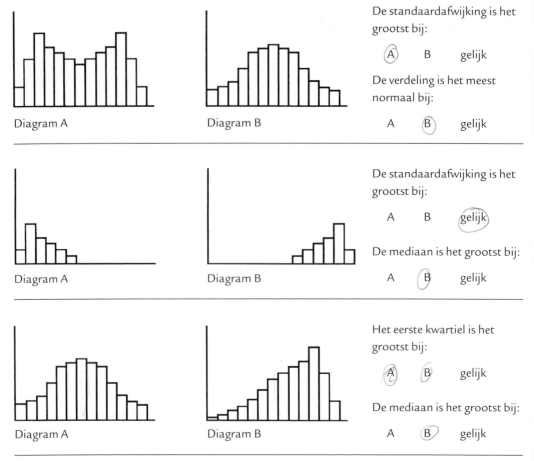

Figuur 8.1a-j

Opgave 4

In de tekst over de intuïtieve psycholoog wordt geconcludeerd dat mensen vaak onvoldoende rekening houden met de aanwezigheid van een *bias* in hun steekproef van observaties. Onder meer werd het volgende onderzoek beschreven: Twee random personen doen een vraag-en-antwoordspelletje. De ene persoon stelt steeds algemene kennisvragen aan de ander. Hij krijgt de instructie om tamelijk moeilijke vragen te stellen. De andere persoon moet alleen antwoorden geven. De vraagsteller zegt steeds luid en duidelijk of het antwoord goed of fout was. Het aanwezige publiek moet op grond hiervan het kennisniveau van beide personen inschatten.

Beschrijf de uitkomsten van het onderzoek. Leg tevens uit waarom men hier spreekt van een *bias*. Gebruik in totaal maximaal 100 woorden.

8.3 Uitwerkingen van zelftoets A1

Opgave 1

Histogram:

Tabel 8.3

Atqn Klasse	Frequentie
30-39	XXX
40-49	XXXXXXX
50-59	XXXX
60-69	
70-79	XXX
80-89	X
90-99	XX
100-109	X

Frequentietabel:

Tabel 8.4

Atqn Klasse	Frequentie	Cumulatief percentage
30- 39	3	14.3
40- 49	7	47.6
50- 59	4	66.7
60- 69	0	66.7
70- 79	3	81.0
80- 89	1	85.7
90- 99	2	95.2
100-109	1	100.0

$N = 21$

Vijfgetallenresumé: minimum = 32
1e kwartiel = 40
mediaan = 55
3e kwartiel = 73
maximum = 104

IKA = 33, uitschieters: geen

Boxdiagram:

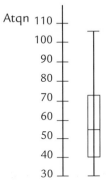

Figuur 8.2

Gemiddelde   = 58.57
Standaardafwijking = 20.95

Indicatie van normaliteit: de variabele is scheef verdeeld, dus niet normaal.

Opgave 2

Tabel 8.5

Klasse	Frequentie	Cumulatief percentage
50- 59	4	19.0
60- 69	4	38.1
70- 79	6	66.7
80- 89	2	76.2
90- 99	3	90.5
100-109	1	95.2
110-119	1	100.0

Tabel 8.6

Ruwe score	Percentielscore	Standaardscore	Normaalscore*
80	76.2	0.22	0.71
57	19.0	-1.06	-0.88
89	76.2	0.72	0.71
79	66.7	0.16	0.43
68	38.1	-0.45	-0.30

*Berekend uit de vermelde percentielscores, dus met kansen in drie in plaats van vier decimalen.

Opgave 3

Achtereenvolgens moeten zijn omcirkeld:

A	B
A	gelijk
A	B
gelijk	B
B	B

Opgave 4

Het blijkt dat de persoon die de vragen stelde een hoger kennisniveau krijgt toegeschreven, omdat hij altijd de goede antwoorden weet. Dit is natuurlijk niet terecht, omdat de vraagsteller de vragen zo zal kiezen dat hij alle antwoorden weet. De andere persoon heeft die mogelijkheid niet. In feite weet het publiek niet genoeg om een uitspraak te doen, en zouden beide personen gelijk beoordeeld moeten worden. We spreken hier van een *bias* omdat de vragensteller in het voordeel is door de procedure. Doordat hij zelf de vragen mag bedenken, is het aantal antwoorden dat hij daarvan kent naar verwachting veel hoger dan van een random steekproef algemene kennisvragen.

8.4 Zelftoets A2

Dit tentamen werd in 1998 afgenomen als eerste van vier deeltentamens voor de cursus Statistiek I van de opleiding Psychologie van de KUN, behoudens enkele veranderingen ten behoeve van dit boek. De puntenverdeling die werd gebruikt staat in tabel 8.7. Ga na hoe de puntenverdeling is bij de cursus die jij volgt. Dat is belangrijk om je tijd goed te verdelen, zowel tijdens het leren als tijdens het maken van het tentamen. In dit tentamen zie je bijvoorbeeld dat met de visualeringsopgaven 30 van de 100 punten konden worden gehaald, terwijl je die opgave vrij snel kan maken als je goed geoefend hebt.

Tabel 8.7

opgave	a	b	totaal
1	25	5	30
2	15	5	20
3			30
4	10	10	20
totaal			100

De opmaak van tabellen en figuren wijkt in deze zelftoets soms af van de rest van het boek. Ook bij een echt tentamen kan dat immers worden verwacht.

Opgave 1

Een docent aan de Katholieke Universiteit Nijmegen heeft dit jaar (1998) voor het eerst werkgroepen gegeven in het kader van Student-Activerend-Onderwijs. De docent vraagt zich af of deze werkvorm tot betere tentamenresultaten heeft geleid dan de standaardwerkgroepen die het vorig jaar (1997) gegeven werden. Om een antwoord op deze vraag te vinden, heeft de docent de tentamenresultaten van 30 studenten die in 1997 de standaardwerkgroepen bezochten, alsmede de tentamenresultaten van 30 nieuwe studenten die zojuist (1998) de 'studentactiverende' werkgroepen volgden, tezamen in de volgende datamatrix (tabel 8.8) opgenomen.

Tabel 8.8

jaar	cijfer	jaar	cijfer	jaar	cijfer	jaar	cijfer
1997	9	1997	10	1998	6	1998	8
1997	6	1997	4	1998	9	1998	9
1997	6	1997	6	1998	6	1998	7
1997	8	1997	4	1998	7	1998	8
1997	4	1997	8	1998	8	1998	9
1997	7	1997	8	1998	8	1998	1
1997	7	1997	7	1998	1	1998	1
1997	5	1997	9	1998	8	1998	7
1997	6	1997	5	1998	9	1998	8
1997	7	1997	5	1998	8	1998	9
1997	3	1997	7	1998	1	1998	8
1997	8	1997	5	1998	7	1998	10
1997	9	1997	8	1998	8	1998	1
1997	6	1997	6	1998	8	1998	6
1997	7	1997	5	1998	5	1998	7

a Maak een elementair rapport van de tentamencijfers van 1998.
b Als je één maat voor het middelpunt van de verdeling zou moeten rapporteren, en één maat voor de spreiding, welke maten zijn hier dan het meest geschikt? Motiveer je antwoord.

Opgave 2

Beschouw de frequentieverdeling van de tentamenresultaten van 1997 uit de vorige opgave. Van deze tentamenresultaten is het volgende bekend:
- Het gemiddelde is 6.500.
- De standaardafwijking bedraagt 1.737.
- Het histogram en de frequentieverdeling zien er als volgt uit:

Tentamencijfer		Frequentie
3	x	1
4	xxx	3
5	xxxxx	5
6	xxxxxx	6
7	xxxxxx	6
8	xxxxx	5
9	xxx	3
10	x	1
		——— +
		30

a Neem tabel 8.9 over op je antwoordvel en vul de percentielscores, standaardscores en normaalscores in.

Tabel 8.9

Tentamencijfer	Percentielscore	Standaardscore	Normaalscore
3			
4			
5			-0.52
6			
7			0.52
8			
9			
10			

b De scores 5 en 7 hebben normaalscores van respectievelijk -0.52 en 0.52. Dat is een beetje vreemd, de scores 5 en 7 liggen **niet** even ver van het gemiddelde (6.5) af. Verklaar dit, rekening houdend met de (enigszins willekeurige?) manier waarop de percentielscores worden berekend.

Opgave 3

In figuur 8.3 staan steeds een tweetal histogrammen gegeven. Horizontaal staat de score, verticaal de frequentie. De schaalverdeling van de assen is bij alle diagrammen hetzelfde. Bij elk tweetal diagrammen staan twee vragen met antwoordalternatieven. Kies het juiste alternatief en vermeldt dit op het antwoordblad. Je antwoorden moeten gebaseerd zijn op een schatting op grond van visuele informatie. Je moet dus kijken naar de globale vorm van de verdeling. Het is niet de bedoeling dat je gaat meten of rekenen.

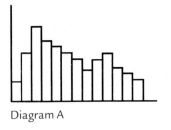
Diagram A

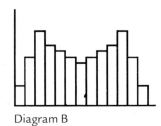
Diagram B

De mediaan is het grootst bij:

Ⓐ   Ⓑ   gelijk

De interkwartielafstand is het grootst bij:

A   Ⓑ   gelijk

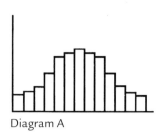
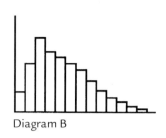

Diagram A Diagram B

De verdeling is het meest normaal bij:

(A)   B   gelijk

Het derde kwartiel is het grootst bij:

(A)   B   gelijk

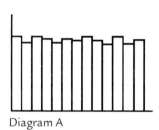
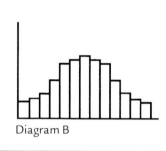

Diagram A Diagram B

De standaardafwijking is het grootst bij:

(A)   B   gelijk

Het gemiddelde is het grootst bij:

A   (B)   gelijk

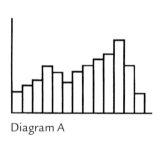
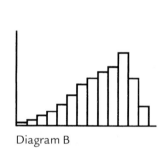

Diagram A Diagram B

Het gemiddelde is het grootst bij:

A   (B)   gelijk

Het eerste kwartiel is het grootst bij:

A   (B)   gelijk

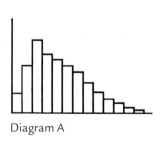
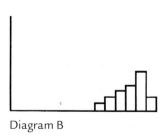

Diagram A Diagram B

Het eerste kwartiel is het grootst bij:

A   (B)   gelijk

De mediaan ligt hoger dan het gemiddelde bij:

(A)   B   beide

Figuur 8.3a-j

Opgave 4

a Nisbett & Ross (1980) beschrijven een onderzoek waarin aan proefpersonen wordt gevraagd aan te geven hoe groot hun aandeel was in een groepsproces waaraan ze eerder deel hadden genomen, vergeleken met de andere deelnemers. Het bleek dat de meeste mensen geneigd waren hun eigen aandeel te overschatten. Waar moet je dit onder rangschikken: ongevoeligheid voor steekproefgrootte of ongevoeligheid voor steekproefbias? Leg uit waardoor dat in dit geval vermoedelijk wordt veroorzaakt.

b Geef een (ander) voorbeeld van een situatie waarin iemand duidelijk ongevoelig voor steekproefgrootte is. Leg daarbij uit wat de fout is die wordt gemaakt.

8.5 Uitwerkingen van zelftoets A2

Opgave 1a

Histogram:

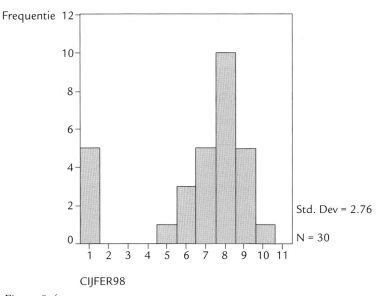

Figuur 8.4

Frequentietabel:

CIJFER98

		Frequency	Percent	Valid Percent	Cumulative Percent
Valid	1,00	5	16,7	16,7	16,7
	5,00	1	3,3	3,3	20,0
	6,00	3	10,0	10,0	30,0
	7,00	5	16,7	16,7	46,7
	8,00	10	33,3	33,3	80,0
	9,00	5	16,7	16,7	96,7
	10,00	1	3,3	3,3	100,0
	Total	30	100,0	100,0	
Total		30	100,0		

Figuur 8.5

Eventueel kun je hier ook nog de hiaten 2, 3 en 4 met frequentie 0 in vermelden. In een histogram is dat verplicht, in een tabel niet.

Vijfgetallenresumé: minimum = 1
 eerste kwartiel = 6
 mediaan = 8
 derde kwartiel = 8
 maximum = 10

IKA = 2, uitschieters: 1 (5 keer)

Gemodificeerd boxdiagram:

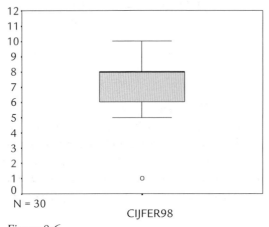

Figuur 8.6

Gemiddelde = 6.6
Standaardafwijking = 2.76

Indicatie van normaliteit: Zie histogram. Er is een hoog percentage uitschieters, dus de verdeling is niet normaal.

Opgave 1b

Mediaan en IKA. Dit omdat de scores niet normaal verdeeld zijn en er veel uitschieters zijn. De mediaan en de IKA zijn daar resistenter tegen dan gemiddelde en standaardafwijking.

Opgave 2a

Tabel 8.10

Tentamencijfer	Percentielscore	Standaardscore	Normaalscore
3	03.33	-2.015	-1.83
4	13.33	-1.4393	-1.11
5	30.00	-0.8636	-0.52
6	50.00	-0.2879	0
7	70.00	0.2879	0.52
8	86.67	0.8636	1.11
9	96.67	1.4393	1.83
10	100.00	2.015	

Opgave 2b

De normaalscores worden berekend uit de percentielscores. De percentielscores worden berekend inclusief de score zelf. Dat is nogal willekeurig, je zou het net zo goed exclusief de score zelf kunnen berekenen. De percentielscores zijn daardoor naar boven vertekend, en de normaalscores dus eveneens. De percentielscore en de normaalscore die bij 5 staan, moeten eigenlijk bij 5.5 staan. De percentielscore en de normaalscore die bij 7 staan, moeten eigenlijk bij 7.5. En 5.5 en 7.5 liggen wel even ver van het gemiddelde 6.5 af.

Opgave 3

B	B
A	A
A	gelijk
B	B
B	B

Opgave 4a

Ongevoeligheid voor steekproefbias. Hun eigen handelingen herinneren ze beter (zijn beter beschikbaar), daarom denken ze dat er daar meer van waren.

Opgave 4b

Iemand die op de snelweg Chicago binnenreed en bij aankomst stellig overtuigd was dat Chicago een lelijke stad was. Hij heeft dan nog maar een stukje van de stad gezien, dus zijn steekproef is klein. De fout is dat hij daar geen rekening mee houdt en toch stellig is.

Deel B   Samenhang tussen twee variabelen

Leerdoelen deel B

- Systematisch rapporteren over de samenhang tussen twee variabelen, waarbij gebruik wordt gemaakt van een rekenmachine met lineaire-regressiefuncties.
- Voorspelde scores en residuscores kunnen berekenen en interpreteren, en kunnen relateren aan de hoogte van de correlatie.
- Op grond van een grafische weergave (spreidingsdiagram) conclusies kunnen trekken over diverse statistische maten.
- De 'paradox van Simpson' kunnen herkennen en verklaren.
- Verschillende causale verklaringen kunnen geven voor een geobserveerde correlatie.
- De bekende beperkingen van het intuïtief menselijk denken bij het beoordelen van samenhang kunnen onderbouwen en toepassen.
- Kunnen beoordelen welke conclusies op grond van een correlatie, eventueel aangevuld met gemiddelden en standaardafwijkingen, wel of juist niet mogen worden getrokken over: spreidingsdiagram, verklaarde variantie, hellingscoëfficiënt, causaliteit, overeenstemming.

Aan het eind van deel B wordt een volledige specificatie van de leerdoelen gegeven, alsmede twee zelftoetsen.

Vooraf bij deel B

In dit deel wordt verondersteld dat je beschikt over een rekenmachine met lineaire-regressiefuncties. Alle grafische rekenmachines beschikken daarover, maar misschien mag je die van je docent niet gebruiken bij het tentamen. Er zijn ook veel eenvoudigere en goedkopere rekenmachines met regressiefuncties. Die kun je meestal herkennen aan het feit dat ze toetsen hebben waar de symbolen r, a en b op staan. Ook hebben ze in het algemeen zowel een toets voor $\bar{x}$ als een toets voor $\bar{y}$. Controleer of er in de gebruiksaanwijzing inderdaad een stukje over regressie en/of correlatie staat.

Hoewel dit een statistiekboek is, wil ik je bij deze ook de levensles leren dat een modale winkelverkoper niet weet wat lineaire regressie is. Dus als jij zegt: 'Ik heb voor statistiek een rekenmachine met lineaire regressie nodig,' dan denkt die modale winkelverkoper: 'Wat een lireneere dinges is weet ik niet, maar hier zit iets statistisch op, dus het zal wel goed zijn,' en dan koop jij de verkeerde rekenmachine.

9 Samenhang tussen twee kwantitatieve variabelen

9.1 Inleiding

Achtergrond
In dit hoofdstuk bekijken we steeds twee variabelen tegelijk. De vraag is daarbij steeds of de twee variabelen met elkaar samenhangen. Met **samenhang** (of 'covariatie') bedoelen we dat de twee variabelen de tendens tonen om samen op en neer te gaan. Dat betekent dat personen die relatief hoog scoren op de ene variabele, meestal ook relatief hoog scoren op de andere variabele. Bovendien dienen personen die relatief laag scoren op de ene variabele, ook relatief laag te scoren op de andere variabele. Het omgekeerde patroon noemen we ook samenhang. Dan gaat een relatief hoge score op de ene variabele samen met een relatief lage score op de andere variabele.

Vrijwel elk interessant psychologisch onderzoek gaat over samenhang. Zo is het niet echt interessant om te weten dat Nederlanders gemiddeld 7.2 scoren op een schaal voor 'geluk'. Het wordt pas een beetje interessant als je kan aantonen dat dat cijfer toeneemt met het inkomen dat men verdient. Of juist afneemt. En het wordt pas echt interessant als je kan aantonen dat geluk juist niets te maken heeft met het inkomen. Hoe dan ook, in zo'n geval hebben we het over samenhang (tussen *geluk* en *inkomen* in dit geval).

Veel onbegrip in de tweede- en derdejaars statistiek- en methodencursussen is terug te voeren op een gebrekkige vaardigheid in het denken over samenhang. Een goed begrip hiervan is dus essentieel voor het slagen van je studie. In het bijzonder dien je een spreidingsdiagram niet te verwarren met een histogram. Verder dien je je te realiseren dat een correlatie altijd betrekking heeft op twee **variabelen**. Praten over 'de correlatie tussen mannen en vrouwen' is dus flauwekul.

De precieze vorm van een elementair rapport van samenhang hangt af van de aard van de betrokken variabelen. In dit hoofdstuk beperken we ons tot twee 'kwantitatieve' variabelen. Later in deel B zullen we het hebben over twee kwalitatieve variabelen. In deel 2 van deze serie zullen we het hebben over een kwalitatieve en een kwantitatieve variabele.

Doel
Na bestudering van dit hoofdstuk en het maken van de opgaven ben je in staat een elementair rapport te maken van de samenhang tussen twee **kwantitatieve** variabelen.

9.2 Het elementaire rapport

We spreken af dat een elementair rapport van de samenhang tussen twee variabelen de volgende punten bevat als beide variabelen kwantitatief zijn:
- het design
- het spreidingsdiagram
- correlatie, hellingscoëfficiënt en intercept
- een tekening van de regressielijn
- een indicatie van de mate van lineariteit
- eventuele invloedrijke waarnemingen

Of je inderdaad te maken hebt met twee kwantitatieve variabelen, moet je nagaan in de eerste stap: het design. Alle punten van het elementaire rapport zullen hieronder worden behandeld.

In artikelen worden de diagrammen meestal weggelaten, maar dat kan misleidend zijn. Voorts wordt in artikelen het rapport meestal voorzien van statistische toetsen (p-waarden) die de generaliseerbaarheid van de gegevens aangeven. Dat zullen we nu nog niet behandelen.

9.3 Het design

Achtergrond
Zodra je statistiek gaat doen, is het verstandig om eerst even op een rijtje te zetten wat voor soort gegevens je hebt. Dat doe je door het 'design' op te schrijven. Op grond van het design bepaal je welke statistische procedure je vervolgens moet gebruiken.

Het belang van deze stap wordt onderschat omdat hij zo *eenvoudig* is. Het design fungeert als kompas in het oerwoud van statistische analyses waarvan je binnenkort de eerste bomen ziet. Scriptiestudenten hebben weken verspild met het zoeken naar de juiste analyse omdat ze deze stap oversloegen. 'Daarom beginnen we er vroeg mee.'

Definitie
In het design geef je aan:
- wat de afhankelijke variabele is, en welk meetniveau die heeft;
- wat de onafhankelijke variabele is, en welk meetniveau die heeft.

Toelichting
De **afhankelijke variabele** (of verklaarde variabele) is de variabele waarvan je vermoedt dat hij door de **onafhankelijke variabele** (of verklarende variabele) wordt beïnvloed. Je hoeft niet zeker te zijn over die invloed. Een vermoeden is voldoende. Het is zelfs al voldoende als je je alleen nog maar afvraagt of die invloed er is. Die vraag ga je dan onderzoeken.

Het meetniveau van de variabele zegt of die variabele kwantitatief of kwalitatief is. Een **kwantitatieve variabele** is een variabele waarvan de scores een hoeveelheid aangeven (bijvoorbeeld 19 = 19 kilo). Een **kwalitatieve variabele** (of categoriële variabele) is een variabele waarvan de scores staan voor categorieën (bijvoorbeeld 1 = katholiek, 2 = protestant, 3 = moslim). Kenmerkend voor een kwalitatieve variabele is dat je de betekenis van de scores net zo goed zou kunnen verwisselen (bijvoorbeeld 1 = protestant, 2 = moslim, 3 = katholiek). Daardoor is een ander kenmerk van kwalitatieve variabelen dat het nergens op zou slaan het gemiddelde van zo'n variabele te berekenen.

In dit hoofdstuk hebben we het steeds over twee kwantitatieve variabelen. De statistische procedure die je daar bij moet kiezen heet 'enkelvoudige lineaire regressie en correlatie'. Daar gaat de rest van het hoofdstuk over.

Voorbeelden
1 BDI en ATQ
Stel we onderzoeken de relatie tussen Bdv en Atqv. Dit zijn twee kwantitatieve variabelen. Iemands score op de Bdv zegt immers hoeveel depressiviteit die persoon heeft. Iemands score op de Atqv zegt hoeveel negatieve gedachten die persoon heeft. De rolverdeling van de variabelen (afhankelijk of onafhankelijk) baseren we op de theorie. De theorie stelde dat iemand depressief wordt ten gevolge van automatische negatieve gedachten. De negatieve gedachten zijn er het eerst. Daarom wordt het design:

afhankelijke variabele = Bdv (kwantitatief)
onafhankelijke variabele = Atqv (kwantitatief)

Omdat we hier te maken hebben met twee kwantitatieve variabelen, mogen we verdergaan met de analyse zoals die in dit hoofdstuk wordt beschreven.

Merk op dat iemand die weinig van het stemmingmakerijonderzoek weet, heel goed de theorie zou kunnen hebben dat mensen negatieve gedachten krijgen doordat ze depressief zijn. Die persoon zou de rollen van afhankelijke en onafhankelijke variabele dan omgekeerd moeten kiezen. De rolverdeling is dus vaak geen objectief feit, maar een keuze die afhankelijk is van je theoretisch perspectief en je vraagstelling.

2 Groep en geslacht
Stel dat de we de relatie onderzoeken tussen Groep (1 = deelnemer, 2 = niet-deel-

nemer) en Geslacht (1 = man, 2 = vrouw). Dit zijn twee kwalitatieve variabelen. We zouden de betekenis van de scores immers net zo goed kunnen verwisselen. De rolverdeling van de variabelen: het lijkt me niet dat iemand een jongetje wordt doordat zij aan de cursus meedoet. Dus:

afhankelijke variabele = Groep (kwalitatief: 1 = deelnemer, 2 = niet-deelnemer)
onafhankelijke variabele = Geslacht (kwalitatief: 1 = man, 2 = vrouw)

In dit geval is het niet redelijk om de rolverdeling om te draaien.
Omdat we hier te maken hebben met twee kwalitatieve variabelen, mogen we de analyse van dit hoofdstuk niet gebruiken.

9.4 Spreidingsdiagram

Een spreidingsdiagram is een plaatje van een assenstelsel met twee assen. Elke as stelt een variabele voor. De onafhankelijke variabele staat op de horizontale as. In het diagram staan punten of kruisjes. Elk kruisje stelt een persoon uit de datamatrix voor. De positie van het kruisje wordt bepaald door de twee scores van de persoon. Het patroon van de kruisjes laat derhalve zien welke combinaties van scores voorkomen.

Voorbeeld
- Allereerst moeten we een datamatrix hebben, waarop het diagram zal worden gebaseerd. We nemen hier weer de datamatrix van het onderzoek 'Stemmingmakerij'. *We zullen ons beperken tot de eerste vijf personen.* De betreffende selectie van de data staat in tabel 9.1.

Tabel 9.1

Groep	Bdv	Bdn	Atqv	Atqn
1	22	4	80	40
1	13	3	57	38
1	15	4	89	47
1	19		70	53
1	23	8	79	56

- Dan moeten we kiezen welke twee variabelen in het diagram zullen worden weergegeven. We kiezen hier Bdv en Atqv.
- Vervolgens tekenen we twee assen loodrecht op elkaar. We moeten nu kiezen welke variabele op de horizontale as zal worden uitgezet en welke op de verticale as. De variabele die men ziet als verklarende variabele (dat is niet altijd duide-

lijk) zet men altijd op de horizontale as. In dit geval dient Atqv op de horizontale as te staan. Schrijf de namen van de variabelen bij de assen.
- We maken een schaalverdeling op de assen. Baseer je daarbij op het maximum en het minimum van de variabelen, anders past het er niet op.
- Ten slotte zetten we voor elke persoon een kruisje in het diagram. De positie van het kruisje baseren we steeds op de twee scores van de persoon. Bijvoorbeeld: een persoon met de scores Atqv = 80 en Bdv = 22 zet je in het diagram op het punt met de coördinaten $x = 80$ en $y = 22$. Na vijf personen ziet het diagram er dus uit zoals figuur 9.1. Ga na welk kruisje bij welke persoon hoort.

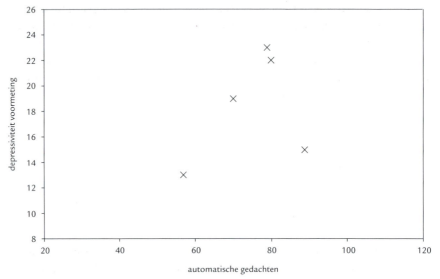

Figuur 9.1 Spreidingsdiagram in de maak

9.5 Correlatie, hellingscoëfficiënt en intercept

De ('best passende', 'kleinste-kwadraten') regressielijn is een rechte lijn die door de puntenwolk wordt getrokken. De lijn wordt zodanig berekend dat hij zo dicht mogelijk langs de meeste punten gaat. Om technische redenen worden de afstanden punt-lijn daarbij slechts verticaal gemeten.

De regressielijn heeft een vergelijking van de vorm:

$$Y = a + bX$$

De getallen a en b moet je uit de data berekenen. De **hellingscoëfficiënt** (of richtingscoëfficiënt) b geeft aan hoe steil de regressielijn is. Als je één eenheid naar rechts gaat, gaat de lijn b eenheden naar boven. Het **intercept** a, geeft aan op welke hoogte de regressielijn de y-as (bij $x = 0$) snijdt.

Op de middelbare school heb je wellicht de omgekeerde betekenis van a en b geleerd. Tja, zo is het leven ... Onze notatie is de Amerikaanse en dus die van bijna de hele wereld – hopelijk inclusief jouw rekenmachine (die je inmiddels hebt).

De **correlatie,** r, is een maat voor de sterkte en de richting van de samenhang tussen twee kwantitatieve variabelen. De correlatie ligt tussen 1 en -1. Een correlatie van 1 wil zeggen dat de punten in het spreidingsdiagram allen exact op een stijgende rechte lijn liggen. Een correlatie van -1 wil zeggen dat de punten in het spreidingsdiagram allen exact op een dalende rechte lijn liggen. Een correlatie van 0 wil zeggen dat de variabelen niet samenhangen: de punten liggen verspreid in een puntenwolk en in die wolk is geen overwegend stijgende of overwegend dalende trend te ontdekken. Een correlatie van .50 wil zeggen dat de punten verspreid liggen in een puntenwolk en dat in die puntenwolk een overwegend stijgende trend is te ontdekken.

Om de sterkte van het verband tussen de variabelen in woorden uit te drukken, wordt in de psychologie steeds vaker gebruikgemaakt van Cohens (1988) conventies voor de grootte van een correlatie:

$r = .10$: klein
$r = .30$: matig (medium)
$r = .50$: groot

Dat is echter discutabel (zie bijvoorbeeld Aron & Aron, 1994). De meeste statistiekboeken vermijden daarom dit soort uitspraken.

Samenvattend: De regressielijn geeft een samenvatting van de globale hoogte en helling van de puntenwolk. De hoogte van de correlatie geeft aan hoe 'goed' die samenvatting is. Dat wil zeggen: hoe dicht de punten rond de regressielijn liggen. Het teken van de correlatie (+, 0 of -) geeft aan of de puntenwolk overwegend stijgend, vlak of dalend is.

9.5.1 Berekening

Het berekenen van de correlatie, de hellingscoëfficiënt en het intercept kan betrekkelijk eenvoudig door gebruik te maken van de statistische functies van je rekenmachine. In principe moet je hiervoor de gebruiksaanwijzing raadplegen, omdat het per rekenmachine kan verschillen. We zullen hier behandelen hoe het moet bij veel Casio's. We gaan uit van de datamatrix (tabel 9.1).

1 Zet je rekenmachine in de 'lineaire-regressiemode' (LR-mode) door [MODE] en dan, afhankelijk van wat het display aangeeft, bijvoorbeeld [3] in te toetsen als daar LR of REG bij staat. Bij sommige machines moet je daarna nog een keuze maken tussen *lineaire* regressie en andere vormen van regressie. Kies dan bijvoorbeeld [1] als er in het display bij LIN een 1 staat.

2 Wis het geheugen door [SHIFT] [AC] [=] in te toetsen. Bij sommige rekenmachi-

nes moet je altijd [INV] of [2nd] gebruiken in plaats van [SHIFT].
3. Voor iedere persoon in de datamatrix voer je de twee scores als volgt in: [*x-score*] [,] [*y-score*] [DATA]. Hierbij is [,] de toets die aangeeft dat je de X-score hebt ingevoerd en dat je nu gaat beginnen met het invoeren van de Y-score. Bij sommige rekenmachines staat er 'x, y' op die toets. [DATA] is de toets waar 'DATA' of 'DT' of 'M+' bij staat. Sommige rekenmachines zeggen na bijvoorbeeld 40 data dat het maximum bereikt is, maar dan kun je toch doorgaan of je kan het met [AC] [EDIT] veranderen. Alleen kun je dan de ingevoerde scores niet meer verbeteren. Bijvoorbeeld: persoon 1 heeft Atqv-score 80 en Bdv-score 22 en daarom typen we in: [80] [,] [22] [DATA].
4. Als je dit voor alle personen hebt gedaan, controleer je of het aantal scores in het geheugen overeenkomt met het aantal personen in de datamatrix. Het aantal scores in het geheugen krijg je door: [RCL] [hyp] of [RCL] [3] in te toetsen. Bij de meeste andere rekenmachines moet je iets als [SHIFT] [n] in typen. Hierbij is [n] de toets op je rekenmachine waar een kleine 'n' onder staat. Bijvoorbeeld: in het geval van de eerste vijf personen van de 'stemmingmakerijdata' moet dit 5 opleveren.
5. Vervolgens krijg je de correlatie door [SHIFT] [r] [=] in te toetsen. De hellingscoëfficiënt krijg je door [SHIFT] [b] [=] in te typen. Het intercept krijg je door [SHIFT] [a] [=] in te toetsen. Hierbij is [r] de toets waar 'r' onder staat, [b] de toets waar 'b' onder staat en [a] de toets waar 'a' onder staat. Bij sommige machines mag je de [=] steeds weglaten.

Zolang je geen nieuwe data invoert, kun je *r*, *b* en *a* steeds opnieuw opvragen. Ook kun je de twee gemiddelden en standaardafwijkingen opvragen.

Als je dit uitvoert voor de eerste vijf personen van de 'stemmingmakerijdata' krijg je:

$n = 5$
$r = .3954$
$b = 0.1416$
$a = 7.777$
$\bar{x} = 75$ (= gemiddelde van Atqv)
$\bar{y} = 18.4$ (= gemiddelde van Bdv)
$s_x = 12.10$ (= standaardafwijking van Atqv)
$s_y = 4.336$ (= standaardafwijking van Bdv)

9.6 Tekenen van de regressielijn

Dit gaat het eenvoudigst door eerst twee ver verwijderde punten te berekenen waar de lijn doorheen moet. Bijvoorbeeld als volgt:

- Eerst bepalen we het minimum en maximum van X, verder aangeduid als x_{min} en x_{max}.
- Bereken de voorspelde scores hierbij. Dit zijn:

  $a + b * x_{min}$
  $a + b * x_{max}$

- Teken in het spreidingsdiagram een sterretje boven x_{min} ter hoogte van de $y_{voorspeld}$ bij x_{min}. Teken op analoge wijze een sterretje boven x_{max}.
- Trek dan een rechte lijn door de twee sterretjes. Je mag de lijn verder doortrekken. Dit is de regressielijn.

Voorbeeld
Bij de eerste vijf personen uit de datamatrix hebben we *a* en *b* al berekend. Omdat Atqv fungeert als X, krijgen we x_{min} = 57 en x_{max} = 89. De bijbehorende voorspelde scores op Bdv zijn:

7.777 + 0.1416 * 57 = 15.85
7.777 + 0.1416 * 89 = 20.38

De best passende regressielijn gaat dus door de punten (57, 15.85) en (89, 20.38). Zie figuur 9.2.

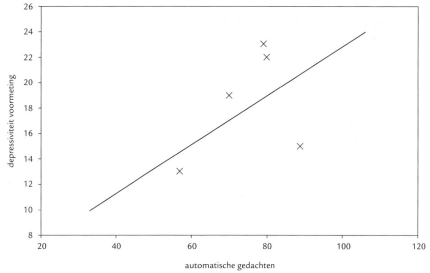

Figuur 9.2 Spreidingsdiagram met regressielijn

9.7 Indicatie van lineariteit

Hier kies je tussen twee mogelijke conclusies:
- 'Er zijn geen aanwijzingen dat lineariteit is geschonden.'
- 'Lineariteit lijkt te zijn geschonden.'

Als de punten in het spreidingsdiagram van de populatie zijn gecentreerd rond een rechte lijn, dan noemen we het verband tussen X en Y lineair. De lijn mag horizontaal lopen ($b = 0$). Wanneer de puntenwolk aanzienlijk beter wordt samengevat met een kromme lijn, dan is het verband niet lineair. Bij alle spreidingsdiagrammen in figuur 11.1 is het verband lineair. In principe nemen we lineariteit aan zolang er geen redenen zijn om dat niet te doen, dus ook als er te weinig subjecten zijn om het goed te kunnen beoordelen (in de praktijk is N = 20 meestal een redelijke grens, maar in theorie zou je bij een extreem duidelijk non-lineair patroon de grens al bij N = 9 kunnen leggen). Omdat we in de praktijk steeds te maken hebben met een steekproef, zijn de bovenstaande conclusies voorzichtig geformuleerd.

Toelichting
De regressielijn en de correlatie geven alleen een volledige samenvatting van de samenhang als het verband tussen de twee variabelen 'lineair' is. Lineair betekent officieel dat als je in elke verticale band van het spreidingsdiagram het gemiddelde van de punten berekent, die bandgemiddelden precies op een rechte lijn liggen. Die lijn is dan automatisch de regressielijn. In het fictieve spreidingsdiagram van figuur 9.3 is perfect voldaan aan lineariteit. De bandgemiddelden zijn aangegeven met bolletjes.

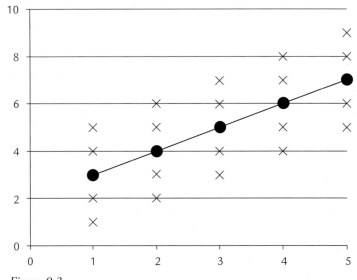

Figuur 9.3

In het daaropvolgende plaatje (figuur 9.4) is juist helemaal niet voldaan aan lineariteit. Ieder punt stelt hier een kop koffie voor. De onafhankelijke variabele is hier het suikergehalte in de koffie. Al deze koppen zijn door één persoon geproefd, die er steeds een waarderingscijfer voor gaf. Dat is de afhankelijke variabele. De persoon houdt van suiker in zijn koffie, maar niet te veel – zo is te zien in de figuur.

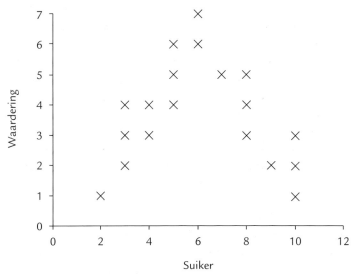

Figuur 9.4

Het gevolg van dit patroon is dat de regressielijn per saldo horizontaal loopt en de correlatie ongeveer 0 is. Als je alleen deze maten zou rapporteren, suggereer je dat het de persoon niet uitmaakt hoeveel suiker er in zijn koffie zit. Het maakt de persoon echter wel degelijk uit. Alleen hanteert hij niet het beginsel 'hoe meer hoe lekkerder'.

Lineariteit is, net als normaliteit, een idealisatie. Er kan eigenlijk alleen aan worden voldaan als we te maken hebben met een populatie. Toch spreekt men ook in steekproeven wel van een lineair verband, waarmee dan wordt bedoeld dat het verband bij benadering lineair is. We zullen daarbij de volgende vuistregels hanteren:

1 Voor het gemak nemen we aan dat aan lineariteit is voldaan zolang er geen duidelijke redenen zijn om het tegendeel aan te nemen. Deze aanname is gebruikelijk.
2 Als de steekproef minder dan 20 subjecten (= punten in het diagram) bevat, kun je niet beoordelen of lineariteit is geschonden. Volgens regel 1 moet je dan blijven aannemen dat het verband *wel* lineair is. Daarom moet je dan opschrijven dat er 'geen aanwijzing is dat lineariteit is geschonden'.
3 Lineariteit is geschonden als de linker- en de rechterhelft van de puntenwolk zichtbaar verschillende regressielijnen hebben. Zoals in het koffie-suikerplaatje. Hierbij veronderstellen we dat het spreidingsdiagram in gewone verhoudingen

is getekend (de puntenwolk is ongeveer even hoog als breed). Door idiote verhoudingen te kiezen, kun je namelijk elk verschil tussen de regressielijnen onzichtbaar maken. Dat moet je dus niet doen.

4 In twijfelgevallen kun je de volgende procedure toepassen: Verdeel de x-as in drie banden die ongeveer evenveel waarnemingen bevatten. Bepaal in iedere band het gemiddelde van de y-scores en het gemiddelde van de x-scores. Plot de gemiddelden in het spreidingsdiagram. Verbind ze eventueel met rechte lijnstukken. Dit noemen we het 'gemiddeldenspoor'. Als de hellingshoek van de twee lijnstukken meer dan 45 graden verschilt, concluderen we dat 'lineariteit lijkt geschonden'. Anders zeggen we dat er 'geen aanwijzing is dat lineariteit is geschonden'.

Als de steekproef groot is, is het aan te bevelen om nauwkeuriger te kijken door de x-as in vier of meer banden te verdelen. Zorg dan echter dat er voldoende personen per band zijn (minstens vijf).

De regel van 45 graden is nogal grof. De regel komt erop neer dat we lineariteit alleen geschonden achten, als de relatie duidelijk stijgend is in de ene helft, en nagenoeg horizontaal of dalend in de andere helft van de figuur. Met enige oefening kun je dat ook al wel zien zonder te rekenen.

De regel dat je bij $N < 20$ lineariteit blijft aannemen, is in de praktijk meestal een goede regel, maar er zijn twee uitzonderingen die erop neerkomen dat je je gezonde verstand moet blijven gebruiken. De eerste uitzondering is als het theoretisch onaannemelijk is dat het verband lineair is. Dat is bijvoorbeeld zo in het koffie-suikervoorbeeld. In dat voorbeeld kun je ook zonder data al verwachten dat het verband niet lineair is: veel mensen willen een beetje suiker, maar niet te weinig en niet te veel. De tweede uitzondering is als de data een heel duidelijk non-lineair patroon vormen. Dat is eveneens zo in het koffie-suikervoorbeeld. Figuur 9.4 heeft maar 19 datapunten en toch is het verband zo duidelijk non-lineair dat het bijna geen toeval kan zijn.

Er bestaan exacte statistische toetsen voor lineariteit (zie bijvoorbeeld Hays, 1994), maar die worden zelden toegepast in de psychologie. Daarom zullen die toetsen hier niet worden besproken. Die toetsen hebben overigens eveneens de neiging lineariteit aan te nemen als het aantal datapunten klein is. De meeste onderzoekers inspecteren lineariteit alleen grafisch. Ook in meer geavanceerde literatuur wordt dat aangeraden (Tabachnick & Fidell, 2001) – zonder er overigens bij te zeggen waar men precies de grens moet leggen tussen lineair en non-lineair. Tabachnick & Fidell merken dan ook op dat 'Assessing linearity through bivariate scatterplots is reminiscent of reading tea leaves, especially with small samples'.

Voorbeeld
In het voorbeeld Bdv, Atqv hebben we slechts vijf personen gebruikt, en het is dus niet mogelijk de lineariteit te beoordelen. Niettemin illustreren we even wat we bedoelen bij punt 4. Allereerst kiezen we de drie banden. We kiezen deze banden: kleiner dan 72, van 72 tot 85, en boven de 85. De bijbehorende bandgemiddelden staan in tabel 9.2.

Tabel 9.2

Band	Range Atqv	Bandgemiddelde Atqv	Bandgemiddelde Bdv
1	< 72	63.5	16
2	72-85	79.5	22.5
3	> 85	89	15

Deze gemiddelden tekenen we in het spreidingsdiagram als rondjes in plaats van kruisjes, om ze te onderscheiden van individuele scores. Dat is gedaan in figuur 9.5. We verbinden deze punten met lijnstukken. Je ziet dat ze een sterke hoek maken. Dit duidt erop dat lineariteit is geschonden (maar nogmaals, de steekproef is eigenlijk te klein).

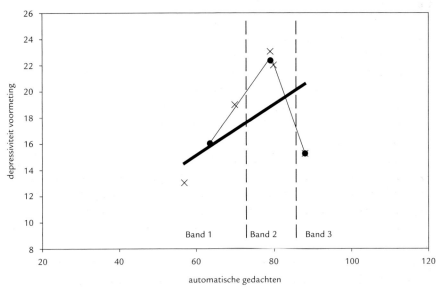

Figuur 9.5 Regressielijn, banden en grenslijnen

9.8 Invloedrijke waarnemingen

Een **invloedrijke waarneming** is een waarneming waarvan weglating leidt tot een drastische verandering van de regressielijn of de correlatie. Als er een invloedrijke waarneming is, dan kun je de regressielijn of de correlatie niet goed vertrouwen. De invloed van een waarneming neemt toe naarmate:
- de X-score verder van het gemiddelde is verwijderd, of
- de Y-score verder van de regressielijn afwijkt.

Dat betekent dat je met name moet letten op punten die ver naar links of rechts liggen en/of die ver van de regressielijn zijn verwijderd.

Een **uitschieter in de regressie** is een waarneming waarvan de verticale afstand tot de regressielijn (het 'residu') uitzonderlijk groot is.

Toelichting
Dat een punt dat ver naar links of rechts ligt meer invloed heeft, kun je begrijpen door je voor te stellen dat elk punt met een elastiekje aan de regressielijn vastzit. Een punt dat ver naar rechts ligt heeft dan, net als bij een hefboom, veel minder kracht nodig om de lijn over een grote hoek te veranderen.

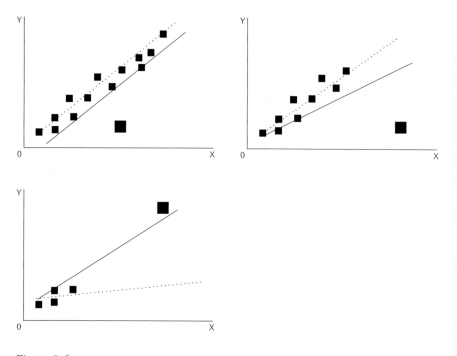

Figuur 9.6a-c

In de diagrammen van figuur 9.6 is het verschil geïllustreerd tussen een uitschieter in de regressie en een invloedrijke waarneming. De stippellijn geeft aan hoe de regressielijn zou zijn zonder het dikke punt. De doorgetrokken lijn geeft aan hoe de regressielijn is met dit punt. In diagram A is het dikke punt een uitschieter maar geen invloedrijke waarneming voor de hellingscoëfficiënt (wel voor het intercept). In diagram B is het een uitschieter en invloedrijke waarneming. In diagram C is het geen uitschieter maar wel invloedrijk.

Het gebeurt vaak dat een punt zowel een uitschieter in de regressie is, als een invloedrijke waarneming. Maar deze kwalificaties gaan niet altijd samen. Bijvoorbeeld:
- Als een punt heel ver naar links of rechts ligt, kan het de regressielijn zeer sterk naar zich toe trekken. Het is dan een invloedrijke waarneming. Die invloed kan zo groot zijn, dat de regressielijn bijna door het betreffende punt gaat, waardoor het residu klein is. Dan is het *geen* uitschieter in de regressie doordat het *wel* een zeer invloedrijke waarneming is.
- Als er veel andere datapunten zijn, dan kan een punt dat niet te ver naar links of rechts ligt een groot residu hebben, terwijl die andere data punten door hun grote aantal de regressielijn bijna op zijn plek houden. Dan is het betreffende punt een uitschieter in de regressie maar geen invloedrijke waarneming.

Het gemaakte onderscheid tussen 'wel of niet een invloedrijke waarneming' is overigens te zwart-wit. Meestal heeft bijna elk punt wel enige invloed op de regressie en de correlatie. Analoog is het onderscheid tussen 'wel of niet een uitschieter in de regressie' te zwart-wit. Het is dus een beetje willekeurig waar je de grens legt, maar dat wil niet zeggen dat je maar van alles kan roepen. Er zijn gevallen waar het heel duidelijk is. Zo zul je met me eens moeten zijn dat er in diagram C een invloedrijke waarneming is, omdat deze de helling enkele malen groter maakt. Verder is dit duidelijk geen uitschieter in de regressie, want sommige andere punten hebben een residu dat nog groter is. Analoog zul je met me eens moeten zijn dat er in diagrammen A en B een uitschieter is in de regressie omdat het punt daar een veel groter residu heeft dan de andere punten. Of hier sprake is van een invloedrijke waarneming, is wat dubieuzer, met name in diagram A.

Voorbeeld
In figuur 9.2 zie je dat de waarneming (89, 15) ver naar rechts ligt en ver van de regressielijn is verwijderd. Dat is dus vermoedelijk een invloedrijke waarneming. Inderdaad, als je de correlatie opnieuw berekent zonder deze waarneming, dan is de correlatie opeens veel hoger: $r = .990$ in plaats van $r = .3954$. Dat komt doordat de vier overblijvende punten zeer dicht rond een rechte lijn liggen.

9.9 Samenvatting: elementair rapport van samenhang

Design: afhankelijke variabele = Bdv (kwantitatief)
onafhankelijke variabele = Atqv (kwantitatief)

Spreidingsdiagram:

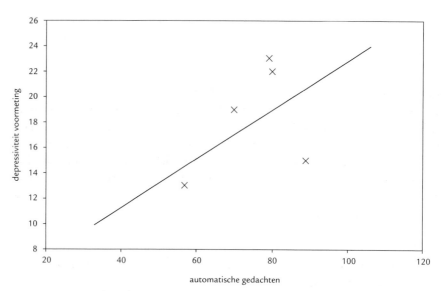

Figuur 9.7 Spreidingsdiagram met regressielijn

Correlatie, hellingscoëfficiënt en intercept: $r = .3954$
$b = 0.1416$
$a = 7.777$

Indicatie van lineariteit: Er zijn geen aanwijzingen dat lineariteit is geschonden (doordat er zo weinig subjecten zijn).

Invloedrijke waarnemingen: De waarneming (89, 15) is vermoedelijk invloedrijk.

10 Voorspelde scores en residuen

10.1 Inleiding

Achtergrond
In deel A gebruikten we percentielscores en standaardscores om na te gaan of individuele personen een uitzonderlijk hoge of lage score hadden ten opzichte van de groep. Zoiets doen we nu weer. De regressielijn heeft betrekking op de gegevens uit een hele groep personen. Daardoor kun je de regressielijn gebruiken om **individuele personen** te plaatsen ten opzichte van de groep. Zo kun je erachter komen dat een bepaalde persoon een vreemde **combinatie** van scores heeft (bijvoorbeeld erg veel negatieve gedachten maar toch vrolijk).

Doel
Je kunt voor individuele subjecten de score op de afhankelijke variabele voorspellen en het residu berekenen.

10.2 Voorspelde scores en residuen

De **voorspelde Y-score** van een persoon is de Y-score die je zou verwachten op grond van zijn X-score, als de persoon exact voldoet aan het verband dat wordt gegeven door de regressielijn. De voorspelde Y-score bereken je met de formule:

$$Y_{voorspeld} = a + b * X$$

Het **residu** van een persoon is het verschil tussen de feitelijk waargenomen Y-score en de **voorspelde Y-score**:

$$residu = Y - Y_{voorspeld}$$

Een groot residu wil zeggen dat die persoon een rare combinatie van X- en Y-score heeft. Daarmee plaats je de persoon ten opzichte van de groep, gebruikmakend van beide scores.

Voorbeeld

We maken een tabel met vier kolommen. Voor elk van de vijf personen zetten we de Atqv-score in de eerste kolom en de Bdv-score in de tweede kolom. Vervolgens berekenen we bij elke persoon de voorspelde score, en zetten die in de derde kolom. Deze voorspelde scores vergelijken we met de Bdv-scores, door het verschil in de vierde kolom te zetten. Het resultaat is te zien in tabel 10.1.

Tabel 10.1

Atqv	Bdv	Bdv voorspeld	Residu
80	22	19.11	2.89
57	13	15.85	-2.85
89	15	20.38	-5.38
70	19	17.69	1.31
79	23	18.96	4.04

De som van de residuscores is altijd gelijk aan 0 (als je het bij deze tabel berekent, krijg je een som van 0.01, doordat we tussentijds hebben afgerond).

Merk op dat de waarneming (89,15) een erg groot residu heeft. Hoewel de Bdv-score van 15 op zichzelf niet afwijkend is, is hij wel afwijkend laag gezien de hoge Atqv-score van 89. Dit is iemand met veel negatieve gedachten die toch vrolijk door het leven meent te moeten gaan ...

In figuur 10.1 zijn de voorspelde scores aangegeven met bolletjes. Deze liggen allemaal op de regressielijn. De residuen zijn aangegeven met lijntjes tussen de waarneming en de regressielijn. De lijntjes lopen allemaal verticaal. Als de waarneming onder de regressielijn ligt, dus als de geobserveerde score kleiner is dan de voorspelde score, dan is het residu negatief.

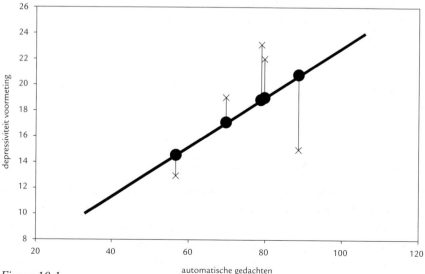

Figuur 10.1

11 De correlatiecoëfficiënt

11.1 Inleiding

Achtergrond
De correlatiecoëfficiënt kom je in vrijwel elk empirisch psychologisch onderzoek tegen. Tot nu toe hebben we het bijna alleen nog maar gehad over de berekening ervan. In dit hoofdstuk zullen we het hebben over de precieze betekenis van de correlatie.

Doel
Na bestudering van dit hoofdstuk en het maken van de opgaven, ben je in staat om gegeven:
- de beschrijving van een onderzoek;
- de daarin gevonden correlatiecoëfficiënt;
- eventueel de gemiddelden en/of standaardafwijkingen;

… te beoordelen welke conclusies zijn gerechtvaardigd over:
- spreidingsdiagram;
- gemiddelden en standaardafwijkingen;
- hellingscoëfficiënt en intercept;
- varianties van de voorspelde scores en van de residuen;
- proportie verklaarde variantie;
- causale relaties.

Bovendien kun je zelf juiste conclusies trekken en de waarden die daarvoor nodig zijn, berekenen.

11.2 Correlatie en spreidingsdiagram

Wat een correlatie zegt over het spreidingsdiagram, wordt het duidelijkst weergegeven door de spreidingsdiagrammen in figuur 11.1. Sommige mensen willen 'begrijpen' wat een correlatie 'is' door de formule te bestuderen. Ik zal niet zeggen dat dat nutteloos is, maar volgens mij heb je er meer aan om bij een aantal waarden van de correlatie te leren hoe het spreidingsdiagram eruitziet. Dus als ik 's nachts opeens naast je bed sta en ik roep: '$r = .40$,' dan moet jij het bijbehorende spreidingsdiagram voor ogen krijgen. Deze didactiek noem ik 'het horrorscenario'.

De relatie tussen de correlatie en het spreidingsdiagram kan worden verwoord met de volgende uitleg, die al eerder is gegeven:

- De correlatie ligt tussen 1 en -1.
- De hoogte van de correlatie geeft aan hoe dicht de punten rond de regressielijn liggen (de **sterkte** van de samenhang).
- Het teken van de correlatie (+, 0 of -) geeft aan of de puntenwolk overwegend stijgend, vlak of dalend is (de **richting** van de samenhang).

Een correlatie van 1 wil zeggen dat de punten in het spreidingsdiagram allen exact op een stijgende rechte lijn liggen. Een correlatie van -1 wil zeggen dat de punten in het spreidingsdiagram allen exact op een dalende rechte lijn liggen. Een correlatie van 0 wil zeggen dat de variabelen niet samenhangen: de punten liggen verspreid in een puntenwolk en in die wolk is geen overwegend stijgende of overwegend dalende trend te ontdekken. Een correlatie van .50 wil zeggen dat de punten verspreid liggen in een puntenwolk en dat in die puntenwolk een overwegend stijgende trend is te ontdekken.

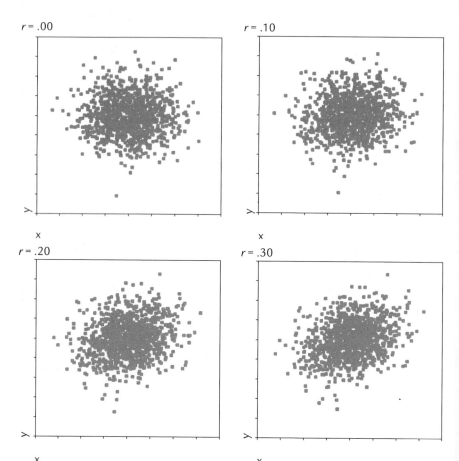

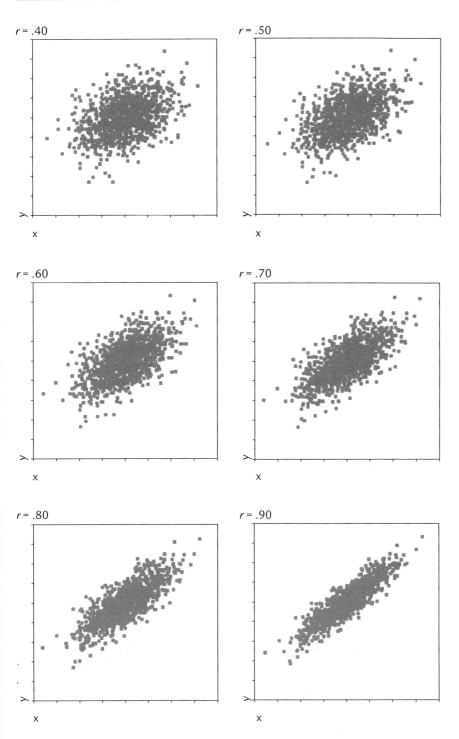

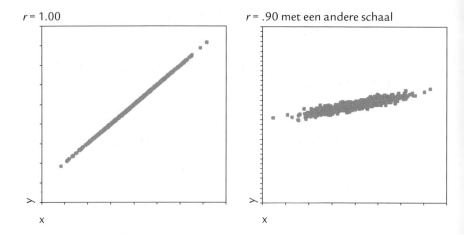

Figuur 11.1a-l

Het diagram met $r = .90$ is twee keer weergegeven om te illustreren dat je je niet moet laten misleiden door de schaal waarop de assen zijn weergegeven. In beide diagrammen gaat het om precies dezelfde data. Je moet dus niet denken dat de correlatie in het laatste diagram groter is omdat de punten dichter bij de regressielijn lijken te liggen. En je moet ook niet denken dat de correlatie kleiner is omdat de regressielijn minder steil omhoog loopt. Het gaat om de *verhouding*: hoe steil loopt de lijn omhoog in verhouding tot de afstand van de punten tot de lijn. Die verhouding is in beide diagrammen gelijk.

11.3 Correlatie en gemiddelden en variantie

De hoogte van de correlatie zegt niets over de gemiddelden of de standaardafwijkingen van de betrokken variabelen.

Toelichting
Correlatie zegt alleen iets over de vorm van de puntenwolk, maar niet over de locatie en de schaalverdelingen van de assen. Dit doordat de correlatie wordt berekend uit de gestandaardiseerde scores (zie de formule in paragraaf A.3 in de appendix). Bij het standaardiseren gaat alle informatie verloren over de oorspronkelijke gemiddelden en standaardafwijkingen.

Voorbeeld
Uit het feit dat X en Y hoog correleren (bijvoorbeeld $r = .99$) mag je niet concluderen dat het gemiddelde van X gelijk is aan het gemiddelde van Y. Het zou bijvoorbeeld zo kunnen zijn dat:

X = de leeftijd in jaren bij kinderen (tussen 0 en 14)
Y = de lichaamslengte in cm

De correlatie hiertussen is zeer hoog, maar de gemiddelde leeftijd is natuurlijk niet gelijk aan de gemiddelde lichaamslengte.

11.4 Het verband tussen correlatie en regressie

Samen met de gemiddelden en standaardafwijkingen van X en Y geeft de correlatie een **samenvatting** van de puntenwolk: vorm, hoogte en helling. Je kan eruit afleiden hoe de regressielijn loopt. De hellingscoëfficiënt kun je berekenen met de formule:

$$b = r * s_y / s_x$$

Het intercept krijg je met:

$$a = y_{gem} - b * x_{gem}$$

Voorbeeld
We hadden gevonden dat de correlatie tussen Atqv en Bdv gelijk is aan .3954, dat de standaardafwijking van Bdv gelijk is aan 4.3359 en dat de standaardafwijking van Atqv gelijk is aan 12.1037. Als we de hellingscoëfficiënt berekenen met de bovenstaande formule, krijgen we:

$$b = 0.3954 * 4.3359 / 12.1037 = 0.1416$$

Wat dezelfde uitkomst is als we eerder direct uit de rekenmachine kregen. Merk op dat we Atqv laten fungeren als X, en Bdv als Y. Dit omdat we eerder besloten hadden dat we Atqv als verklarende variabele zien, en Bdv als verklaarde variabele.

We hadden verder gevonden dat het gemiddelde van Bdv gelijk is aan 18.4 en dat het gemiddelde van Atqv gelijk is aan 75. Als we het intercept berekenen met de bovenstaande formule, krijgen we:

$$a = 18.4 - 0.1416 * 75 = 7.777$$

Wat ook dezelfde uitkomst is als we eerder direct uit de rekenmachine kregen.

11.5 Het verschil tussen correlatie en regressie

De regressiecoëfficiënten *a* en *b* geven aan **hoe** je de afhankelijke variabele kan voorspellen. Zij geven een samenvatting van de globale steilheid en hoogte van de puntenwolk. Zij zijn afhankelijk van de gebruikte **meeteenheid**.

De correlatie *r* geeft aan hoe **goed** die voorspellingen zijn. Hij geeft aan hoezeer de punten zijn geconcentreerd rond de regressielijn. De correlatie ligt altijd tussen -1 en 1 en hangt niet af van de gebruikte meeteenheid.

Voorbeeld
Wellicht ben je geneigd uit een hoge hellingscoëfficiënt te concluderen dat er een sterk verband is tussen de variabelen. Dat is niet zo. In het voorbeeld van de Atqv en de Bdv geldt dat als je alle scores op Bdv met 100 vermenigvuldigt, de hellingscoëfficiënt verandert van 0.1416 in 14.16. Inhoudelijk verandert er niets, we gebruiken alleen een andere schaal of meeteenheid. Uit de hoge hellingscoëfficiënt van 14.16 mag je dan ook niet concluderen dat er opeens een sterker verband is. Dat blijkt ook uit de correlatie: die blijft precies hetzelfde, namelijk .3954.

11.6 Variantie van voorspelde scores en residuen

Deze paragraaf dient ter voorbereiding van de volgende paragraaf.

De variantie van een variabele is het kwadraat van de standaardafwijking. De variantie is dus een maat voor spreiding die sterk lijkt op de standaardafwijking, maar is net iets anders. We zullen de variantie afkorten met 'Var'.

Na het berekenen van de regressiecoëfficiënten *a* en *b* kun je voor elke persoon een voorspelde score en een residu berekenen. Van deze twee nieuwe variabelen kunnen we dan de variantie berekenen. Deze varianties hebben de volgende namen:

$s^2(Y_{voorspeld})$ = $Var(Y_{voorspeld})$ = de **verklaarde variantie**

$s^2(residu)$ = $Var(residu)$ = de **onverklaarde variantie**

De variantie van de afhankelijke variabele zelf noemen we in deze context:

$s^2(Y)$ = $Var(Y)$ = de **geobserveerde variantie**

Tussen deze varianties bestaat altijd de volgende betrekking:

$Var(Y)$ = $Var(Y_{voorspeld})$ + $Var(residu)$

geobserveerde variantie = verklaarde variantie + onverklaarde variantie

De reden dat we hier opeens met varianties werken is dat de laatste som klinkt als een klok. Daar houden we van, in de statistiek. De formule is echter alleen geldig als je de spreiding meet met de varianties (dus als je *s* kwadrateert). Dus doen we dat.

Uit de voorgaande betrekking volgt logisch: **De verklaarde variantie is altijd kleiner dan of gelijk aan de geobserveerde variantie.** Waarom dat zo moet zijn, is ook te begrijpen door figuur 11.2 te bestuderen. De verklaarde variantie geeft aan wat de spreiding is van de punten op de regressielijn. Maar de geobserveerde punten steken daar nog onder- en bovenuit, dus hun spreiding moet groter zijn.

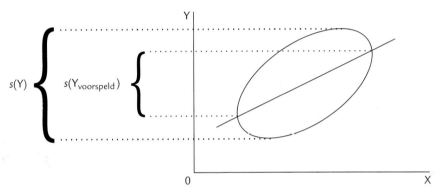

Figuur 11.2

Toelichting
In het voorbeeld van (Atqv,Bdv) is te zien dat de personen allemaal een andere score hebben op Bdv. De één is depressiever dan de ander. De mate waarin de personen van elkaar verschillen, mogen we uitdrukken met de geobserveerde variantie. Maar *waarom* hebben zij verschillende depressiescores?

Een mogelijke verklaring hiervoor is dat zij verschillend zijn qua hoeveelheid automatische negatieve gedachten (Atqv). Daar kun je behoorlijk depressief van worden, lijkt me. De gevonden regressievergelijking ondersteunt deze verklaring:

$$\text{voorspelde Bdv} = 7.777 + 0.1416 * \text{Atqv}$$

Als mensen variëren qua Atqv-score, dan leidt dat volgens deze formule automatisch tot variatie in de voorspelde Bdv-scores. Dat is ook te zien in de voorspelde scores die eerder zijn berekend. *De voorspelde scores zijn allemaal verschillend, en dat komt doordat de Atqv-scores allemaal verschillend zijn.* De variantie van de voorspelde Bdv-scores noemen we daarom de verklaarde variantie. Bij deze term gaan we er – nogal voorbarig – van uit dat automatische negatieve gedachten de oorzaak zijn van depressiviteit, en niet andersom – om maar een alternatief te noemen. Het zou neutraler zijn om te spreken van 'voorspelde variantie', maar dat is wat minder gebruikelijk.

De depressiescores zijn echter niet helemaal voorspelbaar uit automatische negatieve gedachten. Je kan ook depressief worden omdat je konijn dood is. Zo zijn er allerlei redenen waarom de werkelijke scores afwijken van de voorspelde scores. De één is wat droeviger dan verwacht (bijvoorbeeld omdat haar verkering net uit is), de ander is wat vrolijker dan verwacht (bijvoorbeeld omdat haar verkering net uit is). Deze zaken leiden tot het ontstaan van residuen. De residuen worden veroorzaakt door van alles en nog wat, behalve door Atqv. Daarom noemen we de variantie van de residuen de onverklaarde variantie.

Voorbeeld
In hoofdstuk 10 hebben we voor vijf personen de voorspelde scores en de residuen berekend. Op grond daarvan vinden we:

$$\text{Var}(Y) = s^2(22, 13, \ldots) = 18.800$$
$$\text{Var}(Y_{voorspeld}) = s^2(19.11, 15.85, \ldots) = 2.936$$
$$\text{Var}(residu) = s^2(2.89, -2.85, \ldots) = 15.864$$

En inderdaad zie je dat:

$$18.800 = 2.936 + 15.864$$

De *standaardafwijkingen* tellen niet mooi op, want $s(Y_{voorspeld}) = \sqrt{2.936} = 1.714$ en $s(residu) = \sqrt{15.864} = 3.983$, maar $1.714 + 3.983$ is niet gelijk aan 4.336.

Een veelgestelde vraag is waarom de varianties wel tot elkaar optellen, maar de standaardafwijkingen niet. Tja ... waarom is de aarde rond? Afgezien van een wiskundig bewijs (waar je vast niet op zit te wachten) kunnen we hooguit wat vage associaties opperen. Bij het berekenen van variantie hoef je slechts af te trekken, te vermenigvuldigen en op te tellen. Bij het berekenen van een standaardafwijking moet je ook nog worteltrekken, wat veel moeilijker is (als je geen rekenmachine hebt). Het ligt dus voor de hand dat varianties zich eenvoudiger gedragen dan standaardafwijkingen. Uit het feit dat de varianties optellen, volgt logisch dat de standaardafwijkingen niet optellen: als $a^2 + b^2 = c^2$ dan is in het algemeen $a + b \neq c$. Bijvoorbeeld $3^2 + 4^2 = 5^2$ maar $3 + 4 \neq 5$. Dat komt doordat worteltrekken en kwadrateren niet-lineaire (kromme) functies zijn.

In figuur 11.3 zie je nogmaals de diverse grootheden weergegeven. In dit plaatje zijn twee standaard-normaal verdeelde variabelen weergegeven. Hun correlatie is .80. De standaardafwijking van Y is 1. Dit is weergegeven met de zwarte pijl (midden). De standaardafwijking van $Y_{voorspeld}$ is $.80 = b = r$. Dit is weergegeven met de lichtgrijze pijl (rechts). De standaardafwijking van de residuen is .60. Dit is weergegeven met de donkergrijze pijl (links). Omdat de pijlen niet in elkaars verlengde liggen, kun je de standaardafwijkingen niet zomaar bij elkaar optellen: $.80 + .60 \neq 1$. Wonderlijk genoeg geldt dit wel voor de kwadraten: $.80^2 + .60^2 = 1$, maar dit kun je niet in het plaatje zien.

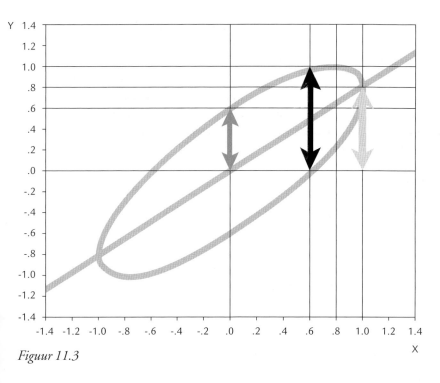

Figuur 11.3

11.7 Correlatie en proportie verklaarde variantie

De correlatie heeft veel te maken met de voorspelde variantie:

$$r^2 = \text{Var}(Y_{\text{voorspeld}}) / \text{Var}(Y)$$

Naar aanleiding van deze formule drukt men de sterkte van het verband tussen twee kwantitatieve variabelen vaak uit in r^2 in plaats van r. Dit noemt men de **proportie verklaarde variantie**. Het 'omgekeerde' getal, $1 - r^2$, wordt de **proportie onverklaarde variantie** genoemd. In het voorbeeld (Atqv,Bdv) zou men zeggen dat de proportie verklaarde variantie is:

$$r^2 = .3954^2 = .1563 = 15.63\%.$$

Dit betekent dan dat Var($Y_{\text{voorspeld}}$) gelijk is aan 15.63% van Var(Y). Verder kunnen we hieruit opmaken dat Var(residu) gelijk is aan het restant: 84.37% van Var(Y); de proportie onverklaarde variantie is .8437.

Toelichtingen
Wat maakt dit uit?
Door r te kwadrateren lijkt het verband veel zwakker. Een correlatie van .20 staat

voor slechts 4% verklaarde variantie. Een correlatie van .40 staat voor 16% verklaarde variantie. Daardoor zijn ook de verhoudingen anders. Zo kun je niet zeggen dat het verband bij een correlatie van .40 twee keer zo sterk is als bij een correlatie van .20. Het percentage verklaarde variantie is namelijk vier keer zo groot. Dat betekent dat je vier onafhankelijke predictoren met een correlatie van .20 nodig hebt om even goed te kunnen voorspellen als met één predictor die een correlatie van .40 heeft met de afhankelijke variabele.

Waarom spreekt men hier van percentages?
De getallen 15.63 en 84.64 *gedragen* zich als percentages: ze tellen op tot 100. Daarom *noemt* men ze ook percentages. Het zijn geen echte percentages.

Waarom heeft men het over r^2 in plaats van r zelf?
De regel over het optellen tot 100% geldt alleen als we met r^2 en de varianties werken. Het geldt niet als we met ongekwadrateerde r en de standaardafwijkingen werken. Daarom mag je ongekwadrateerde r niet 'de proportie verklaarde standaardafwijking' noemen.

Waarom spreekt men van 'verklaarde' en 'onverklaarde' variantie?
We willen verklaren waarom sommige mensen een hogere Bdv-score hebben dan andere mensen. We willen dus verklaren waarom er variatie is in de Bdv-scores. De verklaring die we daarvoor geven, is dat sommige mensen een hogere Atqv-score hebben dan andere mensen. Dat deze verklaring deels klopt, zie je aan het feit dat de voorspelde Bdv-scores verschillend zijn. Dat meet je met $\text{Var}(Y_{voorspeld})$.

De verklaring is echter onvolledig. Anders zouden we de Bdv-scores immers perfect moeten kunnen voorspellen. En dat is niet zo. Kennelijk zijn er ook nog andere factoren die de Bdv-scores bepalen. Die andere factoren leiden tot het onstaan van residuen. Een deel van de variatie in Bdv blijft dus onverklaard. Dat meet je met Var(residu).

Voorbeelden
1 BDI en ATQ
In het voorbeeld van de Bdv en de Atqv hadden we gevonden dat $r = .3954$ en $s(\text{Bdv}) = 4.336$. Dus:

r^2 = .1563
Var(Y) = 18.80

Daaruit mogen we concluderen dat:

$\text{Var}(Y_{voorspeld})$ = .1563 ∗ 18.80 = 2.938

Omdat de varianties optellen, volgt:

Var(residu) = 18.80 - 2.938 = 15.862

Dat stemt overeen met onze eerdere berekeningen (het verschil in de derde decimaal is een gevolg van tussentijdse afrondingen). Om de verklaarde en onverklaarde variantie te berekenen, is het dus niet per se nodig de voorspelde scores en de residuen allemaal in te voeren. Je kan het sneller berekenen uit r^2 en Var(Y), via de bovenstaande formule.

2 Stemmingmakerij
In het echte stemmingmakerijonderzoek werden allerlei variabelen gemeten. In tabel 11.1 hebben we van enkele variabelen berekend hoe groot hun correlatie is met depressiviteit op de voormeting.

Tabel 11.1

	Correlatie met BDI bij voormeting
automatische gedachten	.768
jezelf waarderen	-.062
General Health Questionnaire	.748
sociale-steunperceptie	-.359

Deze correlaties nopen je wellicht enige privé-theorieën bij te stellen: depressiviteit heeft niks te maken met zelfwaardering. Dit laatste kunnen we stellen omdat de correlatie van -.062 overeenkomt met een proportie verklaarde variantie van minder dan een half procent.

Als je het belang van de diverse variabelen wil vergelijken, dan moet je de correlaties kwadrateren. Dus, automatische negatieve gedachten zijn 4.58 keer zo belangrijk als sociale-steunperceptie, want $.768^2 = 4.58 * (-.359)^2$.

11.8   Correlatie en causaliteit

Als X invloed heeft op Y, dan zal dat leiden tot een correlatie tussen X en Y. Zo zijn leeftijd en lichaamslengte bij kinderen hoog gecorreleerd.

Omgekeerd mag je uit een correlatie tussen X en Y echter niet zomaar concluderen dat X invloed heeft op Y. De correlatie zou ook kunnen reflecteren dat Y invloed heeft op X. Ook zou de correlatie kunnen reflecteren dat er een verborgen variabele Z is die invloed heeft op zowel X als Y. De term 'verklaarde variantie' is dus nogal voorbarig.

Een klassiek voorbeeld is dat er een correlatie van .95 werd gerapporteerd tussen het aantal inwoners van Oldenburg, Duitsland, en het aantal ooievaars dat daar werd gesignaleerd in de jaren 1930-1936 (Box, Hunter & Hunter, 1978). Toch dumpen baby's van alles, behalve ooievaars.

Veel mensen zeggen: 'Uit een correlatie tussen X en Y mag je nooit concluderen dat er een causaal verband is.' Dat is een domme uitspraak. Je mag het 'niet zomaar' concluderen. Dat is iets anders dan 'nooit'. Als X experimenteel is gemanipuleerd, mag je uit een correlatie tussen X en Y wel degelijk concluderen dat X invloed heeft op Y!

Nu worden correlaties in de praktijk *meestal* berekend in onderzoeken waarin X niet experimenteel is gemanipuleerd. Dan mag je inderdaad niet concluderen dat er een causaal verband is. Maar dat komt niet door het soort berekening dat er is gemaakt (een correlatie). Het komt door de manier waarop de data zijn verkregen (geen experiment).

12 Visualiseren

12.1 Inleiding

Achtergrond
In de literatuur en in statistiekonderwijs wordt vaak gebruikgemaakt van spreidingsdiagrammen. Het is dus handig als je ze kan 'lezen'.

Doel
Na bestudering van dit hoofdstuk en het maken van de bijbehorende opgaven, kun je op grond van een spreidingsdiagram een schatting geven van de regressielijn, de hellingscoëfficiënt, het intercept, de correlatie, de mate van lineariteit, de invloedrijke waarnemingen, de gemiddelden en de standaardafwijkingen. Ook kun je twee spreidingsdiagrammen hierop vergelijken.

12.2 Schatten van regressie en correlatie

De informatie voor het bovenstaande heb je al gehad. Het is nu een kwestie van oefenen en puntjes op de i zetten. Ter illustratie bekijken we de twee spreidingsdiagrammen in figuur 12.1.

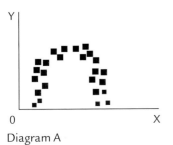
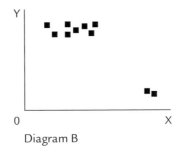

Diagram A   Diagram B
Figuur 12.1a-b

Om ze te vergelijken, teken je in beide diagrammen de regressielijn. Dat ziet er dan uit zoals in figuur 12.2.

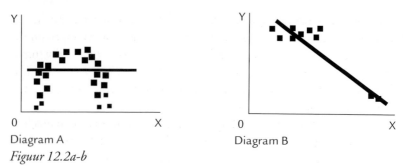

Diagram A
Diagram B
Figuur 12.2a-b

We concluderen dan:
- Het intercept is groter bij diagram B (deze lijn snijdt de *y*-as op een hoog punt).
- De hellingscoëfficiënt is groter bij diagram A (daar is hij 0, bij B is hij negatief).
- De correlatie is groter bij diagram A (daar is hij 0, bij B is hij negatief).
- De relatie is bij diagram A niet lineair, bij B wel (je hebt te weinig data om redelijk zeker te zijn van het tegendeel; maar dit is een twijfelgeval omdat het patroon toch tamelijk duidelijk non-lineair lijkt).
- Er zijn invloedrijke waarnemingen bij diagram B.

12.3 Het regressie-effect

Het regressie-effect is de verzamelnaam voor een aantal tegen-intuïtieve verschijnselen die het gevolg zijn van de relatie tussen de correlatie en de hellingscoëfficiënt. Zoals vermeld is deze relatie:

$$b = r * s_y / s_x$$

Bij gelijkblijvende standaardafwijkingen neemt de hellingscoëfficiënt dus af als de correlatie kleiner wordt. Daardoor is in spreidingsdiagrammen met een kleine correlatie de hellingscoëfficiënt kleiner dan je in eerste instantie misschien zou denken. Dit is geïllustreerd in de diagrammen van figuur 12.3.

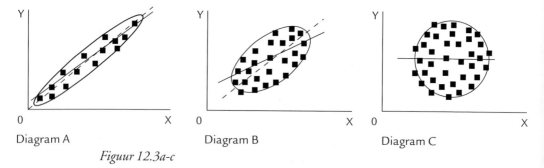

Diagram A
Diagram B
Diagram C
Figuur 12.3a-c

De regressielijn is de gesloten lijn, terwijl je misschien zou denken dat het de onderbroken lijn is. Bij diagram C moet de regressielijn horizontaal lopen omdat er geen toename is van Y als X toeneemt. Bij diagram B moet de regressielijn tussen die van de diagrammen A en C in liggen, en dat is dus wat vlakker dan de hoofdas van de ellips (de onderbroken lijn). Dus: De hellingscoëfficiënt is bij A groter dan bij B. Het intercept is bij A kleiner dan bij B.

Dat mensen geneigd zijn om de helling van de regressielijn te groot in te schatten, komt doordat zij geneigd de lijn zo te trekken dat de afstanden van de punten tot de lijn het kleinst zijn. Daarbij nemen zij – zoals ieder weldenkend mens zou doen – de afstanden loodrecht op de lijn. De lijn die die afstanden minimaliseert, is de hoofdas van de ellips (diagram B1 in figuur 12.4). In de regressierekening wordt echter gekeken naar de fouten in de voorspelling van Y, en dat zijn de verticale afstanden. Als je die bekijkt voor de hoofdas, dan zie je dat die afstanden linksboven groter zijn dan linksonder, en rechtsboven juist kleiner dan rechtsonder (diagram B2). Daardoor zal de lijn enigszins draaien als je hem met verticale elastiekjes aan de punten verbindt. Het resultaat is de echte regressielijn, die de verticale afstanden minimaliseert (diagram B3).

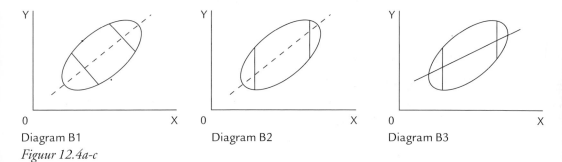

Diagram B1   Diagram B2   Diagram B3
Figuur 12.4a-c

In figuur 12.5 zie je het regressie-effect geïllustreerd voor de Bdv (horizontaal) en de Bdn (verticaal) bij de controlegroep. Omdat het metingen met dezelfde test betreft, zou je verwachten dat $b = 1$. Immers, er verandert toch niks? Maar doordat depressiviteit kennelijk nogal instabiel is, geldt $b = 0.425$.

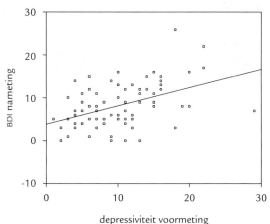

Figuur 12.5

Het regressie-effect heeft soms misleidende gevolgen. Een beroemd voorbeeld is dit. Zoals je weet is het IQ van kinderen positief gecorreleerd met het IQ van hun ouders. Godzijdank is die correlatie kleiner dan 1. Daardoor is ook b kleiner dan 1. Dus intelligente ouders krijgen kinderen die gemiddeld minder intelligent zijn dan de ouders zelf, hoewel nog steeds intelligenter dan de kinderen van domme ouders. En domme ouders krijgen kinderen die gemiddeld minder dom zijn dan de ouders, hoewel nog steeds dommer dan de kinderen van intelligente ouders.

Maar stel nu dat een onderzoeker wil weten wat het effect is van intelligente ouders op kinderen, en daartoe uitsluitend intelligente ouders bestudeert. Dat ligt best voor de hand, want hij is geïnteresseerd in intelligentie, niet in domheid. Dus bestudeert hij intelligente mensen. Welnu, deze onderzoeker zal constateren dat kinderen gemiddeld minder intelligent zijn dan hun ouders. En aangezien die kinderen op hun beurt later ouders worden, zullen de kleinkinderen nog dommer zijn, enzovoort. Dus de mensheid wordt steeds dommer?

De fout in deze redenering is dat er geen domme mensen worden bestudeerd. Dan zou je vinden dat hun nakomelingen elke generatie intelligenter worden. Van beide groepen komt iedere generatie dichter bij het gemiddelde te liggen. Vandaar dat men ook wel spreekt van *regressie naar het gemiddelde*. Dat is een andere manier om te zeggen dat het effect van de eerste generatie uitdooft. Na een aantal generaties zijn de nakomelingen van de aanvankelijke groepen nauwelijks meer van elkaar te onderscheiden. De regressielijn voor het voorspellen van de intelligentie van nakomelingen in de n-de generatie uit de intelligentie van ouders van de eerste generatie ligt dan bijna horizontaal. De bijbehorende correlatie is dan ongeveer 0.

De moraal van het verhaal is: als je wilt bestuderen wat het effect van X is, dan moet je niet alleen X bestuderen maar ook afwezigheid van X.

12.4 Bepalen van lineariteit

In paragraaf 9.7 is al besproken hoe je lineariteit moet beoordelen, en dat is nog steeds geldig. Bij visualiseringsopgaven blijkt echter dat dit soms nog niet helemaal goed begrepen is en dat sommige studenten op eigen houtje het begrip strenger maken dan de bedoeling is. Een aantal misverstanden zijn:
- dat een kleine correlatie betekent dat het verband minder lineair is;
- dat een kleine hellingscoëfficiënt betekent dat het verband minder lineair is;
- dat een verschil in spreiding van de residuen betekent dat het verband minder lineair is.

Het lijkt erop dat sommigen geneigd zijn het spreidingsdiagram met $r = 1$ te zien als het stereotype van de perfect lineaire relatie, en elke afwijking daarvan te bestempelen als 'minder' lineair. Dat is onjuist. Weet jij wat lineariteit is? Beoordeel dan nu bij figuur 12.6 welke spreidingsdiagrammen hiervan perfect lineair zijn. Doe dat vóór je verder leest.

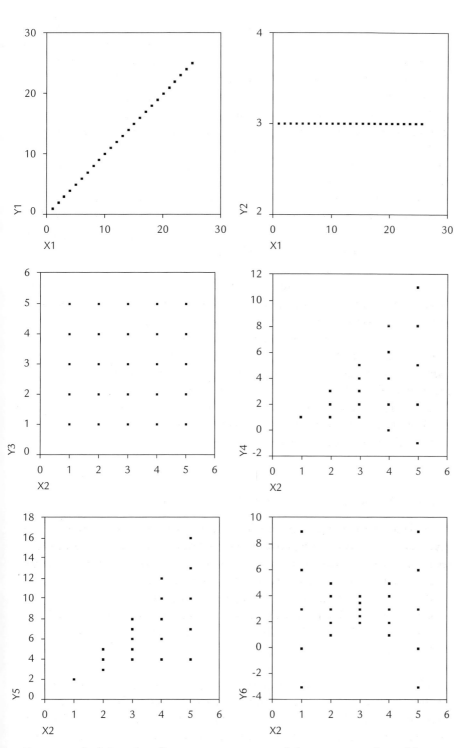

Figuur 12.6a-f Spreidingsdiagrammen waarvan je de lineariteit moet beoordelen

Daar zaten een paar interessante gevallen bij, nietwaar? Want als het goed is, heb je dit ontdekt: alle spreidingsdiagrammen van figuur 12.6 zijn *perfect* lineair. In alle gevallen liggen de 'bandgemiddelden' namelijk precies op een rechte lijn. Dus als de vraag is bij welke van deze diagrammen de relatie het meest lineair is, dan moet je antwoorden dat ze allemaal even lineair zijn.

Ook de eerder beschouwde diagrammen van figuur 11.1 zijn allemaal lineair. In die gevallen liggen de bandgemiddelden weliswaar niet precies op een rechte lijn, maar een rechte lijn is wel de beste beschrijving. In feite zijn al die diagrammen gemaakt door een grote steekproef te nemen uit een populatie waarin het verband perfect lineair was. En daar gaat het om: of redelijkerwijs kan worden geloofd dat het verband in de populatie lineair is.

12.5 Geschatte correlatie versus echte correlatie

Als je de spreidingsdiagrammen in figuur 11.1 goed hebt bestudeerd, is het je wellicht opgevallen dat r al behoorlijk groot is als er nog nauwelijks een verband zichtbaar is. Als mensen de sterkte van een verband moeten aangeven op een schaal van 0 tot 1, noemen ze meestal een veel kleiner getal dan de correlatie. Nisbett & Ross (1980) beschrijven een onderzoek waaruit bleek dat de sterkte van het verband zoals mensen dat inschatten, beter wordt beschreven door de zogenaamde coëfficiënt van vervreemding (*coefficient of alienation*), gegeven door:

$$1 - \sqrt{1 - r^2}$$

In figuur 12.7 is weergegeven hoe deze coëfficiënt afhangt van de correlatie. Dat is weergegeven door de onderste, dikke lijn. In de figuur zie je dat deze altijd aanzienlijk kleiner is dan de correlatie (de bovenste, rechte lijn), behalve als die zeer dicht bij 0 of 1 ligt. Ook kun je zien dat een correlatie van .50, die in de psychologie meestal als een sterk verband geldt, door mensen gevoelsmatig wordt ingeschat als een vrij zwak verband. Gemiddeld zouden mensen de sterkte van zo'n verband op .13 schatten (hoewel de spreiding in zulke schattingen extreem groot is). En omgekeerd, als mensen in een artikel lezen dat een correlatie .50 is, stellen ze zich daar waarschijnlijk een verband bij voor dat eigenlijk hoort bij $r = .87$. Het werkelijke verband is veel zwakker dan wat zij zich erbij voorstellen.

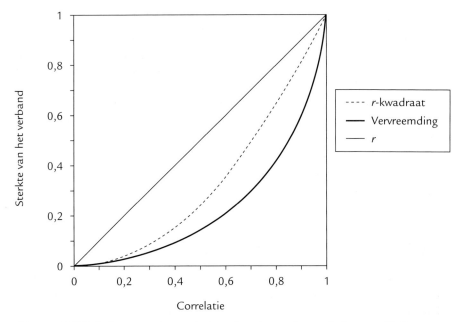

Figuur 12.7 Relatie tussen de correlatie, gekwadrateerde correlatie en coëfficiënt van vervreemding

13 Samenhang tussen twee kwalitatieve variabelen

13.1 Inleiding

Achtergrond
Als twee variabelen kwalitatief zijn, heeft het geen zin een correlatie te berekenen. Er is namelijk geen enkele reden om te verwachten dat de scores rond een rechte lijn zullen liggen. In dat geval dient het elementaire rapport een andere vorm te hebben, die we nu bespreken.

Doel
Na het bestuderen van dit hoofdstuk en het maken van de opgaven, ben je in staat een elementair rapport te maken van de samenhang van twee kwalitatieve variabelen.

13.2 Elementair rapport

We spreken af dat een elementair rapport van de samenhang tussen twee variabelen de volgende punten bevat als beide variabelen kwalitatief zijn:
- het design
- de kruistabel
- de voorwaardelijke verdelingen
- het gesegmenteerd staafdiagram
- een beoordeling van de sterkte van samenhang

We zullen deze zaken bespreken met het volgende voorbeeld.

13.3 Voorbeeld van data en vraagstelling

Stel dat je een aantal jongeren vraagt of zij studeren (ja of nee) en naar welk café ze liever gaan (De Fuik of Sjors & Sjimmie). De data zien er dan misschien uit zoals in tabel 13.1.

Tabel 13.1

Persoon	Studie	Café
1	student	Fuik
2	niet-student	Sjors & Sjimmie
3	student	Sjors & Sjimmie
4	student	Fuik
5	niet-student	Sjors & Sjimmie
6	student	Fuik

De vraag is of het voorkeurscafé samenhangt met al dan niet studeren.

13.4 Design

In het design geef je aan:
- de afhankelijke variabele, en zijn meetniveau en categorieën;
- de onafhankelijke variabele, en zijn meetniveau en categorieën.

Om de analyse van het huidige hoofdstuk te mogen toepassen, dienen beide variabelen kwalitatief te zijn.

Voorbeeld
In het voorbeeld is het design:

    afhankelijke variabele   = Café (kwalitatief: De Fuik, Sjors & Sjimmie)
    onafhankelijke variabele = Studie (kwalitatief: student, niet-student)

We gaan er hierbij van uit dat het al dan niet student-zijn invloed heeft op het café dat men kiest. Dit is een *keuze* voor een bepaald theoretisch perspectief. Wie weet is het in werkelijkheid andersom, en leidt naar Sjors & Sjimmie gaan ertoe dat men ophoudt met studeren.

13.5 De kruistabel

Een kruistabel maak je door voor elke mogelijke combinatie van scores te tellen hoe vaak die combinatie voorkomt. De resulterende frequenties zet je in een overzichtelijke tabel. Houdt in het onderstaande voor de duidelijkheid als regel aan dat je de afhankelijke variabele verticaal laat variëren en de onafhankelijke variabele horizontaal (net als in een spreidingsdiagram). Dit is een advies, geen wet.

Voorbeeld

Tabel 13.2

		Studie	
		student	niet-student
Café	De Fuik	3	0
	Sjors & Sjimmie	1	2

Zie tabel 13.2. Dit noem je een kruistabel van *Café* (De Fuik of Sjors & Sjimmie) bij *Studie* (student of niet-student) en niet een kruistabel van 'ja bij de Fuik' of zoiets. In plaats van 'bij' mag er ook staan 'versus' of '×'. Hoewel er staat 'De Fuik of Sjors & Sjimmie' betekent dit dat in de kruistabel De Fuik én Sjors & Sjimmie moeten staan. Het betekent niet dat je mag kiezen over welk café je de opgave maakt. Verder is de frequentie van studenten *gesommeerd over* cafés gelijk aan 3 + 1 = 4.

13.6 De voorwaardelijke verdelingen

De voorwaardelijke verdelingen bepaal je door de frequenties om te zetten in percentages. Dat moet je doen per niveau van de onafhankelijke variabele. Dat wil zeggen: per kolom (verticaal). Niet de andere percentages!

Voorbeeld
De voorwaardelijke verdelingen zijn berekend in tabel 13.3.

Tabel 13.3

		Studie	
		student	niet-student
Café	De Fuik	75%	0%
	Sjors & Sjimmie	25%	100%

In elke kolom tellen de percentages op tot 100. De keuze om Studie als onafhankelijke variabele te zien, bepaalt welke percentages we moeten berekenen. Hadden we Café als onafhankelijke variabele gekozen, dan zouden we andere percentages hebben gekregen.

13.7 Het gesegmenteerde staafdiagram

Het gesegmenteerd staafdiagram is een visuele weergave van de voorwaardelijke verdelingen. Deze moet uiteraard een legenda en as-titels bevatten, inclusief variabelenamen en niveaus.

Voorbeeld

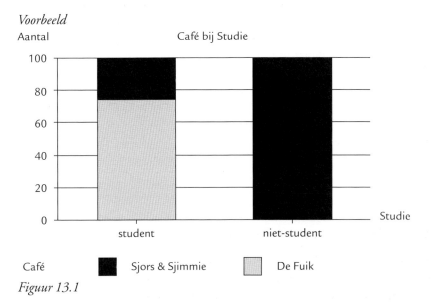

Figuur 13.1

13.8 Beoordeling onafhankelijkheid

Als de voorwaardelijke verdelingen gelijk zijn (dus als de staven in het diagram er hetzelfde uitzien), dan zijn de twee variabelen onafhankelijk. Anders is er samenhang tussen de twee variabelen. Als er samenhang is, kan die nog 'sterk' of 'zwak' zijn. Daarvoor zijn allerlei coëfficiënten bedacht: Pearsons χ^2, Pearsons φ, Cramers V, Cramers φ, Yules Q, Goodman-Kruskals λ en γ, Cohens κ. Wat moeten we daar nou mee? We dachten dat je maar op je gezonde verstand moet vertrouwen. Als je dat niet hebt, is het wat mij betreft wel genoeg om als vuistregel te nemen dat de samenhang sterk is, als er twee percentages zijn die gelijk zouden moeten zijn, maar die toch meer dan 20 of zo van elkaar verschillen. Voor de grap noemen we dit de Ellis-Geerts⸙ (= het foneem tpnm uit het Yélî Dnye, de taal van de 3500 inwoners van Rossel Island in Papua Nieuw Guinea, die geen enkele bekende verwantschap heeft met andere talen, zodat we je niet kunnen vertellen hoe je dit moet uitspreken, en we hem dus maar de 'dinges' noemen).

Voorbeeld
De twee staven zijn niet identiek, dus er is samenhang. Café hangt samen met Studie, omdat 75% niet gelijk is aan 0%, en ook omdat 25% niet gelijk is aan 100%.

Dat 75% ongelijk is aan 25% doet echter niet ter zake. De samenhang is sterk. (Gezien de kleine steekproef moet je deze percentages natuurlijk met een flinke korrel zout nemen. Hoe groot die korrel zout is zul je pas in deel 4 van deze serie leren.)

13.9 Samenvatting: elementair rapport van samenhang

Design: afhankelijke variabele = Café (kwalitatief: De Fuik, Sjors & Sjimmie)
onafhankelijke variabele = Studie (kwalitatief: student, niet-student)

Kruistabel:

Tabel 13.4

		Studie	
		student	niet-student
Café	De Fuik	3	0
	Sjors & Sjimmie	1	2

Voorwaardelijke verdelingen:

Tabel 13.5

		Studie	
		student	niet-student
Café	De Fuik	75%	0%
	Sjors & Sjimmie	25%	100%

Gesegmenteerd staafdiagram:

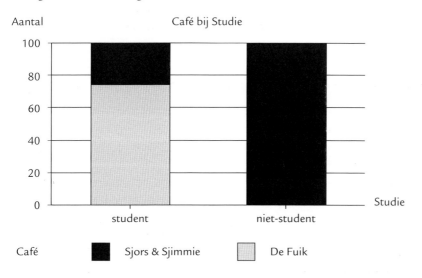

Figuur 13.2

Beoordeling onafhankelijkheid: De voorwaardelijke verdelingen zijn niet identiek, dus er is samenhang. Gezien het verschil 0% versus 75% is de samenhang sterk te noemen.

14 Suppressie en de paradox van Simpson

14.1 Inleiding

Achtergrond

De keuze van een onderzoekspopulatie heeft invloed op de samenhang die je zult vinden. Daarom is het vaak verstandig om in een data-analyse uit te splitsen naar verschillende subgroepen. Met name is het zinvol om uit te splitsen op grond van een verborgen variabele die als 'storend' kan worden gezien. Welke gevolgen kan dat hebben voor de conclusies?

Doel

Na het bestuderen van dit hoofdstuk en het maken van de opgaven, kun je bij gegeven data, spreidingsdiagram of kruistabel, met een gegeven indeling in subgroepen beoordelen of de paradox van Simpson optreedt. Bij een gegeven kruistabel kun je zelf een voorbeeld verzinnen van een verborgen variabele die wellicht tot de paradox leidt. Ook kun je een numeriek voorbeeld verzinnen waarin de paradox optreedt.

14.2 De paradox van Simpson

De paradox van Simpson of suppressie houdt in dat de samenhang tussen X en Y in de totale groep de omgekeerde richting heeft als in elk van twee of meer subgroepen (Scarsini & Spizzichino, 1999). Dat gebeurt soms als de subgroepen worden uitgesplitst op een derde variabele Z. Daarbij kunnen X en Y zowel kwantitatief als kwalitatief zijn, hoewel men de paradox meestal bij binaire variabelen bespreekt. De paradox kan alleen optreden als Z samenhangt met zowel X als Y.

Als de paradox van Simpson optreedt, is het moeilijk te zeggen welke richting de samenhang heeft. Dat hangt ervan af in welke groep je het bekijkt. Het gevaar is dan dat de onderzoeker denkt dat X een positieve invloed heeft op Y, terwijl hij had moeten uitsplitsen op Z en dan een negatieve correlatie had gevonden (of omgekeerd). Dat men moet uitsplitsen op storende variabelen is gemakkelijker gezegd dan gedaan, want er zijn in het algemeen heel veel variabelen die voor de rol van Z in aanmerking komen. Die kun je niet allemaal meten en degene die je meet, wil je niet allemaal onderzoeken. Dus vaak zal het optreden van de paradox verborgen blijven.

14.3 De paradox van Simpson bij kwantitatieve variabelen

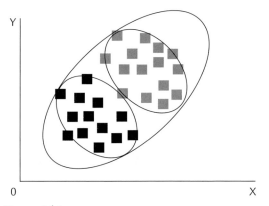

Figuur 14.1

Voor kwantitatieve variabelen treedt de paradox van Simpson op wanneer het spreidingsdiagram eruitziet zoals figuur 14.1. In dit diagram zijn de subjecten van de ene subgroep (zwart) omgeven door de ene kleine ellips, de subjecten van de andere subgroep (grijs) zijn omgeven door de andere kleine ellips. In beide subgroepen is de correlatie negatief. Maar in de totale groep (grote ellips) is de correlatie positief. Dat is de paradox van Simpson.

Voorbeeld
Hoewel het er in een figuur tamelijk vanzelfsprekend uitziet, wordt deze mogelijkheid door psychologen en onderzoekers vaak over het hoofd gezien wanneer zij redeneren over inhoud. Stel je maar eens voor dat het in figuur 14.1 gaat over de relatie tussen tv-kijken (X) en agressie (Y) bij kinderen. In de totale groep wordt dan gevonden dat veel tv-kijken samengaat met een hogere agressiviteit. Mensen die horen dat er zo'n verband is gevonden, zullen daar waarschijnlijk allerlei theorieën op loslaten over hoe televisie agressie aanmoedigt. Slechts weinigen zullen zich realiseren dat het verband zou kunnen omdraaien wanneer men de jongens en de meisjes apart bekijkt. Toch is dat wat er zou gebeuren als in deze figuur de zwarte punten meisjes zijn en de grijze stippen jongetjes zijn. De variabele (Z) waar men dan op uitsplitst, is het geslacht van het kind.

In het spreidingsdiagram is te zien dat de paradox van Simpson alleen kan optreden als de ene groep verder naar rechts *en* verder naar boven ligt. Dat de ene groep verder naar rechts ligt, betekent dat X samenhangt met Z. In het voorbeeld zou dit betekenen dat jongetjes gemiddeld vaker tv-kijken dan meisjes. Dat de ene groep verder naar boven ligt, betekent dat Y samenhangt met Z. In het voorbeeld zou dat betekenen dat jongetjes gemiddeld agressiever zijn dan meisjes. Deze twee samenhangen veroorzaken in de totale groep een positieve correlatie op de volgende manier:

Kinderen die bovengemiddeld veel tv-kijken, zijn overwegend jongetjes, en daardoor bovengemiddeld agressief. Niet doordat ze veel tv-kijken, maar doordat ze een jongetje zijn. Als dat inderdaad het patroon is, heeft het natuurlijk weinig zin het tv-kijken van kinderen te beperken – tenzij je denkt dat ze daardoor een meisje worden.

14.4 De paradox van Simpson bij kwalitatieve variabelen

Ook bij samenhang tussen kwalitatieve variabelen, dus in kruistabellen, kan de paradox van Simpson optreden. Het achterliggende principe hiervan kan worden verduidelijkt door eerst nog even te kijken naar kwantitatieve variabelen. In figuur 14.2 staat het spreidingsdiagram van figuur 14.1 nogmaals getekend, maar nu met twee extra lijnen, die beide door het midden van de totale puntenwolk gaan.

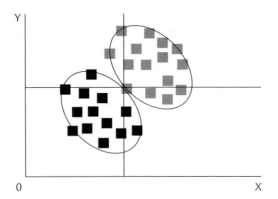

Figuur 14.2

Stel nu dat we de kwantitatieve variabelen X en Y beide omzetten in *kwalitatieve* variabelen. Dat kan door beide variabelen te verdelen in 'hoog' en 'laag' langs de getekende lijnen. De verticale lijn geeft aan waar de grens wordt gelegd tussen 'hoog' en 'laag' voor X. De horizontale lijn geeft aan waar voor Y de grens wordt gelegd tussen 'hoog' en 'laag'. De nieuwe variabele X heeft alleen nog maar de niveaus 'hoog' en 'laag' en is daarom nu kwalitatief. Hetzelfde geldt voor Y. Bij deze nieuwe, kwalitatieve variabelen treedt nog steeds de paradox van Simpson op. Om dat te zien, moet je de samenhang onderzoeken in de subgroepen en in de totale groep. Omdat het nu om kwalitatieve variabelen gaat, moet je dus kruistabellen maken. Dat doe je door in ieder kwadrant te tellen hoeveel punten er in liggen, voor beide subgroepen apart. Als je daar kruistabellen van maakt, krijg je tabel 14.1 en tabel 14.2.

Bijvoorbeeld: In het kwadrant linksboven ligt één zwart punt. Dus in de kruistabel voor zwart (tabel 14.1) komt in cel 'Y hoog en X laag' te staan dat deze frequentie 1 is. Analoog: In het diagram liggen in het kwadrant linksonder tien zwarte punten. Dus in tabel 14.1 komt in de cel 'Y laag en X laag' te staan dat deze frequentie 10 is. Ga nu na of je dit zelf ook kan voor de grijze punten en controleer of je antwoorden overeenstemmen met tabel 14.2.

Suppressie en de paradox van Simpson

Tabel 14.1 Kruistabel in de subgroep met Z = 1 (zwarte stippen)

	X laag	X hoog
Y hoog	1	0
Y laag	10	2

Tabel 14.2 Kruistabel in de subgroep met Z = 2 (grijze stippen)

	X laag	X hoog
Y hoog	2	9
Y laag	0	4

Deze twee kruistabellen vormen samen een zogenaamde driedimensionale kruistabel (de eerste dimensie is Y in de rijen; de tweede dimensie is X in de kolommen; de derde dimensie is Z in de lagen). De kruistabel van de totale groep krijg je door deze twee kruistabellen op te tellen. Dat is gedaan in tabel 14.3.

Tabel 14.3 Kruistabel in de totale groep (grijze en zwarte stippen samen)

	X laag	X hoog
Y hoog	3	9
Y laag	10	6

In deze laatste kruistabel heeft de samenhang de omgekeerde richting als in de twee eerdere tabellen. Dat kun je zien door de voorwaardelijke verdelingen te maken. Deze staan in tabellen 14.4, 14.5 en 14.6.

Tabel 14.4 Voorwaardelijke verdelingen in de subgroep met Z = 1 (zwarte stippen)

	X laag	X hoog
Y hoog	9.09%	0.00%
Y laag	90.91%	100.00%

Tabel 14.5 Voorwaardelijke verdelingen in de subgroep met Z = 2 (grijze stippen)

	X laag	X hoog
Y hoog	100.00%	69.23%
Y laag	0.00%	30.77%

Tabel 14.6 Voorwaardelijke verdelingen in de totale groep (grijze en zwarte stippen samen)

	X laag	X hoog
Y hoog	23.08%	60.00%
Y laag	76.92%	40.00%

In de tweede rij van tabel 14.4 zie je: Als X veranderd van laag naar hoog, daalt het percentage hoge Y's van 9.09% naar 0%. In deze subgroep (zwart) is er dus een *negatieve* samenhang tussen X en Y. Analoog zie je in tabel 14.5 dat als X van laag naar hoog gaat, dat het percentage hoge Y's dan daalt van 100% naar 69.23%. Ook in deze subgroep (grijs) is er dus een *negatieve* samenhang tussen X en Y. Maar als je nu naar de totale groep (zwart en grijs samen) kijkt, dan zie je het omgekeerde. In tabel 14.6 blijkt dat als X van laag naar hoog gaat, het percentage hoge Y's toeneemt van 23.08% naar 60.00%. In deze tabel is er dus een *positieve* samenhang tussen X en Y. Dat is de paradox van Simpson.

Kruistabellen waarin de paradox van Simpson optreedt, hebben in het algemeen het patroon van tabel 14.7.

Tabel 14.7

groep 1

midden	groot
klein	midden

groep 2

midden	klein
groot	midden

In beide subgroepen staan de grootste en de kleinste frequentie dus schuin tegenover elkaar, en waar bij de ene subgroep de kleinste frequentie staat, staat bij de andere subgroep juist de grootste. De paradox treedt daarbij alleen op als de grootste frequentie groot genoeg en de kleinste frequentie klein genoeg is ten opzichte van de middelste frequenties.

Voorbeeld
Om te begrijpen wat er zo raar aan is, helpt het ook hier misschien om je concrete variabelen voor te stellen. Je zou daarvoor weer het voorbeeld van tv-kijken en agressie kunnen nemen, maar voor de afwisseling neem ik een ander voorbeeld. Stel bijvoorbeeld dat X = Rijkdom (laag = arm, hoog = rijk) en Y = Geluk (laag = ongelukkig, hoog = gelukkig), en Z = het land waarin iemand woont (zwart = Suriname, grijs = Nederland). Dan suggereert tabel 14.1:

Als je in Suriname gelukkig wilt zijn, kun je maar beter arm blijven; dan maak je ten minste nog enige kans, maar als je rijk bent zul je zeker ongelukkig zijn.

Tabel 14.2 suggereert:

Als je in Nederland gelukkig wil zijn, kun je maar beter arm blijven; dan ben je zeker gelukkig, maar als rijke persoon ben je daar niet zo zeker van.

In beide landen geldt dus dat rijkdom en geluk moeilijk samengaan. Maar als je naar de totale tabel 14.3 kijkt, dan zou je eerder denken:

Als je in Nederland of Suriname gelukkig wil zijn, moet je proberen rijk te worden, want dan heb je een veel hogere kans om gelukkig te worden.

Dat laatste is iets wat je niet zo snel zou verwachten als je de eerste twee tabellen hebt gezien. Maar het kan dus wel.

Wat moet je nou geloven? Misschien moet je alledrie de suggesties *niet* geloven. Deze suggesties zijn namelijk gebaseerd op de aanname dat de samenhang een causaal verband reflecteert, en dat is nog maar de vraag. De data zouden ook dit kunnen betekenen: Als je gelukkig wil zijn, kun je beter in Nederland gaan wonen. Dan wordt je waarschijnlijk rijk en gelukkig. Let wel, ook dit is slechts één van de mogelijke verklaringen. Het is geen feit. Het is geen feit omdat het gaat over een situatie waarin je eventueel naar een ander land zou verhuizen, terwijl de data gaan over mensen die niet verhuizen. Je denkt misschien dat dat weinig uitmaakt, maar dat kun je niet *waarnemen* en het is dus geen feit.

14.5 Processen die de paradox van Simpson veroorzaken

De paradox van Simpson lijkt misschien wat vergezocht, maar hij komt vaker voor dan je misschien denkt. Dat komt doordat hij soms door mensen wordt gecreëerd wanneer ze het effect van de ene variabele compenseren met een andere variabele.

Toelichting
Uit de voorgaande paragrafen kan de volgende conclusie worden getrokken: *de paradox van Simpson kan alleen optreden als X en Y beide samenhangen met Z.* Dat kan onder andere als Z een gemeenschappelijke oorzaak (storende variabele) is, of als Z een intermediërende variabele is. Op een wat abstracte manier kun je dit voorstellen met een causaal diagram zoals in figuur 14.3. In figuur 14.3a is Z een gemeenschappelijke oorzaak, in figuur 14.3b is Z intermediërend. In beide gevallen kun je stellen dat X en Z elkaar gedeeltelijk compenseren.

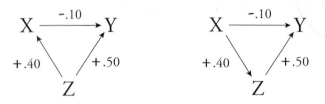

Figuur 14.3a-b

Hoe leiden deze causale relaties tot de paradox? Het gaat daarbij om de correlatie tussen X en Y. In subgroepen waarin Z constant is, is die correlatie in dit voorbeeld *negatief* ($r = -.10$). In de totale groep, waarin Z varieert, wordt de samenhang ook bepaald doordat Z een gemeenschappelijke oorzaak of intermediërende variabele is voor X ($r = .40$) en Y ($r = .50$). Daardoor wordt de correlatie tussen X en Y groter. De toename in de correlatie is $.40 * .50 = .20$ (dat het precies deze formule is, moet je maar even geloven). De correlatie wordt dan $r = -.10 + .20 = .10$. In de totale groep is de correlatie dus *positief*. Dus de paradox treedt hier op.

Voorbeeld
Een voorbeeld daarvan is als mensen een achterstand in voorkennis (Z) proberen te compenseren met intensievere studie (X). Dan zie je dat de mensen die het hardst studeren de laagste cijfers (Y) krijgen. Niet omdat harder studeren leidt tot lagere cijfers, maar omdat minder voorkennis ertoe leidt dat ze harder gaan studeren en uiteindelijk toch nog lagere cijfers halen. De correlatie tussen het aantal uren dat in het vak wordt gestoken en het cijfer is dan negatief. Maar binnen een groep met evenveel voorkennis is die correlatie positief.

De paradox kan ook optreden doordat mensen juist overcompenseren. Zo bleek in een scriptieonderzoek van een student die mij daarover advies vroeg, dat bij een groep ouderen de personen met partner gemiddeld eenzamer waren dan degenen zonder partner. Wordt men eenzaam van het hebben van een partner? Misschien. Maar het bleek dat degenen zonder partner vaker meededen aan sociale activiteiten zoals clubs. Bij gelijkblijven van sociale activiteiten, waren degenen zonder partner gemiddeld iets eenzamer. Het leek erop dat alleenstaanden het ontbreken van een partner compenseerden met sociale activiteiten, en wel zo sterk dat zij uiteindelijk minder eenzaam eindigden dan degenen met partner. Overigens weet ik te weinig van dit onderzoek om te kunnen zeggen of het buiten die steekproef ook zo is.

Snap je het al een beetje? Dan moet je nu bij het laatste voorbeeld aangeven wat X, Y en Z zijn. Ook moet je voor elk van beide voorbeelden uitzoeken of het beter past bij figuur 14.3a, of juist bij figuur 14.3b.

15 De intuïtieve psycholoog en samenhang

15.1 Inleiding

Achtergrond
In hoofdstuk 5 is uitgelegd waarom het belangrijk is om op de hoogte zijn van de beperkingen van het intuïtieve menselijke denken. Statistiek is de zwakke plek van intuïtief denken. In dit hoofdstuk zullen enkele beperkingen worden behandeld die een rol spelen bij het beoordelen van *samenhang* tussen twee variabelen.

Doel
Na bestudering van dit onderdeel van de stof, dien je in staat te zijn een vergelijking te maken tussen het intuïtief menselijk denken enerzijds, en de officiële statistische methoden anderzijds. De bekende beperkingen van het intuïtief menselijk denken bij het beoordelen van samenhang moet je kunnen onderbouwen en toepassen. In het bijzonder moet je in staat zijn de beperkingen van het menselijk denken:
1 uit te leggen met voorbeelden;
2 ze te onderbouwen met de beschreven empirische onderzoeken;
3 te voorspellen hoe die beperkingen zich zullen uiten in alledaagse situaties die door jouzelf of door ons zijn verzonnen, of die in deze tekst staan beschreven.

Het beoogde doel is dat je beschikt over bepaalde argumenten, feiten en theorieën uit de psychologie die van belang zijn in methodologische discussies. Dit zou je zodanig moeten beheersen dat je het zelf kan toepassen in discussies. In paragraaf 17.1 staat nader beschreven wat voor soort vragen je moet kunnen beantwoorden.

15.2 Aandacht voor de present-presentcel

Bij het beoordelen van samenhang in een (2 × 2)-kruistabel zijn allevier de frequenties van belang. Mensen zijn echter geneigd om vooral aandacht te geven aan de present-presentcel, en sommige van de andere cellen te negeren.

15.2.1 De statistische norm over samenhang in kruistabellen

Zoals in hoofdstuk 14 is uitgelegd, moet samenhang in een kruistabel worden beoordeeld door de voorwaardelijke verdelingen te vergelijken. Neem het voorbeeld van Mook (2001) over een groep mensen met een bepaalde stoornis, waarvan sommigen een bepaalde behandeling krijgen. Over welke stoornis en welke behandeling het gaat, is niet van belang. In tabel 15.1 staat hoeveel mensen de behandeling kregen en hoeveel er verbeterden. Neem voor het gemak even aan dat de behandelde en onbehandelde groep in alle andere opzichten gelijk waren, bijvoorbeeld doordat de behandeling random was toegewezen.

Tabel 15.1

	behandeld	niet behandeld
verbeterd	20	10
niet verbeterd	80	40

De vraag is nu of in deze gegevens verbetering samenhangt met behandeling. Daarvoor moet je berekenen hoeveel procent van de behandelde mensen verbeterde, en hoeveel procent van de onbehandelde mensen verbeterde. Dat is respectievelijk 20 / (20 + 80) = 20% en 10 / (10 + 40) = 20%. Deze percentages zijn gelijk, en er is dus geen samenhang tussen behandeling en verbetering. Hierbij moeten twee dingen worden opgemerkt.

Ten eerste is de gemaakte berekening niet zomaar een wiskundig foefje dat je moet uitvoeren omdat de statistiekleraar het zegt. *Het is de enige logische manier om de vraag te beantwoorden.* Bij de onbehandelde mensen verbeterd een even groot percentage als bij de behandelde mensen, dus je kan de behandeling net zo goed achterwege laten. Of je nu statistiek hebt gehad of niet, dit zijn de twee percentages die je logischerwijs moet bekijken.

Ten tweede heb je **allevier de frequenties** nodig om de vraag te beantwoorden. Immers, als je de frequenties in leesvolgorde aanduidt met A, B, C en D, dan komt de vergelijking van de twee genoemde percentages erop neer dat je nagaat of:

$$A / (A + C) = B / (B + D)$$

Daar staan allevier de frequenties in, dus je hebt ze allevier nodig.

15.2.2 Beperking van het intuïtief denken over samenhang in kruistabellen

Veel kruistabellen gaan over variabelen die de aanwezigheid of afwezigheid van een kenmerk meten. In het vorige voorbeeld is de ene variabele de aanwezigheid of afwezigheid van de behandeling, en de andere variabele is de aanwezigheid of afwezigheid van de verbetering. De present-presentcel is dan de cel waarin beide variabelen op 'aanwezig' staan. In het voorbeeld is dat de cel linksboven: behandeld & verbeterd. Overmatige **aandacht voor de present-presentcel** wil zeggen dat mensen bij het beoordelen van samenhang uit (2 x 2)-kruistabellen geneigd zijn om niet allevier de cellen te gebruiken, maar slechts twee of drie van de cellen, waaronder meestal de present-presentcel.

Je zou tabel 15.1 eens voor kunnen leggen aan een aantal kennissen die niet toevallig dit boek bestuderen, en daarbij de vraag kunnen stellen of er volgens hen een verband is tussen behandeling en verbetering. Daarna moet je vragen waarom ze dat denken. Je zal versteld staan. Daarbij is het zaak om er niet bij te vertellen over welke stoornis en welke behandeling het eigenlijk gaat. Want stel je voor dat je erbij zegt dat de stoornis bestaat uit grote vermoeidheid en de behandeling uit handoplegging. Dan zullen veel mensen geneigd zijn om het antwoord al te geven op grond van de inhoud van de variabelen en hun theorieën daarover, zonder überhaupt nog naar de data te kijken. Dan negeren ze de hele kruistabel, dus dat is nog erger dan overdreven aandacht voor de present-presentcel, alleen is dat nu even niet het onderwerp.

Velen zullen zeggen dat de verbetering verband houdt met de behandeling, omdat er meer mensen verbeteren met de behandeling dan zonder de behandeling. Zij baseren hun conclusie dan op het feit dat van de mensen die verbeteren, de meerderheid behandeld was. Het percentage waar het over gaat is dan 20 / (20 + 10) = 67% en dat is meer dan de helft. Anderen zullen zeggen dat er een negatief verband is, omdat van degenen die behandeld worden, slechts een minderheid verbetert. Zij hebben het dan over het percentage 20 / (20 + 80) = 20% en dat is inderdaad minder dan de helft. Deze mensen kijken dus maar naar één percentage en daarmee slechts twee van de vier frequenties.

De cel waar men het minst naar kijkt, is de absent-absentcel. Dat kun je als volgt begrijpen: De vraag gaat over de relatie tussen behandeling en verbetering. Dan ligt het niet voor de hand om te kijken naar mensen die *niet* behandeld en ook *niet* verbeterd zijn; die mensen lijken er niets mee te maken te hebben. Toch zijn zij evenzeer van belang voor het beoordelen van samenhang. Stel dat in tabel 15.1 in die cel niet 40 maar 90 staat. Dat verandert het verband van afwezig naar positief: dan verbetert nog maar 10% van onbehandelde mensen, en nog steeds 20% van de behandelde mensen.

15.2.3 Het dagelijks leven: Voorbeelden van aandacht voor de present-presentcel

Terwijl in het genoemde voorbeeld en de onderzoeken die daarover zijn gedaan de subjecten de beschikking hadden over een kruistabel, heeft men die in het dagelijks leven meestal niet. Daarmee wordt het beoordelen van samenhang nog moeilijker. Men moet eerst nog maar de goede data zien op te vissen uit het geheugen, met alle risico's op vertekening die dat met zich meebrengt. In het bijzonder is het nog moeilijker om rekening te houden met de absent-absentcel. Het gaat dan namelijk om dingen die *niet* worden waargenomen. Daardoor ontsnappen ze gemakkelijk aan de aandacht.

1 Bidden

Nisbett en Ross (1980) noemen het voorbeeld van iemand die wil betogen dat zijn gebeden worden verhoord. Een eenvoudige geest zal waarschijnlijk noemen hoe vaak het is gebeurd dat hij gebeden had en dat zijn wens uitkwam. Zo iemand kijkt alleen naar de present-presentcel: wel gebeden & wel verhoord. Een iets ontwikkelder persoon zal er ook in betrekken hoe vaak hij gebeden heeft terwijl de wens niet uitkwam. Die betrekt twee cellen in de redenering. Het is een stuk moeilijker om er ook aan te denken hoe vaak er een wens uitkwam zonder dat erom gebeden was. En er zullen maar zeer weinig mensen zijn die er rekening mee houden hoe vaak er een wens *niet* uitkwam waar ook *niet* om gebeden was. Toch is dat aantal voor de conclusie even belangrijk als het aantal keren dat een wens uitkwam waarom gebeden was.

2 Onderzoeksopzet

Bij het opzetten van onderzoeken zijn scriptiestudenten soms slachtoffer van hun aandacht voor de present-presentcel. Die leidt dan tot een fundamenteel gebrek in de onderzoeksopzet. Stel bijvoorbeeld dat iemand de relatie tussen posttraumatisch stresssyndroom (PTSS) en de ziekte ME wil onderzoeken. Veel studenten zullen geneigd zijn te zoeken naar subjecten die zowel PTSS als ME hebben. Dat is de present-presentcel. Nu wordt er op universiteiten meestal wel redelijk ingestampt dat je altijd een controlegroep moet hebben, dus veel studenten zullen er voor de veiligheid nog een tweede groep bijnemen. Dat zal dan een groep met ME maar zonder PTSS zijn, of een groep met PTSS maar zonder ME. Dat zijn twee andere cellen. In al deze groepen is ten minste een van de variabelen present. In mijn ervaring kan het op behoorlijk veel weerstand stuiten als de suggestie wordt gedaan om ook de vierde cel op te nemen: een groep *zonder* PTSS en *zonder* ME. Het geijkte argument in zo'n geval is: 'Ja, maar die wil ik helemaal niet onderzoeken!'

3 Krantenartikelen

Krantenartikelen ontlenen hun zeggingskracht er soms aan dat mensen geneigd zijn om alleen naar de present-presentcel te kijken. Bijvoorbeeld wanneer wordt gesteld dat 20% van de verkeersongelukken wordt veroorzaakt door iemand die alcohol op had. De conclusie die een naïeve lezer daaruit zal trekken, is dat alcohol een hoop verkeersongelukken veroorzaakt. Maar de conclusie is gebaseerd op een enkel percentage. Als dat argument zou kloppen, dan zou het even logisch zijn om te zeggen 'Aha, dus 80% van de verkeersongelukken wordt veroorzaakt door nuchtere mensen. Het is een schande, die nuchtere mensen zijn levensgevaarlijk! Voortaan moet iedereen verplicht dronken worden alvorens achter het stuur te stappen.'

4 En jijzelf?
In deze voorbeelden is het nog betrekkelijk eenvoudig om de drogreden te identificeren, onder andere omdat het de redeneringen van een ander betreft. In hoeverre maak jij je er zelf aan schuldig? Die vraag is moeilijk te beantwoorden omdat je het vermoedelijk niet in de gaten hebt wanneer je het doet. Dat psychologen er niet vrij van zijn, blijkt uit therapeuten die een bewering doen van de vorm: 'Het is mijn ervaring dat mensen met dit soort problematiek vaak baat hebben bij ...' waarna een beschrijving volgt van het soort therapie waarin de betreffende therapeut geschoold is. Het probleem is hier niet de conclusie dat die mensen er vaak baat bij hebben. Dat zou zo kunnen zijn; dat weet ik niet. Het probleem is dat de therapeut het ook niet kan weten, zoals blijkt uit zijn argumenten.

Kijk eerst eens goed naar de precieze woorden. De therapeut zegt 'vaak' maar ik neem aan dat hij bedoelt 'vaker dan bij andere behandelingen'. Want zonder dat is de bewering nutteloos. De vraag is dan hoe de therapeut weet dat het bedoelde soort behandeling vaker baat levert dan andere behandelingen. Wanneer hij dat uit gepubliceerd experimenteel onderzoek zou weten, zou het een deugdelijk argument zijn. Maar hij zegt dat hij het uit eigen ervaring weet. Dat kan alleen als hij naast deze behandeling ook andere soorten behandeling heeft gegeven, waar hij dan even geschoold in zou moeten zijn om de vergelijking eerlijk te houden. En dat is meestal niet het geval; de meeste therapeuten zijn meer geschoold en getraind in de ene soort behandeling dan in de andere soort behandeling.

Wanneer hij zich baseert op zijn eigen ervaring, kan de therapeut dus hoogstens een uitspraak doen van de vorm: 'Het is mijn ervaring dat mensen met dit soort problematiek in 70% van de gevallen verbeteren als ze mijn therapie krijgen.' Dat is slechts één percentage van de twee die nodig zijn. Of die 70% hoger ligt dan bij andere therapieën, kan hij vermoedelijk niet uit eigen ervaring beoordelen. Sterker nog, hij kan uit eigen ervaring niet eens beoordelen of dit percentage hoger ligt dan wanneer hij niets zou doen. Om dat te beoordelen, zou hij een deel van zijn cliënten *geen* behandeling moeten geven met uitsluitend als doel te kijken of ze misschien vanzelf verbeteren. Er zijn geen therapeuten die dat doen, behalve degenen die het publiceren als wetenschappelijk onderzoek.

5 Tentamen
Studenten die in hun tentamen als antwoord op de vraag: 'Welke fout maken mensen vaak bij het beoordelen van samenhang in kruistabellen, en waarom is het fout,' antwoorden dat mensen vaak alleen naar de present-presentcel kijken, terwijl ze ook naar een present-absentcel moeten kijken, maken in mijn ogen zelf ook die fout door de absent-absentcel niet te noemen.

15.3 Illusoire correlatie

Illusoire correlatie is het verschijnsel dat mensen soms een correlatie tussen twee variabelen menen waar te nemen in data waarbij die correlatie er aantoonbaar niet is. Illusoire correlaties ontstaan vermoedelijk door inhoudelijke theorieën die men op voorhand al heeft, en doordat dubbele uitzonderingen bovenproportioneel goed worden onthouden.

15.3.1 De statistische norm over het bepalen van een correlatie

Het begrip correlatie is uitgelegd in hoofdstukken 9 en 11. Een nogal vanzelfsprekend feit bij het berekenen van correlaties, is dat alle data worden gebruikt en even zwaar meewegen in de berekening. Het is niet zo dat data die in strijd zijn met een theorie, of anderszins niet goed uitkomen, in de formule worden weggelaten.

Als twee variabelen een correlatie gelijk aan 0 hebben, is het gebruikelijk om te zeggen dat die variabelen 'ongecorreleerd' zijn of 'geen correlatie hebben'. Dat taalgebruik is niet helemaal correct: de correlatie bestaat wel, maar hij is gelijk aan 0. Toch is dit taalgebruik ingeburgerd, en zo zal het ook hier gebruikt worden.

15.3.2 Beperking van het intuïtief denken bij het bepalen van een correlatie

Zelfs honden weten wat een correlatie is. Oké, ze kennen het woord vermoedelijk niet, maar ze reageren wel op sommige correlaties. Dat blijkt uit het beroemde experiment van Pavlov waarin honden die steeds een belletje hoorden als ze voer kregen, uiteindelijk gingen kwijlen zodra ze het belletje hoorden. Deze honden ontdekten een correlatie tussen 'wel/niet een belletje' en 'wel/niet eten'. Kennelijk is er niet altijd een rekenmachine nodig om een correlatie te ontdekken.

Als je het zo ziet, zit het leven vol correlaties. Sommige daarvan zijn heel sterk, bijna 1: Als je eet, verdwijnt je honger. Vuur doet pijn. Als je het knopje omzet, gaat het licht uit. Andere correlaties zijn zwakker, kunnen worden betwist, of zijn aantoonbaar onwaar, maar worden niettemin door allerlei mensen geloofd: Als je ongesteld bent, ben je labiel. Als het volle maan is, ben je emotioneel. Als het onweert, verzuurt de melk. Als je een cirkel om een schorpioen trekt, steekt hij zichzelf dood. Negers kunnen goed dansen. Domme mensen zijn vaak aardig. Aardige mensen zijn vaak dom. Oude mensen zijn vaak sikkeneurig. Als je iets heel graag wilt, krijg je het meestal juist niet. Als je je ogen naar achter rolt en de klok slaat 12, blijven ze zo staan. In december plegen meer mensen zelfmoord. In het voorjaar ontstaan meer nieuwe relaties. De man neemt het initiatief. Vrouwen houden van kinderen. Blondjes zijn dom.

Goed beschouwd is vrijwel elke handeling gebaseerd op een of meer inschattingen van correlaties. De vraag is nu hoe goed mensen correlaties kunnen inschatten. Het gaat er daarbij niet om of ze goed kunnen rekenen, en ook niet of ze op grond van een spreidingsdiagram een goede schatting kunnen geven van de correlatie (hoewel daar ook wel iets over te zeggen valt). De vraag is of ze in de ervaringen van hun alledaagse leven een adequate inschatting maken van de verbanden tussen variabelen.

Uit het feit dat de meeste mensen lang leven, kun je concluderen dat de belangrijkste correlaties inderdaad correct worden ingeschat. Maar vaak gaat het daarbij om heel sterke correlaties, bijvoorbeeld die tussen vuur en pijn. Vaak gaat het om correlaties waarvoor we een natuurlijke aanleg hebben en variabelen die in tijd en plaats dicht bij elkaar liggen, zoals honger en eten. En vaak gaat het om correlaties die door de cultuur op jou zijn overgedragen, bijvoorbeeld de correlatie tussen seks hebben en zwangerschap. Die correlatie is niet in elke cultuur bekend, en het is onwaarschijnlijk dat je het zelf zou hebben ontdekt.

In situaties die wat minder alledaags zijn, en waarin het verband niet heel sterk is, lijkt het vermogen van mensen om correlaties in te schatten, vrij beperkt. Het blijkt dan voor te komen dat mensen beweren dat er een verband is tussen twee variabelen op grond van data waar die correlatie aantoonbaar afwezig is. Dat noem je een illusoire correlatie.

Wat de moeilijkheden zijn bij het schatten van een correlatie in het dagelijks leven, kun je ervaren door je af te vragen of er de afgelopen negen weken een correlatie was tussen het weer en jouw stemming, in de zin dat je op dagen met mooi weer een betere stemming had. Besteed even een halve minuut aan het beantwoorden van die vraag voor je verder leest.

Een probleem bij het beantwoorden van die vraag, is dat je voor het beantwoorden de relevante data moet opvissen uit je geheugen. Maar je geheugen levert de data niet aan in een fraaie datamatrix of spreidingsdiagram waarbij alle waarnemingen even zwaar gewogen zijn. In plaats daarvan zullen er slechts *een handvol herinneringen* bovenkomen. Een kleine N dus. In plaats van op 63 dagen, zul je de schatting eerder baseren op 5 dagen. Maar wat nog belangrijker is: de herinneringen die boven komen zijn niet aselect, maar **biased**. *Waarnemingen die overeenstemmen met je* **theorieën** *worden gemakkelijker herinnerd.* Daarbij is het niet nodig dat je jezelf bewust bent van die theorieën, het gebeurt met name als die theorieën *impliciet* zijn.

In dit voorbeeld heb je waarschijnlijk de theorie dat je je met mooi weer lekkerder voelt, en daarom zul je je eerder dagen herinneren met mooi weer waarop je stemming goed was, en dagen met slecht weer waarop je stemming slecht was. Als gevolg daarvan zul je *in jouw herinneringen* een correlatie vinden, zelfs als die er in werkelijkheid niet was of zelfs de omgekeerde richting had. Dat kan nog worden versterkt doordat **weinig voorkomende gebeurtenissen die samen gebeuren** *bovenproportioneel goed worden herinnerd*. Over uitzonderlijke gebeurtenissen denken mensen vaak langer na, en daarom worden ze samen onthouden; ze 'kleven' aan elkaar in het geheugen. Dus als het meestal goed weer was en je meestal een goede stemming had, dan zul je je in verhouding een groter percentage herinneren van de dagen met slecht weer en een slechte stemming. Van die dagen zul je je misschien 25% herinneren, terwijl je je van de andere dagen misschien maar 5% tot 10% herinnert.

Een denkbeeldig voorbeeld hiervan is gegeven in tabel 15.2. Het eerste gedeelte van deze tabel is de kruistabel van alle 63 dagen. Die zou je hebben gekregen als je de vraag van tevoren wist en elke dag zou hebben opgeschreven of het mooi weer was en of je stemming goed was. De dagen met slecht weer zijn in de minderheid, en de dagen met een slechte stemming zijn ook in de minderheid. Het tweede gedeelte is de kruistabel van de vijf dagen die je je herinnerd. Daarbij zijn de dagen met slecht weer *en* slechte stemming bovenmatig vertegenwoordigd. Als je deze tabellen analyseert, zie je dat er in de feitelijke data geen verband is tussen weer en stemming. In de herinnerde data is er een positief verband.

Tabel 15.2a Feitelijke data

	mooi weer	slecht weer
goede stemming	28	14
slechte stemming	14	7

Tabel 15.2b Herinnerde data

	mooi weer	slecht weer
goede stemming	2	0
slechte stemming	1	2

15.3.3 Onderzoeken over illusoire correlaties

1 De DAP-test

De draw-a-persontest (DAP-test) is een projectieve test. Hierbij moet de geteste persoon een tekening maken van een persoon. Aan de hand van de tekening wordt door de psycholoog dan een karakterschets gemaakt. Daarbij wordt ervan uitgegaan dat bepaalde kenmerken van de tekening iets zeggen over de persoonlijkheidskenmerken van de tekenaar. Een aantal voorbeelden daarvan staan in tabel 15.3.

Tabel 15.3

Tekening	Persoon
nadruk op ogen	paranoïde
nadruk op mond, vrouwelijk, kinderlijk	afhankelijk
breed geschouderd, gespierd	impotent

Het is belangrijk om te beseffen dat zo'n diagnostisch gebruik alleen gerechtvaardigd is als er een 'correlatie' of samenhang is tussen een kenmerk van de tekening en een persoonlijkheidskenmerk. Bijvoorbeeld: Bij de mensen die een tekening van een breed geschouderde en gespierde persoon maken, moet het percentage impotente personen groter zijn dan bij de rest van de tekenaars. Uit onderzoeken is echter gebleken dat zulke correlaties en samenhangen er niet zijn. Niet met dit kenmerk en ook niet met andere kenmerken; de DAP-test zou vrijwel geen validiteit hebben. Niettemin bleven therapeuten volhouden dat de DAP-test een waardevol diagnostisch instrument was, en dat die correlaties er *volgens hun praktijkervaringen* wel waren. Hoe is het mogelijk dat ze dit vol bleven houden?

Chapman & Chapman (1967) probeerden dit te verklaren met de hypothese dat mensen vaak in bepaalde correlaties geloven als gevolg van *inhoudelijke associaties*, en niet zozeer op grond van feitelijke waarnemingen. Verder zouden zij in zo'n correlatie blijven geloven, zelfs als hun eigen ervaringen ermee in strijd zijn. Dat zou niet alleen gelden voor therapeuten, maar ook voor andere mensen. Met andere woorden: volgens deze theorie zouden mensen voorafgaande aan de data al bepaalde correlaties verwachten. Wanneer vervolgens de data komen, zien ze daarin de verwachte correlaties, ook als die er niet zijn.

Om dit te toetsen, vroegen Chapman & Chapman aan praktizerende therapeuten hoe zij de DAP-tekeningen interpreteerden. De therapeuten moesten aangeven welke kenmerken van de tekening volgens hen samenhingen met zes symptomen zoals achterdochtigheid, impotentie, enzovoort. De therapeuten waren het daar in het algemeen over eens. Daarna werd het onderzoek vervolgd met beginnende psychologiestudenten als proefpersonen. Het materiaal dat werd gebruikt, bestond uit de DAP-tekeningen van 45 patiënten van een ziekenhuis. Elke proefpersoon kreeg achtereenvolgens al deze tekeningen te zien. Bij elke tekening zat een briefje waarop stond beschreven welke van de zes symptomen de betreffende patiënt had. Alleen: de beschreven symptomen waren niet de echte symptomen van de patiënten. In plaats daarvan hadden de onderzoekers de zes mogelijke symptomen *random* aan de tekeningen gekoppeld. Uiteraard werd dit niet aan de proefpersonen verteld. Vervolgens moesten de proefpersonen aangeven welke kenmerken van de tekeningen het vaakst samengingen met elk van de zes symptomen. Zij gaven daarbij vrijwel dezelfde verbanden op als de therapeuten deden op grond van hun praktijkervaring.

In de data die de proefpersonen kregen te zien, was er geen samenhang tussen kenmerken van de tekening en de symptomen. Dit als gevolg van de random koppeling. Toch concludeerden de proefpersonen dat er wel zulke verbanden waren. Dat zijn dus illusoire correlaties. Verder is het opvallend dat zij dezelfde verbanden 'zagen' als de therapeuten op grond van hun praktijkervaring. De proefpersonen hadden helemaal geen praktijkervaring, maar slechts random data. Toch zagen zij dezelfde verbanden.

De conclusie is dat de therapeuten die verbanden vermoedelijk helemaal niet uit hun praktijkervaringen halen. Dat dachten ze alleen maar, en dat was een illusie. Volgens de eerdere onderzoeken zijn de data die therapeuten hierover in hun praktijk tegenkomen, min of meer random. Uit het beschreven experiment blijkt verder dat mensen bij zulke random data toch de genoemde verbanden menen te zien.

2 De Rorschachtest

Een soortgelijk onderzoek werd door de Chapmans (1969) gedaan bij de Rorschachtest. Ook hier werd eerst vastgesteld welke verbanden er volgens therapeuten bestaan tussen responsen van de patiënt en zijn persoonlijkheid. Anders dan bij de DAP-test, zijn bij de Rorschachtest wel enige van zulke verbanden vastgesteld. Alleen zijn dat andere verbanden dan de meeste therapeuten geloofden (althans in die tijd). Ook hier werden kunstmatige data gemaakt waarin zeker geen samenhang tussen de responsen en de symptomen was. Niettemin zagen naïeve proefpersonen hierin dezelfde verbanden als waar therapeuten in geloofden.

Bovendien werden hier ook datasets gemaakt waarin wel bepaalde correlaties aanwezig waren. Dat waren correlaties tussen responsen en symptomen waartussen ook feitelijk een verband was vastgesteld. De therapeuten hadden die correlaties echter niet opgemerkt. Die correlaties werden versterkt in de kunstmatige data. Het bleek dat de proefpersonen deze sterke verbanden niet zagen, terwijl ze er wel waren. Samengevat kan worden geconcludeerd dat de correlaties die mensen menen waar te nemen vaak veel meer afhangen van de verwachtingen die zij vooraf al hebben, dan van de feitelijke data die zij waarnemen.

3 Misdaden

Stel dat je twee groepen mensen hebt, A en B, waarbij groep B kleiner is dan groep A. Stel dat in beide groepen ongeveer een derde deel van de mensen een misdrijf pleegt. Het blijkt dat groep B dan vaker de schuld krijgt van het misdrijf dan groep A. Terwijl de kans groter is dat zo'n misdrijf wordt gepleegd door iemand uit groep A, omdat die groter is. Dat komt vermoedelijk doordat zeldzame gebeurtenissen meer aandacht trekken en daardoor beter in het geheugen worden opgeslagen. Wanneer je dan twee zeldzame dingen samen ziet, worden ze samen onthouden en later ook samen weer herinnerd. Het resultaat is een illusoire correlatie (Johnson & Mullen, 1994; McConnel et al., 1994; Berndsen et al., 2001).

15.3.4 Het dagelijks leven: Voorbeelden van illusoire correlaties

1 Ervaring van professionals

Het gebeurt nogal eens dat professionals (therapeuten, hoefsmeden, enzovoort) beweren iets te weten op grond van hun 'ervaring'. Zodra je dat hoort, kun je achterdochtig zijn: is dat wel echt hun ervaring, of denken ze dat alleen maar? Het bovenstaande onderzoek laat zien dat in sommige gevallen professionals menen iets te weten uit ervaring, terwijl het vermoedelijk een illusie is. Het grappige is dat professionals vaak het verwijt maken dat academici te 'theoretisch' zouden zijn.

Dat kan best zo zijn in sommige gevallen, maar in het genoemde onderzoek is het eerder andersom. Daar waren het de professionals die een verband zagen op grond van een theorie die ze vooraf al hadden (maar waar ze zich misschien niet bewust van waren), terwijl de academici zich baseerden op de empirie.

2 Wereldbeeld

Illusoire correlaties ontstaan vermoedelijk doordat sommige correlaties voor ons heel gemakkelijk te geloven zijn, als ze maar in ons *wereldbeeld* passen. Dat zie ik momenteel gebeuren bij de hier logerende hond Toolz. Ik ben nu een stukje overgebleven pizza aan het eten en ondanks haar grote angst voor het onweer, zit ze geweldig te kwispelen alsof ze dadelijk ook iets gaat krijgen. Dat verbaasde me eerst een beetje. Maar toen herinnerde ik me dat ik haar laatst van een andere pizza de doos had laten uitlikken. Dus voor haar is nu $r = 1$ tussen 'Jules met pizza' en 'Toolz met pizzadoos'. Dat tevens $N = 1$, dat maakt haar niet uit; het gaat hier om eten! Dat is precies de reden dat ze deze correlatie ontdekt: in haar wereldbeeld was ik sowieso al degene die voor het eten zorgde.

Figuur 15.1 Toolz

3 Vooroordelen

Een belangrijke bron van illusoire correlaties zijn vooroordelen. Wat zal er bijvoorbeeld gebeuren als iemand van mening is dat buitenlanders relatief vaak een uitkering hebben? Stel dat we zo iemand uitdagen om te controleren of die stelling wel klopt. We bezorgen hem een random steekproef met buitenlanders en binnenlanders, en bij elke persoon bezorgen we de informatie of die persoon een uitkering heeft of niet. Stel dat bij de buitenlanders en de binnenlanders hetzelfde percentage een uitkering heeft; of sterker nog: dat het percentage mensen met een uitkering aanzienlijk kleiner is bij de buitenlanders. Dan is de kans groot dat de betreffende persoon na afloop nog steeds van mening is dat buitenlanders vaker een uitkering hebben dan binnenlanders, en dat hij bovendien denkt dit ook in de data te hebben gezien. Daarvoor is niet eens nodig dat het een kwaadwillend persoon is; hij denkt echt eerlijk dat de data dit bevestigen. (Ook bij de therapeuten in het DAP-onderzoek was er geen sprake van kwaadwillendheid, eerder omgekeerd.) Bovendien zal dit effect sterker zijn als buitenlanders een minderheid zijn en als er weinig mensen met een uitkering zijn.

Analoog zal iemand die denkt dat blondjes dom zijn dat zijn hele leven bevestigd zien. De enige remedie tegen dit soort vooroordelen is: domweg tellen en rekenen. Statistiek dus.

16 Opgaven deel B

Opgave 1

In tabel 16.1 staan de antwoorden die Marloes van de Vondervoort gaf in de opgave over veldslagen in deel A. Uitgaande van de beschikbaarheidsheuristiek zou het door haar geschatte aantal vooral moeten samenhangen met de bekendheid die de veldslag voor haar had, en minder met het werkelijke aantal. Het werkelijke aantal doden in een veldslag is natuurlijk moeilijk te bepalen, en er circuleren meestal sterk verschillende schattingen voor. De hier gegeven 'werkelijke' aantallen zijn de aantallen zoals die door mij uit diverse bronnen bijeen zijn gesprokkeld.

Tabel 16.1

Veldslag	Jaar	Zijde	Door haar geschat aantal doden	Werkelijk	Bekendheid
Slag bij Stalingrad	1942-1943	Duits	6 000	300 000	5
D-day, landing in Normandië	1944	geallieerd	8 700	5 000	7
Napoleons veldtocht naar Rusland	1812	Frans	13 000	500 000	6
Slag bij Verdun	1916	beide	3 700	300 000	0
Slag tussen de slaven van Spartacus en het Romeinse leger	71 v. C.	slaven	6 000	100 000	2
Atoombom op Hiroshima	1945	Japans	5 600	120 000	2
Bombardement op Hamburg	1943	Duits	14 000	50 000	2

a Maak een spreidingsdiagram van het geschatte aantal en de bekendheid.
b Maak een spreidingsdiagram van het geschatte aantal en het werkelijke aantal.
c Waar hangt het geschatte aantal naar jouw oordeel het sterkst mee samen: met de bekendheid of met het werkelijke aantal? Geef voor beide diagrammen aan hoe sterk de samenhang is en welke richting de samenhang heeft.
d Bereken voor beide spreidingsdiagrammen de correlatie. Geven deze correlaties aanleiding je schattingen in (c) te veranderen? Stemmen de correlaties overeen met de theorie dat de schattingen worden beïnvloed door de beschikbaarheidsheuristiek?

Opgave 2

In de ouderenzorg in Nederland maakt men een onderscheid tussen verzorgingshuizen en verpleeghuizen. In verzorgingshuizen wonen meer 'lichte' cliënten, in verpleeghuizen wonen meer 'zware' cliënten. Cliënten in verzorgingshuizen krijgen vooral zorg in de vorm van bijvoorbeeld maaltijden en huishoudelijke zorg. Zij hebben minder behoefte aan persoonlijke zorg zoals hulp bij wassen, eten, enzovoort. Cliënten in verpleeghuizen hebben vaak wel persoonlijke zorg nodig. Dat is evenwel niet de enige factor die bepaalt of iemand in een verzorgingshuis, dan wel een verpleeghuis komt. Er zijn vele andere factoren die dit bepalen, zoals bijvoorbeeld de zorgbehoefte van de partner. Daarom is er in de praktijk een grote overlap in het soort cliënten dat in verzorgingshuizen woont en het soort cliënten dat in verpleeghuizen woont.

Om hier zicht op te krijgen, werd een onderzoek uitgevoerd bij een aantal verzorgings- en verpleeghuizen. Daarbij werd bij een groot aantal cliënten zowel de lichamelijke zorgbehoefte (Lzb) als de individueel cliëntgebonden zorgtijd (Ict) gemeten. De Lzb werd gemeten op een schaal die loopt van 0 tot 40. De Ict werd gemeten in minuten per dag. Hierbij werden de volgende regressievergelijkingen gevonden:

Verzorgingshuizen: voorspelde Ict = 8.556 + 3.549 * Lzb
Verpleeghuizen: voorspelde Ict = 45.241 + 1.668 * Lzb

a Teken beide regressielijnen in dezelfde figuur.
b Ga er voor de eenvoud van uit dat een minuut zorg in een verpleeghuis even duur is als in een verzorgingshuis. Tijd is geld, en voor een verzekeraar is het dus van belang dat de cliënt terecht komt in het type instelling waar hij het minste tijd 'kost'. Geef in de bij (a) getekende figuur aan bij welke Lzb-scores een verzorgingshuis het goedkoopst is, en bij welke Lzb-scores een verpleeghuis het goedkoopst is. Bepaal op grafische wijze (dus zonder rekenen) waar het omslagpunt ligt.
c Bereken het omslagpunt uit de twee regressievergelijkingen.

Opgave 3

Bij een onderzoek van Marieke Wilke vulden acht bergbeklimmers dagelijks een vragenlijst in bij hun poging de Pumori te beklimmen. Uit de antwoorden op de vragenlijst werden scores op diverse subschalen berekend. Een van die subschalen had betrekking op de lichamelijke fitheid die de klimmers ervaarden. Bij deze subschaal moest men voor elk van de volgende woorden aangeven in hoeverre het woord op die dag voor hun van toepassing was:

actief
helder
levend
energie
opgeruimd

De antwoorden werden gegeven op een schaal van 1 (helemaal niet mee eens) tot 4 (volledig mee eens). Deze scores werden opgeteld tot de totaalscore. Een andere subschaal ging over de communicatie binnen de groep. De items waren (in de onderstaande weergave zijn zij voorafgegaan door een korte naam):

Comgr1: Teamleden spreken elkaar aan op hun verantwoordelijkheid.
Comgr2: Er is ruimte voor iedereen om zich te uiten.
Comgr3: Ik denk samen met anderen over oplossingen voor het team.
Comgr4: Wanneer een teamlid zich niet volledig inzet, dan zeg ik daar iets van.
Comgr5: Als ik een voorstel doe, wordt er naar mij geluisterd.
Comgr6: Wanneer ik mij ergens aan stoor, dan zeg ik dat.
Comgr7: Aanderen geven aan wanneer zij zich aan mij storen.

Ook hier werden de antwoorden gegeven op een schaal van 1 tot 4. Op grond van psychometrische analyses werd besloten item Comgr5 niet te gebruiken in de berekening van de subschaalscore voor communicatie. De gegevens in tabel 16.2 hebben betrekking op twee van de acht personen, aangeduid met de nummers 7 en 8 in de variabele Persoon. De scores voor de lichamelijke-fitheidsubschaal staan in de variabele Penerg. De scores voor de ervaring van de communicatie in de groep staan in de variabele Comgr. Een komma staat steeds voor een missende waarde. Dan heeft die persoon de vraag niet ingevuld.

Tabel 16.2

Persoon	Dag	Actief	Helder	Levend	Energie	Opgeruim	Comgr1	Comgr2	Comgr3	Comgr4	Comgr5	Comgr6	Comgr7	Comgr	Penerg	Pmoe	Pboos	Pspan	Pdepr	Indoelt	Verwgrt	Indoels	Verwgrs
7	1	2	2	1	1	1	2	3	3	1	4	3	3	15	7	11	9	9	8	5	8	7	10
7	2	2	3	2	2	3	3	3	3	3	3	3	3	18	12	10	7	6	6	3	7	10	10
7	3	2	3	3	3	3	3	3	3	3	3	3	3	18	14	6	7	9	6	3	8	12	10
7	4	3	4	3	3	4	3	3	4	3	2	3	3	19	17	8	7	6	6	3	7	10	11
7	5	3	4	4	4	4	3	4	4	4	3	3	3	21	19	6	7	6	6	5	7	11	9
7	6	3	4	3	3	3	4	4	4	3	3	3	3	21	16	6	7	6	6	4	6	10	11
7	7	2	4	2	1	2	4	4	4	4	3	4	3	23	11	10	7	6	6	6	6	11	12

Persoon	Dag	Actief	Helder	Levend	Energie	Opgeruim	Comgr1	Comgr2	Comgr3	Comgr4	Comgr5	Comgr6	Comgr7	Comgr	Penerg	Pmoe	Pboos	Pspan	Pdepr	Indoelt	Verwgrt	Indoels	Verwgrs
7	8	4	4	3	3	1	4	4	4	4	4	4	4	24	15	6	8	8	8	4	5	11	12
7	9	3	4	4	3	3	4	4	4	4	3	4	4	24	17	7	7	6	6	7	7	12	12
7	10	4	4	4	4	3	4	4	4	4	4	4	4	24	19	6	10	9	7	2	5	11	11
7	11	4	4	4	4	3	3	4	4	4	4	4	4	23	19	6	11	9	7	3	6	9	10
7	12	,	,	,	,	,	,	,	,	,	,	,	,	,	,	,	,	,	,	,	,	,	,
7	13	1	2	1	1	1	3	3	1	1	1	1	2	11	6	23	8	7	10	2	4	5	9
7	14	2	4	2	1	2	3	3	4	4	4	4	4	22	11	14	7	7	7	4	5	7	9
7	15	,	,	,	,	,	,	,	,	,	,	,	,	,	,	,	,	,	,	,	,	,	,
7	16	2	4	3	2	4	3	4	4	4	3	4	4	23	15	13	7	7	6	4	5	10	12
7	17	,	,	,	,	,	,	,	,	,	,	,	,	,	,	,	,	,	,	,	,	,	,
7	18	2	3	3	3	2	3	3	4	3	3	4	2	19	13	8	7	8	6	5	4	10	9
7	19	3	4	3	3	3	4	4	4	4	3	4	3	23	16	7	7	8	6	5	5	10	10
7	20	4	4	4	4	4	4	4	4	4	3	4	3	23	20	6	7	6	6	5	4	10	10
7	21	1	4	4	4	4	3	4	4	4	4	4	4	23	17	6	7	6	6	4	2	10	10
7	22	3	4	3	2	4	3	4	4	4	4	4	4	23	16	8	7	6	6	3	2	10	10
7	23	2	4	2	2	2	3	4	4	4	4	4	4	23	12	18	11	6	10	4	2	10	10
8	1	3	4	2	3	3	4	4	3	3	3	3	3	20	15	8	7	8	6	7	7	12	12
8	2	3	4	3	3	3	3	4	3	4	3	3	3	19	16	6	7	6	6	7	7	12	12
8	3	4	3	4	4	4	3	3	2	3	3	3	3	17	19	6	7	6	6	7	7	12	12
8	4	3	3	3	3	4	3	4	2	3	3	3	3	18	16	7	7	7	6	7	7	12	12
8	5	3	3	3	3	3	3	3	2	3	3	3	3	17	15	6	7	6	6	7	7	12	12
8	6	3	4	3	3	4	3	3	3	3	3	2	3	17	17	7	7	6	6	7	7	12	12
8	7	3	3	4	3	4	3	3	4	3	3	3	3	19	17	6	7	6	7	7	7	12	12
8	8	3	3	3	3	4	3	4	3	3	4	3	3	19	16	7	7	6	6	7	7	12	12
8	9	1	1	2	1	1	3	4	3	3	3	3	3	19	6	6	7	16	7	8	8	11	11
8	10	3	3	3	3	3	3	4	3	3	3	3	3	19	15	6	7	8	8	6	6	12	12
8	11	3	3	3	,	1	4	4	3	3	3	3	3	20	,	7	7	10	7	8	8	10	10
8	12	1	2	1	1	1	4	4	3	4	4	3	3	21	6	17	8	6	6	6	4	12	12
8	13	2	3	3	3	3	3	3	3	3	4	3	3	18	14	8	7	7	6	4	3	12	12
8	14	2	3	2	1	3	4	4	3	3	4	3	3	20	11	8	7	7	7	6	5	12	12
8	15	3	3	3	3	3	3	4	3	3	3	3	3	19	15	7	7	7	6	6	6	12	12
8	16	3	3	2	2	3	4	3	3	3	3	3	3	19	13	10	7	7	6	5	5	12	12
8	17	3	3	3	3	3	3	3	3	3	3	3	3	18	15	8	7	7	6	5	5	12	12
8	18	3	3	3	3	3	3	3	3	3	3	3	3	18	15	6	7	6	6	3	3	12	12
8	19	3	3	3	3	3	3	3	3	3	3	3	3	18	15	6	7	8	6	4	4	12	12
8	20	4	4	3	4	4	3	3	3	3	3	3	3	18	19	6	7	6	6	3	3	12	12
8	21	4	4	4	4	3	3	3	3	3	3	3	3	18	20	6	7	8	6	2	2	12	12
8	22	4	4	,	4	4	3	3	3	3	3	3	3	18	,	6	,	6	6	2	2	12	12
8	23	4	4	4	4	4	3	3	3	3	3	3	3	18	20	6	8	11	6	2	2	12	12

a De onderzoekers vermoeden dat de lichamelijke fitheid van de persoon zijn ervaring van de communicatie in de groep beïnvloed. Maak een elementair rapport voor de samenhang tussen lichamelijke fitheid en ervaren communicatie in de groep. Markeer in het spreidingsdiagram de gegevens van beide personen met een aparte kleur, bijvoorbeeld rood voor de datapunten van persoon 7 en groen voor die van persoon 8.
b Bereken voor beide personen apart de correlatie en de regressielijn. Teken de regressielijnen in het spreidingsdiagram met verschillende kleuren.
c Bespreek de belangrijkste verschillen tussen de persoon 7 en 8 met betrekking tot deze data.
d Welke waarneming zou je aanwijzen als het meest invloedrijk in de regressie bij de data van persoon 7?
e Onderzoek in hoeverre de correlatie en de regressiegewichten van persoon 7 veranderen als de waarneming die je bij (d) hebt aangewezen zou worden weggelaten.

Opgave 4

In tabel 16.3 staan de punten die werden behaald door het Nederlandse dressuurteam op de Olympische Spelen in Atlanta. De jury's E tot en met B zitten op verschillende plaatsen langs de ring en geven elk hun eigen scores aan elke combinatie (= ruiter + paard). Om de steekproef wat groter te maken, zijn in deze tabel ook de punten van de drie hoogstgeplaatste combinaties vermeld.

Tabel 16.3

Combinatie		Jury					
Ruiter/amazone	Paard	E	H	C	M	B	Totaal
Tineke Bartels-De Vries	Olympic Barbria	300	291	293	294	290	1468
Anky van Grunsven	Bonfire	346	325	330	330	340	1671
Gonnelien Rothenberger	Olympic Dondolo	300	290	307	283	291	1471
Sven Rothenberger	Weyden	318	310	321	327	315	1591
Isabell Werth (D)	Gigolo	323	315	323	324	338	1623
Michelle Gibson (USA)	Peron TSF	320	308	324	320	325	1597

a Teken het spreidingsdiagram en bereken de regressievergelijking voor het voorspellen van de punten van jury M uit de punten van jury E.
b Bereken de voorspelde scores en de residuen voor deze regressievergelijking.
c Waarom heeft het geen zin het gemiddelde van de residuen te berekenen?
d De variantie van een variabele is gedefinieerd als het kwadraat van de standaarddeviatie. Bereken de variantie van de afhankelijke variabele, de variantie van de voorspelde scores en de variantie van de residuen met behulp van de uitkomsten

bij (b). Onderzoek welke betrekking er bestaat tussen deze drie uitkomsten: als je twee van deze varianties weet, hoe kun je daaruit dan de derde berekenen?

e Bereken nogmaals de variantie van de voorspelde scores en de variantie van de residuen, maar nu zonder gebruik te maken van de uitkomsten bij (b).

f Zijn de uitkomsten bij (d) en (e) gelijk? Wat zijn de voordelen van de methode bij (e)?

g Beredeneer hoe groot de correlatie tussen de voorspelde scores en de onafhankelijke variabele is. Als dat niet lukt, bereken de correlatie dan met behulp van de uitkomsten bij (a), en probeer dan alsnog te beredeneren waarom deze uitkomst logisch is.

h Bereken de correlatie tussen de residuen en de onafhankelijke variabele.

Opgave 5

Een studente onderzocht twee dimensies die in de literatuur werden onderscheiden in het zelfconcept dat mensen hebben. Zeg – voor het gemak – 'Binnen' en 'Buiten'. Voor beide dimensies werd een vragenlijst gemaakt. Beide vragenlijsten bestonden uit tien items die elk op een schaal van 0 tot 4 werden gescoord. Voor beide vragenlijsten werd daarna de somscore van de tien items berekend; deze fungeerde als totaalscore. Gelukkig hoefde de student de data niet zelf te verzamelen, zij kon gebruikmaken van een databestand dat haar begeleider al had. De data in tabel 16.4 lijken in essentie op de data die zij kreeg.

Tabel 16.4

Binnen	Buiten
25	20
21	11
16	13
18	18
22	20
20	26
23	21
99	99
22	24
23	17
19	17

a Bereken de correlatie tussen Binnen en Buiten. Kun je verklaren waarom deze correlatie zo hoog is?

b Maak een spreidingsdiagram, waarbij je Binnen als onafhankelijke variabele neemt. Kun je nu verklaren waarom de correlatie zo hoog is?

c Welk punt zou je aanwijzen als invloedrijke waarneming?
d Bepaal de regressielijn en teken deze in het spreidingsdiagram. Heeft de invloedrijke waarneming het grootste residu? (Dit zou je zonder rekenen moeten kunnen zien, maar als dat niet lukt, zul je de residuen moeten berekenen).
e Het zonder argumentatie weglaten van onwelgevallige punten, is uit den boze in de statistiek. Het enkele feit dat een waarneming invloedrijk is, is dus geen reden hem weg te laten. Beargumenteer dat er nog andere redenen zijn om de invloedrijke waarneming weg te laten.
f Bereken de correlatie opnieuw, zonder de invloedrijke waarneming.

Opgave 6

a Zie de plots in paragraaf 11.2. Is er een duidelijk verschil waar te nemen tussen r = .00 en r = .10? En tussen r = .00 en r = .20? En tussen r = .90 en r = 1.00? Als er in de krant of een populair-wetenschappelijk tijdschrift wordt besproken dat uit psychologisch onderzoek blijkt dat twee variabelen een significant verband hebben (bijvoorbeeld: 'Introverte mensen hebben minder vrienden') dan is dat meestal zo rond r – .30 of kleiner ('significantie' wil slechts zeggen dat N groot genoeg is). Vind je dat hoog?
b Teken voor elk van de onderstaande correlaties schematisch het spreidingsdiagram. Probeer dit te doen zonder steeds naar de spreidingsdiagrammen van figuur 11.1 in de tekst te kijken! Het diagram dat je tekent, dient qua essentiële kenmerken overeen te komen met het (jou onbekende) werkelijke spreidingsdiagram. Kun je iets zeggen over de schaalverdeling op de assen? Kun je bepalen waar de puntenwolk ligt ten opzichte van de oorsprong van het assenstelsel?

1 $r = 1$
2 $r = 0$
3 $r = -.50$
4 $r = .98$
5 $r = -.25$

Opgave 7

Zie opgave 4. Op grond van deze data zijn per jury de gemiddelden, standaardafwijkingen en correlaties berekend. Deze staan in tabel 16.5.

Tabel 16.5a-b

	Mean	Std. Deviation
E	317.83	17.093
H	306.50	13.722
C	316.33	13.736
M	313.00	19.575
B	316.50	22.098

Correlaties	E	H	C	M	B
E					
H	.9716				
C	.8683	.9051			
M	.8530	.9359	.8539		
B	.9100	.9607	.9087	.8984	

a Waarom is het niet nodig de correlaties op en boven de diagonaal van deze tabel te vermelden?

b Het grootste verschil in het gemiddeld aantal punten is dat tussen de jury's E (317.83) en H (306.50). Toch bestaat juist tussen deze twee jury's de hoogste correlatie (.9716). Leg uit hoe dat mogelijk is. Zou het nog extremer kunnen, bijvoorbeeld $r = 1$ met een verschil van 100 tussen de gemiddelden?

c Leg in woorden aan een leek uit in welke opzichten de jury's het met elkaar eens zijn, en in welke opzichten zij het niet met elkaar eens zijn.

d Bespreek in hoeverre een correlatie kan worden gebruikt om te beoordelen of twee beoordelaars het met elkaar eens zijn.

Opgave 8

Waarom zijn sommige mensen gelukkig en anderen niet? Wordt dit bepaald door de situatie of door de persoonlijkheid?. Mensen zelf wijzen vaak op hun omstandigheden, bijvoorbeeld de situaties waarin zij wel of juist niet gelukkig zullen zijn. Daarbij moet je bedenken dat elke persoon in zijn leven vooral de situaties ziet veranderen, en daarmee vaak zijn gevoelens, maar dat niemand in staat is om bij wijze van experiment even een andere persoonlijkheid aan te nemen. Persoonlijkheid is namelijk per definitie iets wat op lange termijn stabiel is. Ook is het voor mensen erg functioneel om te weten hoe de situatie (bijvoorbeeld wel of geen verkering) invloed heeft op hun gevoel, want daarmee kunnen zij er invloed op uitoefenen. Het is voor je eigen geluksstreven niet direct zinvol om te weten hoe groot het belang van je persoonlijkheid is, want daar kun je toch nauwelijks iets aan veranderen.

Om deze redenen is het te verwachten dat leken het belang van de persoonlijkheid in geluksbeleving onderschatten wanneer zij naar zichzelf kijken. Wanneer je naar anderen kijkt, ligt dat anders. Sommige mensen lijken akelige zeurpieten die van alles alleen maar de schaduwzijde willen zien; anderen lijken permanent gelukkig, wat er ook gebeurt, zodat menigeen twijfelt aan hun diepgang. Maar dit soort observaties zijn weinig wetenschappelijk, want meestal ken je deze mensen te kort en in te weinig situaties om te beoordelen hoe stabiel hun geluk is. Daarnaast kunnen je percepties worden vertekend door de fundamentele attributiefout en impliciete persoonlijkheidstheorieën. Kortom, de vraag is: Hoe zit het nu echt?

In verschillende onderzoeken is geprobeerd een verband te leggen tussen genetische factoren en geluk op lange termijn. Lykken & Tellegen (1996) concludeerden op grond van onder andere onderzoek bij eeneiige tweelingen die gescheiden opgroeiden, dat de variaties in lange-termijngeluk voor 80% worden bepaald door genetische factoren. Een andere vraag is via *welke* persoonlijkheidsfactoren dat verband loopt. DeNeve en Cooper (1998) deden een meta-analyse op 137 onderzoeken naar de relatie tussen persoonlijkheid en subjectief welbevinden, en met name de volgende variabelen:

- In de persoonlijkheidsleer is veel onderzoek gedaan naar de zogenaamde Big Five: Extraversie, Vriendelijkheid, Zorgvuldigheid, Neuroticisme en Openheid voor ervaringen. Dit zijn globale persoonsfactoren die min of meer stabiel zijn over de loop van iemands leven, waarvan men vermoedt dat zij deels genetisch bepaald zijn, en die samenhangen met veel andere en specifiekere persoonlijkheidskenmerken.
- In onderzoek naar subjectief welbevinden (SWB) worden vaak de volgende dimensies onderscheiden: Levenstevredenheid, Geluk, Positief affect en Negatief affect.

DeNeve & Cooper rapporteren onder andere de (gemiddelde) correlaties tussen de Big Five en SWB. Deze staan in tabel 16.6.

Tabel 16.6

	Levenstevredenheid	Geluk	Positief affect	Negatief affect
Extraversie	.17	.27	.20	-.07
Vriendelijkheid	.16	.19	.17	-.13
Zorgvuldigheid	.22	.16	.14	-.10
Neuroticisme	-.24	-.25	-.14	.23
Openheid	.14	.06	.14	.05

a Bestudeer het patroon van de tekens (+ en -) van de correlaties in deze tabel door de negatieve correlaties met een kleur te markeren. Kun je er een structuur in ontdekken? Is die structuur logisch, gezien de inhoud van de variabelen? Welke correlatie doorbreekt deze structuur?
b Bereken het percentage variantie van Geluk dat kan worden verklaard door Extraversie. Doe dat vervolgens ook voor de andere Big Five-factoren.
c Hoeveel keer belangrijker is Extraversie dan Zorgvuldigheid in het verklaren van variaties in Geluk?
d Hoeveel procent van de variatie in Geluk kan op zijn hoogst door de Big Five-factoren samen worden verklaard?
e In hoeverre wordt door de correlatie tussen Extraversie en Geluk aangetoond dat Extraversie invloed heeft op Geluk? Beargumenteer je antwoord.

Opgave 9

In opgave 2 worden twee regressievergelijkingen gegeven waarbij de Ict werd gemeten in minuten per dag. Stel nu dat de Ict wordt gemeten in uren per week.
a Wat zouden dan de regressievergelijkingen zijn?
b Zou dit de correlaties tussen Lzb en Ict veranderen?

Opgave 10

In 2002 werden voor de cursus Statistiek I voor Psychologie aan de KUN vier deeltoetsen afgenomen. De resultaten van de eerste twee deeltoetsen (A en B) staan in tabel 16.7. Deze punten zijn weergegeven op een schaal van 0 tot 100. De correlatie tussen beide deeltoetsen was .483.

Tabel 16.7

	Mean	Std. Deviation	N
A	80.14	13.166	404
B	71.28	12.919	404

a Bereken de regressievergelijking voor het voorspellen van het punt op deeltoets B uit het punt op deeltoets A.
b Stel dat iemand op deeltoets A 40 punten haalde; wat is zijn voorspelde score op deeltoets B? Stel dat iemand op deeltoets A 95 punten haalde; wat is zijn voorspelde score op deeltoets B? Wiens score gaat naar verwachting omhoog? Wiens score gaat naar verwachting omlaag? Probeer te verklaren waarom dat zo is.
c Teken de regressielijn in een spreidingsdiagram (de individuele datapunten kun je natuurlijk niet tekenen). Geef hier ook het gemiddelde van A en B in aan. Teken nu de lijn waarop alle punten zouden liggen als iedereen bij deeltoets B dezelfde score zou halen als bij deeltoets A. Waar kruisen de twee lijnen elkaar?
d Bespreek welke studenten kunnen verwachten dat hun score op deeltoets B hoger zal zijn dan op deeltoets A. Welke studenten moeten juist verwachten dat hun score lager wordt?

Opgave 11

Zie opgave 7. Gebruik alleen de gegevens uit die opgave, niet de ruwe data.
a Bereken de regressielijn voor het voorspellen van de punten van H uit de punten van B.
b Bereken de regressielijn voor het voorspellen van de punten van B uit de punten van H.
c Verklaar waarom de hellingscoëfficiënten van (a) en (b) zo verschillend zijn, terwijl de vraagstelling bijna hetzelfde lijkt. Beredeneer met behulp van de gebruikte formule onder welke voorwaarde de hellingscoëfficiënten precies gelijk aan elkaar zijn.

Opgave 12

In figuur 16.1 staan steeds een tweetal spreidingsdiagrammen gegeven. De schaalverdeling van de assen is bij alle diagrammen hetzelfde. Bij elk tweetal staan twee vragen met antwoordalternatieven. Omcirkel steeds het juiste alternatief.

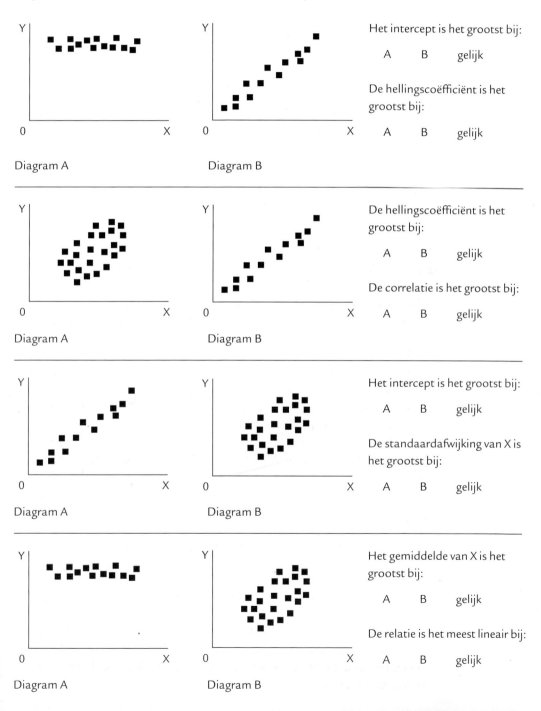

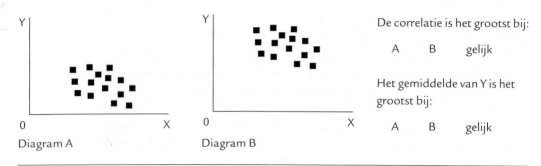

De correlatie is het grootst bij:

A   B   gelijk

Het gemiddelde van Y is het grootst bij:

A   B   gelijk

Figuur 16.1a-j

Opgave 13

In een onderzoek van Mark Hendriks bij epilepsiepatiënten werden onder andere het type aanval en de localisatie van de epilepsiehaard aan elkaar gerelateerd. Het type aanvallen dat iemand heeft, wordt bepaald op basis van observatie tijdens een epilepsieaanval. Een bekend type aanval is bijvoorbeeld tonisch clonisch, waarbij het hele lichaam schokt. Een ander type aanval is eenvoudig partieel, waarbij slechts één lichaamsdeel ongecontroleerd beweegt. Een ander type aanval zijn absences, waarbij men even afwezig is zonder bewegingen. De localisatie van de epilepsiehaard werd bepaald met een EEG. Daarbij werd een onderscheid gemaakt tussen temporaal en extra-temporaal. Daarnaast werd nog bepaald of de haard links, rechts of bilateraal was. Het gesegmenteerde staafdiagram in figuur 16.2 is gebaseerd op deze data.

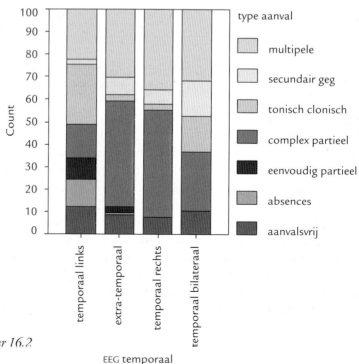

Figuur 16.2

a Wat is hier de onafhankelijke variabele?
b Is hier sprake van samenhang? Is deze sterk?
c Beschrijf de aard van de samenhang op een wijze die voor een leek begrijpelijk is. Daarbij mag je aannemen dat die leek verstand heeft van epilepsie, maar niet van statistiek (of op zijn hoogst evenveel als jij toen je begon aan dit boek). Misschien denk je nu: 'Wat bedoelt hij met aard van de samenhang?' Daarmee wordt bedoeld dat je met inhoudelijke termen (zoals 'tonisch clonisch' en 'extratemporaal') beschrijft welke patronen er in de data zitten. Daarbij moet je je beperken tot patronen die duiden op samenhang. De term 'samenhang' mag je natuurlijk niet gebruiken – want dan weet een leek niet wat je bedoelt.

Opgave 14

Zie deel A, opgave 7, over P50-gating bij schizofrenen, depressieven en normalen.
a Maak een elementair rapport voor de samenhang tussen Geslacht en Diagnose.
b Beschrijf de essentie van je bevindingen op een manier die begrijpelijk is voor iemand die niets van statistiek weet.

Opgave 15

Een volkswijsheid zegt dat geld niet gelukkig maakt, maar de gevoelens die ik heb als ik aan het einde van de maand niet meer kan pinnen wegens ontoereikend saldo, lijken evenveel op geluk als een piano op een hondenhok. Er is veel onderzoek gedaan naar de relatie tussen inkomen en subjectief welbevinden (in de rest van deze opgave kortweg 'geluk' genoemd). Een bekende onderzoeker op dit gebied (Diener, 1984; Diener et al., 1999) beschrijft in zijn review uit 1999 onder andere de volgende bevindingen:
1 Binnen elk land is er een zwakke positieve correlatie tussen geluk en inkomen ($r = .12$ tot $.17$) van individuen. Rijke mensen zijn gemiddeld iets gelukkiger dan arme mensen.
2 Over landen heen is er echter een sterke positieve correlatie ($r = .50$) tussen het gemiddelde inkomen van een land en het gemiddelde geluk in een land. In rijke landen is men gemiddeld een stuk gelukkiger dan in arme landen.
3 Het nationale inkomen van de Verenigde Staten is tussen 1946 en 1989 enorm toegenomen, maar het gemiddelde geluk is in die periode gelijk gebleven.

a Verklaar de discrepantie tussen de eerste twee bevindingen. Teken daartoe schematisch een spreidingsdiagram voor de relatie tussen geluk en inkomen van individuen. Markeer daarin de landen door de datapunten voor elk land een andere kleur of een ander symbool te geven. Teken zowel de globale als de locale regressielijnen. Treedt hier de paradox van Simpson op?
b Verklaar op soortgelijke wijze de discrepantie tussen de eerste en de derde bevin-

ding. Teken daartoe een nieuw diagram en markeer daarin de jaren. Teken ook hier de regressielijnen. Treedt hier de paradox van Simpson op?

c Verklaar op soortgelijke wijze de discrepantie tussen de laatste twee bevindingen. Neem daarbij aan dat ook in andere landen het nationale inkomen is toegenomen terwijl het gemiddelde geluk gelijk bleef.

d In hoeverre kunnen de correlaties uit de eerste twee bevindingen van Diener worden gezien als bewijs dat inkomen een (kleine) invloed heeft op geluk? Beargumenteer je antwoord.

e Laat zien hoe de paradox van Simpson kan optreden in kruistabellen. Maak daartoe twee fictieve kruistabellen van inkomen (rijk versus arm) bij geluk (gelukkig versus ongelukkig). Zeg, de ene kruistabel heeft betrekking op België en de andere op Nepal. Vul de frequenties zodanig in dat aan de beide volgende voorwaarden is voldaan:

- In beide landen bestaat er een positief verband tussen inkomen en geluk, in de zin dat het percentage gelukkige mensen bij de rijken groter is dan bij de armen.
- Als de gegevens van beide landen worden gecombineerd tot één kruistabel, dan is er een negatief verband tussen inkomen en geluk (dit laatste is dus in strijd met de hierboven vermelde tweede bevinding van Diener).

Opgave 16

a Maak een samenvatting van hoofdstuk 15. Doe dit in maximaal één pagina.
b Wat zijn de valkuilen bij het beoordelen van samenhang uit kruistabellen?
c Waardoor wordt 'illusoire correlatie' vermoedelijk veroorzaakt?
d Beschrijf het onderzoek waarmee het bestaan van illusoire correlatie experimenteel wordt aangetoond.

Opgave 17

Zie de data over traumavariabelen in opgave 10 van deel A.

a Maak een elementair rapport voor de samenhang tussen Emotional neglect en Emotional abuse. Vat daarbij Emotional abuse op als onafhankelijke variabele. Omdat hier veel subjecten dezelfde combinatie van scores hebben, is het handig om dat in het spreidingdiagram aan te geven met 'sunflowers'. Dat betekent dat je een bloemetje tekent als er meerdere subjecten op dezelfde plek liggen. Het aantal blaadjes geeft aan hoeveel subjecten op die plek liggen. Dus ✳ betekent dat er zes subjecten op die plek liggen. Als er maar één subject op een plek ligt, moet je een rondje tekenen (geen kruisje, want dat lijken dan vier subjecten).
b Bereken voor de eerste vijf personen de voorspelde scores en de residuen.
c Bereken het percentage verklaarde variantie.

Opgave 18

Zie deel A, opgave 7, over P50-gating bij schizofrenen en depressieven. De mate van gating werd hier geoperationaliseerd als het verschil tussen amplitudo bij de eerste klik (Stim1) en de amplitudo bij de tweede klik (Stim2). Bij schizofrenen was de correlatie tussen Stim1 en Stim2 gelijk aan .343. Bij depressieven was de correlatie gelijk aan .626.

a Kan hieruit de conclusie worden getrokken dat het gemiddelde verschil tussen Stim1 en Stim2 bij depressieven kleiner was dan bij schizofrenen? Leg uit.
b Stel dat bij de depressieven 10 werd opgeteld bij elke Stim2-score. Zou dit het gemiddelde verschil tussen Stim1 en Stim2 veranderen? Zou dit de correlatie tussen Stim1 en Stim2 veranderen?
c Verzin voor elk van de volgende vier situaties een voorbeeld van data op Stim1 en Stim2 bij vier subjecten, zodanig dat aan de genoemde voorwaarden is voldaan. Geef deze fictieve data weer in een spreidingsdiagram.

1 $r = 1$ en het gemiddelde van Stim2 is gelijk aan het gemiddelde van Stim1
2 $r = 1$ en het gemiddelde van Stim2 is veel kleiner dan het gemiddelde van Stim1
3 $r = 0$ en het gemiddelde van Stim2 is gelijk aan het gemiddelde van Stim1
4 $r = 0$ en het gemiddelde van Stim2 is veel kleiner dan het gemiddelde van Stim1

d Zou dit ook lukken met 400 subjecten?
e Ga na of (b), (c) en (d) reden zijn om je antwoord bij (a) te veranderen.

Opgave 19

In een onderzoek worden twee observatoren gebruikt, die de creativiteit van kinderen in hun spel moeten beoordelen op een schaal van 0 tot 10. De onderzoeker berekent de correlatie tussen de ratings van beide observatoren, en deze blijkt .90. Bespreek waarom zo'n hoge correlatie weliswaar *noodzakelijk*, maar niet *voldoende* is om te concluderen dat de observatoren in hun oordelen overeenstemmen. Naar welke statistische maten zou je nog meer kijken?

Opgave 20

a Geef een voorbeeld van een spreidingsdiagram van meerdere subgroepen waarbij de paradox van Simpson optreedt.
b Geef een voorbeeld van kruistabellen waarbij de paradox van Simpson optreedt. Leg aan een sceptische lezer uit dat de paradox inderdaad optreedt.

17 Leerdoelen en zelftoetsen deel B

17.1 Leerdoelen

Elementair rapport: rapporteren over twee variabelen

Gegeven:
- een datamatrix
- een korte beschrijving van de variabelen, te weten:
  - naam
  - plaats
  - betekenis
  - meetprocedure (indien nodig voor meetniveau)
  - zo nodig aanwijzingen omtrent het meetniveau
  - zo nodig een theorie of vraag waaruit de keuze van afhankelijke en onafhankelijke variabele is op te maken

Gevraagd: een rapport van de verdeling van twee aangewezen variabelen; dit rapport moet inhouden:
- als de variabelen **beide kwantitatief** zijn:
  - het design
  - het spreidingsdiagram
  - correlatie, regressiecoëfficiënt en intercept
  - plot van de regressielijn
  - een indicatie van de lineariteit van de relatie
  - identificatie van invloedrijke waarnemingen
- als de variabelen **beide kwalitatief** zijn:
  - het design
  - de kruistabel
  - de voorwaardelijke verdelingen
  - het gesegmenteerd staafdiagram
  - beoordeling van onafhankelijkheid

Criteria:
- De student beslist zelf welke punten worden gerapporteerd (naar aanleiding van het meetniveau).
- Ieder punt word benoemd (bijv: 'correlatie = .43', niet alleen '.43').

Uitbreiding: berekenen voorspelde scores
Gegeven:
- aanduiding van afhankelijke en onafhankelijke variabele
- ruwe scores
- een correlatie, gemiddelden, standaarddeviaties

Gevraagd:
- de hellingscoëfficiënt en het intercept
- een tabel met:
  - de voorspelde scores
  - de residuen

Criteria: Bij de tabel staat natuurlijk wat wat is (kopjes).

Visualisering: schatten op grond van visuele weergave
Gegeven: een serie spreidingsdiagrammen, met schaalaanduiding

Gevraagd:
- een schatting van de volgende univariate maten:
  - gemiddelde, standaarddeviatie
- een schatting van de volgende bivariate maten:
  - hoogte van de correlatie
  - tekenen van de regressielijn
  - richting van het verband (+,-,0)
  - lineariteit van het verband
- of een vergelijking van de spreidingsdiagrammen hierop (bijvoorbeeld welke groep heeft de grootste correlatie)

Criteria:
- De schatting is binnen redelijke grenzen.
- Rekening houden met geleerde regels.
- De te schatten maten worden in de vraag genoemd.

Concluderen
Gegeven:
- de beschrijving van een onderzoek
- de daarin gevonden correlatiecoëfficiënt
- eventueel de gemiddelden en/of standaardafwijkingen
- eventueel een conclusie over gemiddelden, standaardafwijkingen, sterkte van het verband, causaliteit, overeenstemming

Gevraagd:
- Teken het spreidingsdiagram.
- Bereken hellingscoëfficiënt en intercept.
- Bereken varianties van de voorspelde scores en van de residuen.
- Bereken de proportie verklaarde variantie.
- Is de conclusie gerechtvaardigd?

Criteria:
- De sterkte van het verband wordt beoordeeld op grond van r^2.
- Het antwoord wordt correct gemotiveerd.

Paradox van Simpson
Gegeven:
- twee spreidingsdiagrammen of kruistabellen; deze hebben betrekking op twee groepen.
- een korte omschrijving van de variabelen
- een verhaal over de context van de data, de onderzoeksvragen

Gevraagd:
- Wat zal er gebeuren met de samenhang als de twee groepen worden samengevoegd?
- Treedt hier de paradox van Simpson op?

Criteria: Het antwoord wordt adequaat gemotiveerd.

of

Gegeven:
- een spreidingsdiagram of kruistabel
- een korte omschrijving van de variabelen en de context

Gevraagd: Illustreer hoe de paradox van Simpson hier kan optreden.

Criteria:
- Er wordt een derde variabele verzonnen waarop splitsing redelijkerwijs tot de paradox leidt.
- De werking van de paradox wordt geïllustreerd met een getallenvoorbeeld, dat niet overeen hoeft te stemmen met de al gegeven getallen.

Vragen over de intuïtieve psycholoog
Zie deel A.

17.2 Zelftoets B1

Lees ook de opmerkingen bij de zelftoetsen van deel A. Die gelden ook bij de hier volgende zelftoetsen.

Opgave 1

Het hebben van automatisch negatieve gedachten kan worden gezien als een oorzaak van depressiviteit. Wanneer we deze beide eigenschappen proberen te meten, verwachten we in onze data dus een relatie tussen de meting voor 'automatisch negatieve gedachten' en die voor 'depressiviteit'. Hieronder zie je een gedeelte van de datamatrix van een groep personen die meededen aan een onderzoek naar de effecten van de cursus 'Stemmingmakerij'. Het betreft hier enkel de gegevens van de personen in de controlegroep. Deze personen deden niet mee aan de cursus, maar maakten wel een aantal tests. Je vindt in tabel 17.1 onder andere de variabelen Bdv ('depressiviteit' voormeting) en Atqv ('automatisch negatieve gedachten' voormeting). We vatten Bdv op als afhankelijke, Atqv als onafhankelijke variabele. Maak een rapport van de samenhang tussen de variabelen Bdv en Atqv.

Tabel 17.1

Bdv	Bdn	Atqv	Atqn
11	5	69	52
11	5	58	52
13	0	43	33
12	5	60	51
22	17	58	61
12	3	44	32
10	13	53	53
10	5	36	43
12	5	47	39
11	9	67	57
18	3	79	56
14	15	61	58
10	10	58	58
16	0	66	84
15	16	55	66
10	13	46	59
16	15	89	92
11	4	58	31
13	12	50	45
16	13	82	62
11	0	47	38

Bdv	Bdn	Atqv	Atqn
22	22	87	100
16	14	64	58
13	9	67	62
15	11	84	50
10	6	70	62
19	8	99	83
11	12	64	59
14	12	85	81
11	5	38	41
12	13	69	63
20	8	88	80
10	10	50	51
12	6	58	55
15	9	64	68
13	11	58	67
15	8	53	61
18	26	72	72
16	12	43	66
11	7	87	41
20	16	70	59
10	16	35	38

Opgave 2

Op basis van de in opgave 1 gegeven data heeft een onderzoeker berekend dat:

gemiddelde Atqv = 62.64
gemiddelde Atqn = 58.07

standaardafwijking Atqv = 15.96
standaardafwijking Atqn = 15.83

correlatie (Atqv,Atqn) = .6528

a Bereken de hellingscoëfficiënt en het intercept van de bestpassende regressielijn, waarbij Atqv de verklarende variabele is en Atqn de verklaarde variabele.
b Bereken de voorspelde scores en de residuen op de variabele Atqn voor de personen 1 t/m 5. Gebruik hiervoor de datamatrix van opgave 1.
c Bereken de variantie van de voorspelde scores over alle personen.

Opgave 3

In figuur 17.1 staan steeds een tweetal spreidingsdiagrammen gegeven. De schaalverdeling van de assen is bij alle diagrammen hetzelfde. Bij elk tweetal staan twee vragen met antwoordalternatieven. Omcirkel steeds het juiste alternatief.

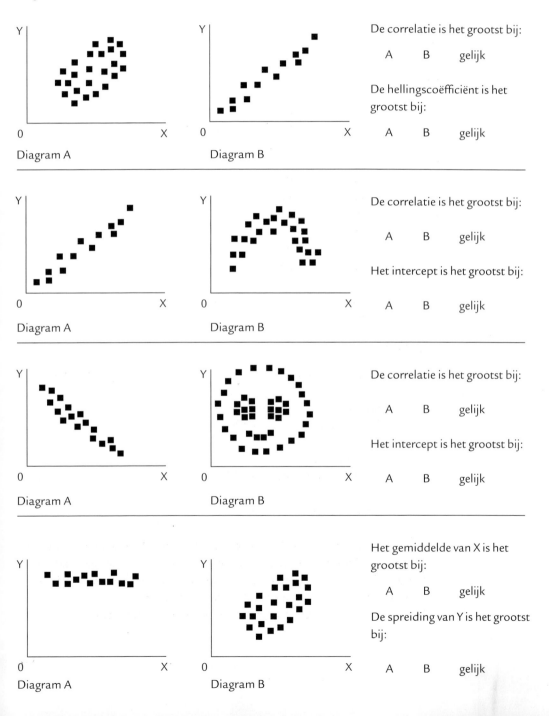

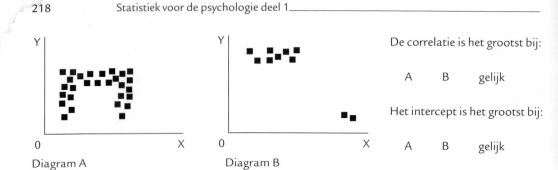

Figuur 17.1a-j

Opgave 4

Een bio-psycholoog heeft een experiment gedaan waarbij ratten moesten leren dat zij voer konden krijgen als zij op een pedaal links in de kooi drukten als links in de kooi een licht brandde, terwijl ze op een pedaal rechts in de kooi moesten drukken als er rechts in de kooi een licht brandde. Het experiment bestaat voor iedere rat uit 800 'trials'. Een 'trial' is een korte periode waarin het licht brandt en de rat voer kan krijgen. Bij iedere rat zijn een aantal variabelen gemeten tijdens de eerste 100 trials:

Voer: Het aantal keren dat de rat voer wist te bemachtigen tijdens de eerste 100 trials. Dit betekent dat de rat op de goede pedaal drukte.

Links: Het aantal keren dat de rat op de linkerpedaal drukte tijdens de eerste 100 trials. Dit was niet altijd de goede pedaal.

Pedaal: Het aantal keren dat de rat op een pedaal drukte terwijl er licht brandde, tijdens de eerste 100 trials. Dit was niet altijd de goede pedaal, en ook niet altijd de linkerpedaal.

Tevens is bij iedere rat de volgende variabele gemeten:

Succes: Het aantal keer dat de rat voer wist te bemachtigen tijdens de laatste 100 trials.

Een hoge score op Succes duidt erop dat de betreffende rat de taak met succes geleerd heeft. Het blijkt dat sommige ratten veel meer succes hebben dan andere ratten. De onderzoeker vraagt zich af welke factoren bepalen of een rat succes heeft. Daarom berekent hij de correlaties tussen al deze variabelen. Die zijn gegeven in tabel 17.2.

Tabel 17.2

	Succes	Voer	Links	Pedaal
Succes	1.00			
Voer	.70	1.00		
Links	.14	.20	1.00	
Pedaal	.35	.50	.10	1.00

a   De onderzoeker beweert dat het verband (Voer, Succes) ongeveer twee keer zo sterk is als het verband (Pedaal, Voer). Is deze conclusie gerechtvaardigd? Motiveer je antwoord.
b   Teken schematisch het spreidingsdiagram van Pedaal en Succes.
c   De onderzoeker beweert op basis van de correlatie van .70 dat het voeren van de ratten ertoe leidde dat ze meer leerden. Is deze conclusie gerechtvaardigd? Motiveer je antwoord.

Opgave 5

In een onderzoek naar de veiligheidsrisico's bij het bergbeklimmen, wordt een aantal gerapporteerde ongevallen onderzocht. Er wordt per actie bepaald hoeveel jaar ervaring de teamleden gemiddeld hadden (veel = meer dan tien jaar intensief), en of het ongeval een dodelijke afloop had. De resultaten staan in tabel 17.3.

Tabel 17.3

team	ervaring	dodelijke afloop
1	weinig	nee
2	weinig	nee
3	weinig	nee
4	weinig	nee
5	weinig	nee
6	weinig	nee
7	weinig	nee
8	weinig	nee
9	weinig	ja
10	weinig	ja
11	veel	nee
12	veel	nee
13	veel	nee
14	veel	nee
15	veel	ja
16	veel	ja

team	ervaring	dodelijke afloop
17	veel	ja
18	veel	ja
19	veel	ja
20	veel	ja

a Maak een elementair rapport van de samenhang tussen ervaring van het team en afloop van het ongeval.

b De gegevens suggereren dat je, om veilig berg te beklimmen, maar beter onervaren kan zijn. Dat is vreemd. Illustreer hoe de paradox van Simpson hier kan optreden.

Opgave 6

Dit boek bespreekt het begrip illusoire correlatie met betrekking tot de draw-a-persontest (DAP-test). Bij deze test moet men een persoon tekenen. De kenmerken van de tekening worden vervolgens geïnterpreteerd als een kenmerk van de persoonlijkheid van de tekenaar. Deze test werd door veel clinici gebruikt, en is door statistici onderzocht. Er bestaat echter een controverse tussen clinici en statistici.

a Beschrijf deze controverse in maximaal 75 woorden.

In deze context citeert dit boek het volgende onderzoek: een aantal proefpersonen kreeg een reeks papieren te zien, met steeds een tekening en een beschrijving van de persoonlijkheid. Er werd hen gevraagd in te schatten hoe groot de betreffende correlaties waren. Ze moesten bijvoorbeeld inschatten hoe groot de correlatie was tussen het tekenen van een grote mond en het hebben van een afhankelijke persoonlijkheid. De papieren waren zo gemaakt dat de correlaties 0 waren.

b Beschrijf in maximaal 50 woorden tot welke conclusies dit onderzoek leidde.

17.3 Uitwerkingen van zelftoets B1

Opgave 1

Design: onafhankelijke variabele = Atqv (kwantitatief)
         afhankelijke variabele   = Bdv (kwantitatief)

Spreidingsdiagram:

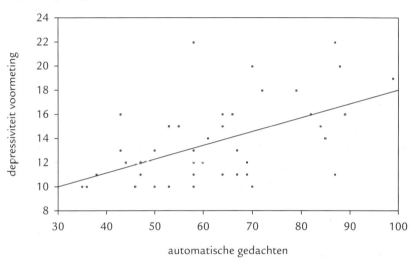

Figuur 17.2

Correlatie   = .5370
Hellingscoëfficiënt = 0.1158
Intercept   = 6.481

Er zijn geen aanwijzingen dat lineariteit is geschonden.
Er zijn geen duidelijk invloedrijke waarnemingen.

Opgave 2a

Hellingscoëfficiënt: $b = r * (s_y / s_x) = .6528 * (15.83 / 15.96) = 0.6475$

Intercept: $a = y_{gem} - b * x_{gem} = 58.07 - 0.6475 * 62.64 = 17.51$

Opgave 2b

Tabel 17.4

Atqv	Atqn	Voorspelde Atqn	Residu
69	52	62.19	-10.19
58	52	55.07	-3.07
43	33	45.35	-12.35
60	51	56.36	-5.36
58	61	55.07	5.93

Opgave 2c

$$\begin{aligned} \text{Var}(Y_{\text{voorspeld}}) &= r^2 * \text{Var}(Y) \\ &= (.6528)^2 * (15.83)^2 \\ &= 106.79 \end{aligned}$$

Opgave 3

Omcirkeld zijn achtereenvolgens:

B   B
A   B
B   A (eerste: de correlatie bij A is kleiner dan nul, de absolute waarde van de correlatie bij A is wel groter dan bij B)
gelijk B
A   B

Opgave 4a

Ja: $r^2(\text{Voer, Succes}) \approx 2 * r^2(\text{Pedaal, Voer})$
$(.70)^2 \approx 2 * (.50)^2$
$.49 \approx 2 * .25$

Opgave 4b

Figuur 17.3

Opgave 4c

Nee: Ten eerste gaat het niet om het voeren op zich, maar om het aantal keer dat een correcte trial beloond werd met voer. Ten tweede is het mogelijk dat zowel Voer als Succes afhangen van een verborgen variabele – bijvoorbeeld 'aanleg' – wat de gevonden correlatie zou verklaren.

Opgave 5a

Design: onafhankelijke variabele = ervaring (kwalitatief: weinig, veel)
        afhankelijke variabele = dodelijke afloop (kwalitatief: ja, nee)

Kruistabel:

Tabel 17.5

		Ervaring	
		weinig	veel
Dodelijke afloop	ja	2	6
	nee	8	4

Voorwaardelijke verdeling:

Tabel 17.6

		Ervaring	
		weinig	veel
Dodelijke afloop	ja	20%	60%
	nee	80%	40%

Gesegmenteerd staafdiagram:

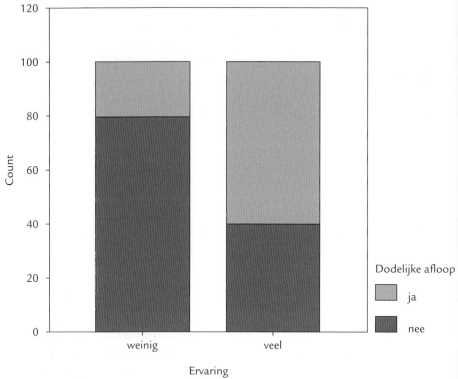

Figuur 17.4

Beoordeling onafhankelijkheid: De voorwaardelijke verdelingen verschillen.
Er is sprake van sterke samenhang (20% ≠ 60%).

Opgave 5b

Het kan zo zijn dat ervaring en afloop beide samenhangen met de moeilijkheidsgraad van de expeditie: bergbeklimmers met veel ervaring zullen vaker zwaardere expedities ondernemen, en hebben dus meer kans op een dodelijk ongeval. Je kunt de bergbeklimmers splitsen in twee groepen, namelijk (1) gevaarlijke expedities, en (2) ongevaarlijke expedities. Voor deze twee groepen zou je bijvoorbeeld de twee kruistabellen kunnen vinden die staan in tabel 17.7 en 17.8.

Tabel 17.7

(1) gevaarlijke expedities		Ervaring	
		weinig	veel
Dodelijke afloop	ja	1	6
	nee	0	2

Tabel 17.8

(2) ongevaarlijke expedities		Ervaring	
		weinig	veel
Dodelijke afloop	ja	1	0
	nee	8	2

(Deze kruistabellen zijn als volgt bedacht: In de totale groep ontstaat de samenhang door de hoge frequenties 8 en 6 op de diagonaal. Om in de subgroepen een samenhang te krijgen met de omgekeerde richting, moeten daar op de diagonaal juist zo veel mogelijk lage frequenties staan, bijvoorbeeld 0. Als er op de diagonaal een 0 staat, dan is de samenhang al van de omgekeerde richting. Je kan niet in beide subgroepen in dezelfde cel een 0 kiezen, want dan telt het niet meer op tot de frequentie van de totale groep. Je moet dus bij de ene groep linksonder een 0 zetten en bij de andere groep rechtsboven een 0 zetten. In de andere cellen kun je de totale frequentie gelijkelijk verdelen over beide groepen.)

Opgave 6a

Clinici beweren dat de kenmerken van de tekening correleren met kenmerken van de persoonlijkheid, op grond van hun praktijkervaring. Het tekenen van een grote mond zou bijvoorbeeld duiden op een receptieve persoonlijkheid. Statistici beweren daarentegen dat al deze correlaties nagenoeg 0 zijn, op grond van onderzoek bij aselect getrokken steekproeven.

Opgave 6b

Ondanks de afwezigheid van enige correlatie, rapporteerden de proefpersonen positieve correlaties, en wel dezelfde als de correlaties die de clinici rapporteerden op basis van hun praktijkervaring.

17.4 Zelftoets B2

Dit tentamen werd in 1998 afgenomen als tweede van vier deeltentamens voor de cursus Statistiek I van de opleiding Psychologie van de KUN. De puntenverdeling die werd gebruikt, staat in de onderstaande tabel. Ga na hoe de puntenverdeling is bij de cursus die jij volgt. Dat is belangrijk om je tijd goed te verdelen, zowel tijdens het leren als tijdens het maken van het tentamen.

Tabel 17.9

Opgave	a	b	c	Totaal
1				15
2	5	5		10
3				20
4	5	5	5	15
5	10	5	5	20
6	10	10		20
Totaal				100

Opgave 1

In een onderzoek naar de vrijetijdsbesteding van studenten, zijn onder andere de gegevens van tabel 17.10 gevonden.

Tabel 17.10

Subject	Studie	Vroeg	Stappen	Tv
1	23	2	13	13
2	28	4	8	3
3	26	5	8	9
4	26	3	8	8
5	17	1	11	12
6	18	3	14	16
7	26	4	6	7
8	37	4	0	0
9	27	5	10	2
10	26	3	11	8
11	26	3	9	0
12	21	4	14	5
13	36	5	8	3
14	23	3	12	10
15	25	4	12	9
16	18	4	12	9

Subject	Studie	Vroeg	Stappen	Tv
17	19	2	12	10
18	33	3	4	0
19	32	4	6	0
20	31	5	8	0

De betekenis van de variabelen is als volgt:

Studie	aantal uren per week dat aan de studie besteed wordt
Vroeg	aantal dagen per week dat de student om 8:45 moet beginnen
Stappen	aantal uren per week doorgebracht in de kroeg
Tv	aantal uren per week dat de student televisie kijkt

Je zou verwachten dat studenten die meer tijd aan hun studie besteden, daardoor minder tijd hebben om televisie te kijken. Maak een elementair rapport van de samenhang tussen het aantal uren per week dat aan de studie besteed wordt en het aantal uren per week dat de student televisiekijkt.

Opgave 2

Een analyse van de data uit opgave 1 leverde onder andere de gegevens op van tabel 17.11 en 17.12.

Tabel 17.11 Correlaties

	Studie	Vroeg	Stappen
Studie	1.00		
Vroeg	.5463	1.00	
Stappen	-.8194	-.3151	1.00

Tabel 17.12 Gemiddelden en standaardafwijkingen

Variabele	Gemiddelde	Standaardafwijking
Studie	25.90	5.79
Vroeg	3.55	1.10
Stappen	9.30	3.54

a Je zou kunnen veronderstellen dat de tijd die aan de studie besteed wordt, samenhangt met het aantal uren dat de student in de kroeg doorbrengt. Stel de regressievergelijking op voor de voorspelling van Stappen uit Studie.

b Een alternatieve theorie zou kunnen luiden dat het aantal uren in de kroeg

(Stappen) kan worden voorspeld uit het aantal keren per week dat een student om 8:45 moet beginnen (Vroeg). De relatie tussen deze twee variabelen wordt gegeven door onderstaande regressievergelijking:

$Y = 12.9 - 1.02 * X$

Bereken de voorspelde scores van de eerste vijf subjecten uit de datamatrix van opgave 1 op de variabele Stappen op basis van deze vergelijking.

Opgave 3

In figuur 17.5 staat steeds een tweetal spreidingsdiagrammen gegeven. De schaalverdeling van de assen is bij alle diagrammen hetzelfde. Bij elk tweetal diagrammen staan twee vragen met antwoordalternatieven. Kies het juiste alternatief en vermeld dit op het antwoordblad. Je antwoorden moeten gebaseerd zijn op een schatting op grond van visuele informatie.

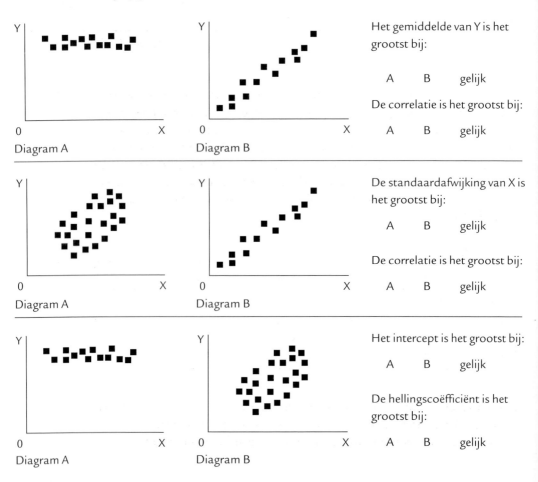

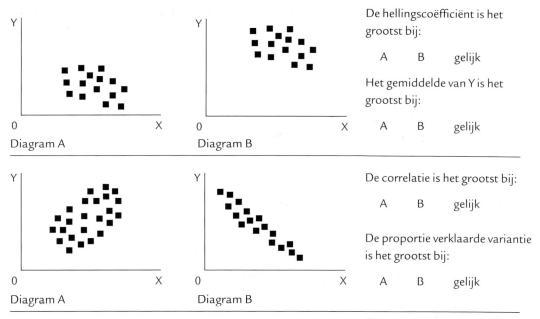

Figuur 17.5a-j

Opgave 4

Een klinisch psycholoog is geïnteresseerd in de manier waarop globale depressie samenhangt met alledaagse ongenoegens. Om hier overzicht over te krijgen kent hij een aantal van zijn cliënten een depressiescore (Depr) toe. Deze mensen laat hij ook opgeven hoe laat ze gemiddeld opstaan (Tijd), wat de door hun ervaren mate van geluidsoverlast door naasten is (Last, uitgedrukt door een overlastschaal die van 1 tot 10 loopt) en wat hun beoordeling van de sociale omgeving is (Soom, wederom uitgedrukt in een testscore). Dit resulteert in de correlatiematrix die staat in tabel 17.13.

Tabel 17.13

	Depr	Tijd	Last	Soom
Depr	1.00			
Tijd	.65	1.00		
Last	.30	.75	1.00	
Soom	.86	.15	.20	1.00

a De psycholoog concludeert op basis van deze gegevens dat overlast invloed heeft op het tijdstip van opstaan. Ben je het hiermee eens? Licht je antwoord toe.
b Hoeveel procent van de variantie van Depr wordt verklaard door Last?

c De correlatie tussen Depr en Tijd is groter dan de correlatie tussen Depr en Last (.65 versus .30). Mag je hieruit concluderen dat de hellingscoëfficiënt voor de voorspelling van Depr uit Tijd groter is dan de hellingscoëfficiënt voor de voorspelling van Depr uit Last? Motiveer je antwoord.

Opgave 5

'Vrouw achter het stuur, bloed aan de muur'. Deze uitspraak hoor je ook vandaag de dag nog regelmatig. Met name mannen uiten hem nog wel eens.

Een onderzoeker is geïnteresseerd in het aantal meegemaakte verkeersongevallen bij mannen en vrouwen. Tabel 17.14 geeft het aantal verkeersongevallen weer per sekse voor een steekproef van autobezitters.

Tabel 17.14

autobezitters	man	vrouw
geen verkeersongevallen	280	80
wel verkeersongevallen	120	20

a Maak een elementair rapport van samenhang tussen geslacht en verkeersongevallen.
b Is de uitspraak 'vrouw achter het stuur, bloed aan de muur' gerechtvaardigd op grond van de bovenstaande gegevens?
c Tabel 17.15 geeft het aantal verkeersongevallen weer per sekse voor mensen die géén auto bezitten, maar wel deelnemen aan het verkeer.
Combineer deze tabel met de eerder gegeven kruistabel. Ga na of de paradox van Simpson hierbij optreedt. Leg uit hoe je aan je antwoord gekomen bent.

Tabel 17.15

niet-autobezitters	man	vrouw
geen verkeersongevallen	50	240
wel verkeersongevallen	50	160

Opgave 6

a Volgens het hoofdstuk over de intuïtieve psycholoog maken mensen een cruciale fout bij het interpreteren van kruistabellen. Wat is deze fout en illustreer dit met een voorbeeld.
b Beschrijf kort de verklaring die in het hoofdstuk wordt gegeven voor de uitkomsten van de onderzoeken naar de draw-a-persontest.

17.5 Uitwerkingen van zelftoets B2

Opgave 1

Design: onafhankelijke variabele = Studie (kwantitatief)
afhankelijke variabele   = Tv (kwantitatief)

Spreidingsdiagram:

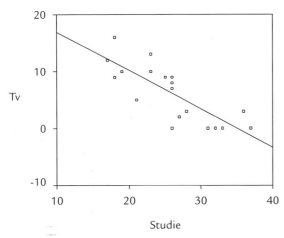

Figuur 17.6

Correlatie = -.789
Hellingscoëfficiënt = -0.675
Intercept = 23.686

Lineariteit lijkt te zijn geschonden: Bij X < 30 loopt de regressielijn naar beneden, bij X > 30 loopt hij horizontaal (het antwoord dat lineariteit niet lijkt geschonden, is ook redelijk, als je over het hoofd ziet dat TV niet negatief kan zijn).

Er zijn geen duidelijk invloedrijke waarnemingen.

Opgave 2a

b = -.8194 * 3.54 / 5.79 = - 0.5010
a = 9.30 - -0.5010 * 25.90 = 22.2759
Regressievergelijking: voorspeld Stappen = 22.2759 - 0.5010 * Studie

Opgave 2b

Tabel 17.16

Subject	Voorspeld Stappen
1	10.86
2	8.82
3	7.80
4	9.84
5	11.88

Opgave 3

A   B
B   B
A   B
gelijk   B
A   B

Opgave 4a

Nee: De correlatie kan ook ontstaan als tijdstip van opstaan invloed heeft de ervaren overlast. (Wie lang wil slapen, ergert zich aan huisgenoten die om 8 uur 's morgens opgewekt onder de douche zingen en met deuren smijten.)

Opgave 4b

$.30^2 = .09 = 9\%$

Opgave 4c

Nee: de hellingscoëfficiënt wordt ook beïnvloed door de standaardafwijkingen (de meeteenheden).

Opgave 5a

Design: onafhankelijke variabele = Geslacht (kwalitatief: man, vrouw)
                afhankelijke variabele = Verkeersongeluk (kwalitatief: geen, wel)

Kruistabel:

Tabel 17.17

autobezitters	man	vrouw
geen verkeersongevallen	280	80
wel verkeersongevallen	120	20

Voorwaardelijke verdeling:

Tabel 17.18

autobezitters	man	vrouw
geen verkeersongevallen	70%	80%
wel verkeersongevallen	30%	20%

Gesegmenteerd staafdiagram:

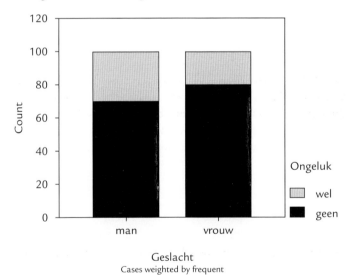

Figuur 17.7

Beoordeling onafhankelijkheid: De voorwaardelijke verdelingen verschillen (70% ≠ 80%). De samenhang is echter zwak.

Opgave 5b

Nee: Ten eerste hebben vrouwen juist een kleiner percentage ongelukken. Ten tweede zijn er allerlei verborgen variabelen die een rol kunnen spelen. Zo maken vrouwen vaker korte ritten in de stad. Verder kan het nog zo zijn dat mannen bloediger ongelukken maken dan vrouwen.

Opgave 5c

Als je beide kruistabellen samenvoegt, krijg je tabel 17.19.

Tabel 17.19

alle personen	man	vrouw
geen verkeersongevallen	330	320
wel verkeersongevallen	170	180

Door de voorwaardelijke verdelingen te berekenen, krijg je dan tabel 17.20.

Tabel 17.20

alle personen	man	vrouw
geen verkeersongevallen	66%	64%
wel verkeersongevallen	34%	36%

In de afzonderlijke tabellen hebben de mannen een hoger percentage ongevallen dan de vrouwen. In de gecombineerde tabel hebben de mannen echter een kleiner percentage ongevallen dan de vrouwen. De paradox van Simpson treedt dus op.

Opgave 6a

Veel mensen kijken alleen naar de 'present-presentcel'. Neem bijvoorbeeld de kruistabel voor niet-autobezitters uit opgave 5. Men concludeert dan dat vrouwen ongelukken veroorzaken omdat er 160 vrouwen waren die inderdaad een ongeluk hadden. Alle vier cellen zijn echter nodig.

Opgave 6b

Uit statistisch onderzoek blijkt dat het niet mogelijk is om met de DAP-test persoonlijkheidskenmerken te voorspellen. Niettemin geloven veel clinici dat dat wel kan, op grond van praktijkervaring. De door hun geschatte correlaties worden echter ook vermoed door leken, die geen enkele praktijkervaring hebben. Zij lijken het gevolg te zijn van impliciete persoonlijkheidstheorieën die mensen hebben. In een experiment bleek dat mensen deze correlaties ook menen waar te nemen bij data waar die correlaties feitelijk 0 zijn.

Appendix

A.1 De BDI en de ATQ

> **Depressievragenlijst (BDI)**
>
> Deze vragenlijst bestaat uit een aantal uitspraken die in groepen bij elkaar staan (1 t/m 21). Lees iedere groep aandachtig door. Kies dan bij elke groep die uitspraak die het best weergeeft hoe u zich de afgelopen week, met vandaag erbij, gevoeld hebt. Kruis die uitspraak aan. Als er in een groep meerdere uitspraken even goed op u van toepassing lijken, kruis die dan ook aan. *Let erop dat u alle uitspraken van een bepaalde groep leest, voordat u een keuze maakt.*

1. ☐ Ik voel mij niet verdrietig
   ☐ Ik voel mij verdrietig
   ☐ Ik ben voortdurend verdrietig en kan het niet van me afzetten
   ☐ Ik ben zo verdrietig of ongelukkig, dat ik het niet meer verdragen kan

2. ☐ Ik ben niet bijzonder moedeloos over de toekomst
   ☐ Ik ben moedeloos over de toekomst
   ☐ Ik heb het gevoel, dat ik niets heb om naar uit te zien
   ☐ Ik heb het gevoel, dat de toekomst hopeloos is en dat er geen kans op verbetering is

3. ☐ Ik voel me geen mislukking
   ☐ Ik heb het gevoel dat ik vaker iets verkeerd heb gedaan dan een gemiddeld iemand
   ☐ Als ik op mijn leven terug kijk, zie ik alleen maar een hoop mislukkingen
   ☐ Ik heb het gevoel dat ik als mens een volledige mislukkeling ben

4 ☐ Ik beleef overal net zoveel plezier aan als vroeger
  ☐ Ik geniet niet meer zo als vroeger
  ☐ Ik vind nergens nog echte bevrediging in
  ☐ Ik heb nergens meer voldoening van; ik vind alles even vervelend

5 ☐ Ik voel me niet bijzonder schuldig
  ☐ Ik voel me vaak schuldig
  ☐ Ik voel me meestal schuldig
  ☐ Ik voel me voortdurend schuldig

6 ☐ Ik heb niet het gevoel dat ik ergens voor gestraft word
  ☐ Ik heb het gevoel dat ik nog wel eens gestraft zal worden
  ☐ Ik verwacht dat ik gestraft zal worden
  ☐ Ik heb het gevoel dat ik nu gestraft word

7 ☐ Ik voel mij niet teleurgesteld in mezelf
  ☐ Ik ben teleurgesteld in mezelf
  ☐ Ik walg van mezelf
  ☐ Ik haat mezelf

8 ☐ Ik heb niet het gevoel dat ik slechter ben dan iemand anders
  ☐ Ik heb kritiek op mezelf vanwege mijn zwakheden of fouten
  ☐ Ik geef mezelf steeds de schuld van mijn gebreken
  ☐ Ik geef mezelf de schuld van al het slechte dat er gebeurt

9 ☐ Ik overweeg absoluut niet om een eind aan mijn leven te maken
  ☐ Ik overweeg weleens om een eind aan mijn leven te maken, maar ik zou dat nooit doen
  ☐ Ik zou een eind aan mijn leven willen maken
  ☐ Ik zou een eind aan mijn leven willen maken als ik de kans kreeg

10 ☐ Ik huil niet meer dan normaal
   ☐ Ik huil nu meer dan vroeger
   ☐ Ik huil nu voortdurend
   ☐ Ik kon vroeger huilen, maar nu kan ik het niet meer, ook al wil ik het

11 ☐ Ik erger me niet meer dan anders
   ☐ Ik raak sneller geërgerd of geprikkeld dan vroeger
   ☐ Ik erger me tegenwoordig voortdurend
   ☐ Ik erger me helemaal niet meer aan dingen waaraan ik mij vroeger ergerde

12 ☐ Ik heb mijn belangstelling voor andere mensen niet verloren
☐ Ik heb nu minder belangstelling voor andere mensen dan vroeger
☐ Ik heb mijn belangstelling voor andere mensen grotendeels verloren
☐ Ik heb al mijn belangstelling voor andere mensen helemaal verloren

13 ☐ Ik neem nu nog net zo gemakkelijk beslissingen als vroeger
☐ Ik stel het nemen van beslissingen meer uit dan vroeger
☐ Ik heb meer moeite met het nemen van beslissingen
☐ Ik kan helemaal geen beslissingen meer nemen

14 ☐ Ik heb niet het gevoel dat ik er minder goed uitzie dan vroeger
☐ Ik maak me er zorgen over dat ik er oud en onaantrekkelijk uitzie
☐ Ik heb het gevoel, dat mijn uiterlijk blijvend veranderd is, waardoor ik er onaantrekkelijk uitzie
☐ Ik geloof, dat ik er lelijk uitzie

15 ☐ Ik kan mijn werk ongeveer even goed doen als vroeger
☐ Het kost me extra inspanning om ergens aan te beginnen
☐ Ik moet mezelf er echt toe dwingen om iets te doen
☐ Ik ben tot helemaal niets meer in staat

16 ☐ Ik slaap even goed als anders
☐ Ik slaap niet meer zo goed als vroeger
☐ Ik word 's morgens één tot twee uur eerder wakker en kan moeilijk weer in slaap komen
☐ Ik word uren eerder wakker dan vroeger en kan dan niet meer in slaap komen

17 ☐ Ik word niet sneller moe dan anders
☐ Ik word eerder moe dan vroeger
☐ Ik word moe van bijna alles wat ik doe
☐ Ik ben te moe om ook maar iets te doen

18 ☐ Ik heb niet minder eetlust dan anders
☐ Ik heb minder eetlust dan vroeger
☐ Ik heb veel minder eetlust dan vroeger
☐ Ik heb helemaal geen eetlust meer

19 ☐ Ik ben zo goed als niet afgevallen de laatste tijd
☐ Ik ben meer dan 2 kilo afgevallen
☐ Ik ben meer dan 4 kilo afgevallen
☐ Ik ben meer dan 6 kilo afgevallen

Ik probeer af te vallen door minder te eten:
- ☐ ja
- ☐ nee

20 ☐ Ik maak mij niet meer zorgen over mijn gezondheid dan anders
   ☐ Ik maak me zorgen over lichamelijke problemen, bijvoorbeeld als ik ergens pijn voel, als mijn maag van streek is, of als ik last heb van verstopping, etc
   ☐ Ik maak me veel zorgen over lichamelijke problemen en het valt niet mee om aan iets anders te denken
   ☐ Ik maak me zoveel zorgen over mijn lichamelijke problemen, dat ik aan niets anders meer kan denken

21 ☐ Ik ben me niet bewust dat er de laatste tijd iets is veranderd aan mijn belangstelling voor seks
   ☐ Ik heb minder belangstelling voor seks dan vroeger
   ☐ Ik heb tegenwoordig veel minder belangstelling voor seks
   ☐ Ik heb mijn belangstelling voor seks helemaal verloren

Gedachtenvragenlijst (ATQ)

Hieronder vindt u allerlei gedachten die zoal bij mensen kunnen opkomen. Leest u alstublieft iedere gedachte door en geef dan aan hoe vaak de gedachte gedurende de afgelopen week optrad, als deze gedachte zich al voordeed.

Zet u een kringetje om de antwoordmogelijkheid die voor u van toepassing is. Er zijn vijf antwoordmogelijkheden:

1 = nooit
2 = soms
3 = vrij vaak
4 = vaak
5 = constant

	nooit	soms	vrij vaak	vaak	constant
1 'Ik heb het gevoel dat de hele wereld tegen mij is'	1	2	3	4	5
2 'Ik deug nergens voor'	1	2	3	4	5
3 'Waarom kan ik nooit eens succes hebben'	1	2	3	4	5
4 'Niemand begrijpt mij'	1	2	3	4	5
5 'Ik heb mensen teleurgesteld'	1	2	3	4	5
6 'Ik denk niet dat ik op deze manier door kan gaan'	1	2	3	4	5
7 'Was ik maar een beter mens'	1	2	3	4	5
8 'Ik ben een slappeling'	1	2	3	4	5
9 'Mijn leven gaat niet zoals ik het wil'	1	2	3	4	5
10 'Ik ben erg in mezelf teleurgesteld'	1	2	3	4	5
11 'Nergens valt nog plezier aan te beleven'	1	2	3	4	5
12 'Ik kan er niet meer tegen'	1	2	3	4	5

		nooit	soms	vrij vaak	vaak	constant
13	'Ik kan niet op gang komen'	1	2	3	4	5
14	'Wat is er mis met mij?'	1	2	3	4	5
15	'Was ik maar ergens anders'	1	2	3	4	5
16	'Ik krijg de dingen niet meer op een rij'	1	2	3	4	5
17	'Ik heb een hekel aan mezelf'	1	2	3	4	5
18	'Ik ben waardeloos'	1	2	3	4	5
19	'Kon ik maar gewoon verdwijnen'	1	2	3	4	5
20	'Wat is er toch met mij?'	1	2	3	4	5
21	'Ik trek altijd aan het kortste eind'	1	2	3	4	5
22	'Mijn leven is een rotzooi'	1	2	3	4	5
23	'Ik ben een mislukkeling'	1	2	3	4	5
24	'Ik zal het nooit redden'	1	2	3	4	5
25	'Ik voel me zo hulpeloos'	1	2	3	4	5
26	'Er moet iets veranderen'	1	2	3	4	5
27	'Er is vast iets mis met mij'	1	2	3	4	5
28	'Mijn toekomst ziet er somber uit'	1	2	3	4	5
29	'Het is allemaal niet de moeite waard'	1	2	3	4	5
30	'Ik kan nooit iets afmaken'	1	2	3	4	5

A.2 De formule voor de standaardafwijking

De formule voor de standaardafwijking behoort niet tot de leerdoelen van dit boek. Voor de volledigheid wordt de formule hier kort besproken.

In feite zijn er twee formules. De ene moet je gebruiken als je beschikt over alle gegevens uit een populatie. De tweede moet je gebruiken als je slechts over een steekproef beschikt. Die tweede wordt het meest gebruikt.

A.2.1 De standaardafwijking van een populatie

De standaardafwijking van een populatie is gedefinieerd als:

$$\sigma = \sqrt{\frac{\sum_{i=1}^{N}(x_i - \mu)^2}{N}}$$

Hierbij is Σ (Griekse hoofdletter sigma) een afkorting voor 'som'. Verder is i het nummer van het subject. Dat wil zeggen x_i = de score van subject i. De formule betekent dat je het volgende moet doen:
1 Bereken het populatiegemiddelde μ.
2 Trek van elke score het gemiddelde af. Zo'n verschil noem je een **deviatie**.
3 Kwadrateer de deviaties.
4 Bereken het gemiddelde. Dat wil zeggen: tel op en deel door N. Dat noem je de **variantie**.
5 Trek de wortel uit de variantie.

Voorbeeld
Stel je moet de standaardafwijking berekenen van de getallen 1, 1, 2, 3, 3. De berekening van de standaardafwijking is voorgedaan in tabel A.1.

Tabel A.1

subject (i)	score (x_i)	gemiddelde (μ)	deviatie ($x_i - \mu$)	kwadraat ($x_i - \mu)^2$	variantie $\Sigma(x_i - \mu)^2 / N$	standaardafwijking (σ)
1	1	2	-1	1		
2	1	2	-1	1		
3	2	2	0	0		
4	3	2	1	1		
5	3	2	1	1	4 / 5 = 0.8	$\sqrt{0.8}$ = 0.8944

Het kwadrateren heeft tot gevolg dat de mintekens wegvallen. Anders zou er uit het gemiddelde altijd 0 komen, en daar wordt je niet wijzer van. Eigenlijk ligt het meer voor de hand om domweg de mintekens weg te laten, zonder te kwadrateren. Maar de huidige formule is handiger voor wiskundigen.

Omdat er is gekwadrateerd, moet op het eind de wortel worden getrokken. Als de oorspronkelijke scores bijvoorbeeld in cm waren uitgedrukt, dan is de variantie in cm², maar de standaardafwijking in cm.

A.2.2 De standaardafwijking van een steekproef

Voor een steekproef moet de standaardafwijking worden berekend als:

$$s = \sqrt{\frac{\sum_{i=1}^{N}(x_i - \bar{x})^2}{N-1}}$$

In vergelijking met de formule die in een populatie wordt gebruikt, zijn er de volgende verschillen.

1 Deze standaardafwijking wordt aangeduid met s in plaats van σ. Anders zouden we hetzelfde symbool gebruiken voor twee verschillende getallen en dan snappen we elkaar niet meer.
2 In plaats van het populatiegemiddelde wordt het steekproefgemiddelde gebruikt. Nogal wiedes, want we hebben het over een situatie waarin je alleen een steekproef hebt.
3 Er wordt gedeeld door N - 1 in plaats van N. Dit is conventie omdat s anders te klein uitvalt. Dat komt doordat voor elke steekproef $\Sigma(x_i - \bar{x})^2$ kleiner is dan $\Sigma(x_i - \mu)^2$ zodra $\bar{x} \neq \mu$. Dat komt doordat $\bar{x}$ altijd optimaal is aangepast aan de scores in de steekproef, en μ niet.

Voorbeeld
Neem weer de populatie met scores 1, 1, 2, 3, 3. Als hier een steekproef met N = 3 uit wordt getrokken, kan die bijvoorbeeld de scores 1, 2, 3 bevatten. Dan $s = \sqrt{(2/2)} = 1$. Maar het zou evengoed kunnen dat de steekproef de scores 1, 1, 2 bevat. Dan $s = 0.5774$. In het eerste geval is s wat te groot, in het tweede geval wat te klein, in vergelijking met de populatie-standaardafwijking $\sigma = 0.8944$. Gemiddeld is dat dus redelijk. Als je daarentegen door N had gedeeld in plaats van door N - 1, dan was de zo berekende 's' in beide gevallen te klein geweest (0.5066 en 0.8165).

A.3 De formule voor de correlatie

De correlatie wordt berekend met deze formule:

$$r = \frac{\sum z_x z_y}{N-1}$$

Hierbij is z_x de standaardscore van X en z_y de standaardscore van Y. Het symbool Σ (= Griekse hoofdletter 'sigma') betekent dat er over alle subjecten wordt opgeteld. De formule zegt dat je de correlatie op de volgende manier moet berekenen:
1 Standaardiseer alle X-scores. Noem de uitkomsten z_x.
2 Standaardiseer alle Y-scores. Noem de uitkomsten z_y.
3 Vermenigvuldig voor elk subject z_x met z_y.
4 Tel de uitkomsten op over alle subjecten.
5 Deel de uitkomst door N - 1.

Voorbeeld
In het volgende voorbeeld zie je dat Y = 2X, zodat er $r = 1$ uit zou moeten komen.

Tabel A.2

Subject	X	Y	z_x	z_y	$z_x z_y$
1	1	2	-1.26491	-1.26491	1.60
2	2	4	-0.63246	-0.63246	0.40
3	3	6	0.00000	0.00000	0.00
4	4	8	0.63246	0.63246	0.40
5	5	10	1.26491	1.26491	1.60
gemiddelde	3	6	0	0	0.800
standaardafwijking	1.5811	3.1623	1	1	0.7483

$\sum z_x z_y$ = 1.60 + 0.40 + 0.00 + 0.40 + 1.60 = 4
N - 1 = 4
Dus r = 4 / 4 = 1

Merk op dat dit de uitkomst is die we verwachtten. Omdat X en Y op lineaire transformatie na gelijk zijn, geldt hier dat $z_x = z_y$ voor elk subject. Daardoor is $z_x z_y \geq 0$ voor elk subject (min maal min = plus).

A.4 Tabel A: de standaard-normaalverdeling

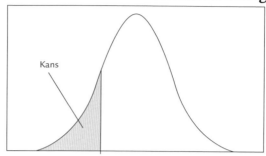

Figuur A.1

Tabel A De standaard-normaalverdeling

z	.00	.01	.02	.03	.04	.05	.06	.07	.08	.09
-3.4	.0003	.0003	.0003	.0003	.0003	.0003	.0003	.0003	.0003	.0002
-3.3	.0005	.0005	.0005	.0004	.0004	.0004	.0004	.0004	.0004	.0003
-3.2	.0007	.0007	.0006	.0006	.0006	.0006	.0006	.0005	.0005	.0005
-3.1	.0010	.0009	.0009	.0009	.0008	.0008	.0008	.0008	.0007	.0007
-3.0	.0013	.0013	.0013	.0012	.0012	.0011	.0011	.0011	.0010	.0010
-2.9	.0019	.0018	.0018	.0017	.0016	.0016	.0015	.0015	.0014	.0014
-2.8	.0026	.0025	.0024	.0023	.0023	.0022	.0021	.0021	.0020	.0019
-2.7	.0035	.0034	.0033	.0032	.0031	.0030	.0029	.0028	.0027	.0026
-2.6	.0047	.0045	.0044	.0043	.0041	.0040	.0039	.0038	.0037	.0036
-2.5	.0062	.0060	.0059	.0057	.0055	.0054	.0052	.0051	.0049	.0048
-2.4	.0082	.0080	.0078	.0075	.0073	.0071	.0069	.0068	.0066	.0064
-2.3	.0107	.0104	.0102	.0099	.0096	.0094	.0091	.0089	.0087	.0084
-2.2	.0139	.0136	.0132	.0129	.0125	.0122	.0119	.0116	.0113	.0110
-2.1	.0179	.0174	.0170	.0166	.0162	.0158	.0154	.0150	.0146	.0143
-2.0	.0228	.0222	.0217	.0212	.0207	.0202	.0197	.0192	.0188	.0183
-1.9	.0287	.0281	.0274	.0268	.0262	.0256	.0250	.0244	.0239	.0233
-1.8	.0359	.0351	.0344	.0336	.0329	.0322	.0314	.0307	.0301	.0294
-1.7	.0446	.0436	.0427	.0418	.0409	.0401	.0392	.0384	.0375	.0367
-1.6	.0548	.0537	.0526	.0516	.0505	.0495	.0485	.0475	.0465	.0455
-1.5	.0668	.0655	.0643	.0630	.0618	.0606	.0594	.0582	.0571	.0559
-1.4	.0808	.0793	.0778	.0764	.0749	.0735	.0721	.0708	.0694	.0681
-1.3	.0968	.0951	.0934	.0918	.0901	.0885	.0869	.0853	.0838	.0823
-1.2	.1151	.1131	.1112	.1093	.1075	.1056	.1038	.1020	.1003	.0985
-1.1	.1357	.1335	.1314	.1292	.1271	.1251	.1230	.1210	.1190	.1170
-1.0	.1587	.1562	.1539	.1515	.1492	.1469	.1446	.1423	.1401	.1379
-0.9	.1841	.1814	.1788	.1762	.1736	.1711	.1685	.1660	.1635	.1611
-0.8	.2119	.2090	.2061	.2033	.2005	.1977	.1949	.1922	.1894	.1867
-0.7	.2420	.2389	.2358	.2327	.2296	.2266	.2236	.2206	.2177	.2148
-0.6	.2743	.2709	.2676	.2643	.2611	.2578	.2546	.2514	.2483	.2451
-0.5	.3085	.3050	.3015	.2981	.2946	.2912	.2877	.2843	.2810	.2776
-0.4	.3446	.3409	.3372	.3336	.3300	.3264	.3228	.3192	.3156	.3121
-0.3	.3821	.3783	.3745	.3707	.3669	.3632	.3594	.3557	.3520	.3483
-0.2	.4207	.4168	.4129	.4090	.4052	.4013	.3974	.3936	.3897	.3859
-0.1	.4602	.4562	.4522	.4483	.4443	.4404	.4364	.4325	.4286	.4247
-0.0	.5000	.4960	.4920	.4880	.4840	.4801	.4761	.4721	.4681	.4641

z	.00	.01	.02	.03	.04	.05	.06	.07	.08	.09
0.0	.5000	.5040	.5080	.5120	.5160	.5199	.5239	.5279	.5319	.5359
0.1	.5398	.5438	.5478	.5517	.5557	.5596	.5636	.5675	.5714	.5753
0.2	.5793	.5832	.5871	.5910	.5948	.5987	.6026	.6064	.6103	.6141
0.3	.6179	.6217	.6255	.6293	.6331	.6368	.6406	.6443	.6480	.6517
0.4	.6554	.6591	.6628	.6664	.6700	.6736	.6772	.6808	.6844	.6879
0.5	.6915	.6950	.6985	.7019	.7054	.7088	.7123	.7157	.7190	.7224
0.6	.7257	.7291	.7324	.7357	.7389	.7422	.7454	.7486	.7517	.7549
0.7	.7580	.7611	.7642	.7673	.7704	.7734	.7764	.7794	.7823	.7852
0.8	.7881	.7910	.7939	.7967	.7995	.8023	.8051	.8078	.8106	.8133
0.9	.8159	.8186	.8212	.8238	.8264	.8289	.8315	.8340	.8365	.8389
1.0	.8413	.8438	.8461	.8485	.8508	.8531	.8554	.8577	.8599	.8621
1.1	.8643	.8665	.8686	.8708	.8729	.8749	.8770	.8790	.8810	.8830
1.2	.8849	.8869	.8888	.8907	.8925	.8944	.8962	.8980	.8997	.9015
1.3	.9032	.9049	.9066	.9082	.9099	.9115	.9131	.9147	.9162	.9177
1.4	.9192	.9207	.9222	.9236	.9251	.9265	.9279	.9292	.9306	.9319
1.5	.9332	.9345	.9357	.9370	.9382	.9394	.9406	.9418	.9429	.9441
1.6	.9452	.9463	.9474	.9484	.9495	.9505	.9515	.9525	.9535	.9545
1.7	.9554	.9564	.9573	.9582	.9591	.9599	.9608	.9616	.9625	.9633
1.8	.9641	.9649	.9656	.9664	.9671	.9678	.9686	.9693	.9699	.9706
1.9	.9713	.9719	.9726	.9732	.9738	.9744	.9750	.9756	.9761	.9767
2.0	.9772	.9778	.9783	.9788	.9793	.9798	.9803	.9808	.9812	.9817
2.1	.9821	.9826	.9830	.9834	.9838	.9842	.9846	.9850	.9854	.9857
2.2	.9861	.9864	.9868	.9871	.9875	.9878	.9881	.9884	.9887	.9890
2.3	.9893	.9896	.9898	.9901	.9904	.9906	.9909	.9911	.9913	.9916
2.4	.9918	.9920	.9922	.9925	.9927	.9929	.9931	.9932	.9934	.9936
2.5	.9938	.9940	.9941	.9943	.9945	.9946	.9948	.9949	.9951	.9952
2.6	.9953	.9955	.9956	.9957	.9959	.9960	.9961	.9962	.9963	.9964
2.7	.9965	.9966	.9967	.9968	.9969	.9970	.9971	.9972	.9973	.9974
2.8	.9974	.9975	.9976	.9977	.9977	.9978	.9979	.9979	.9980	.9981
2.9	.9981	.9982	.9982	.9983	.9984	.9984	.9985	.9985	.9986	.9986
3.0	.9987	.9987	.9987	.9988	.9988	.9989	.9989	.9989	.9990	.9990
3.1	.9990	.9991	.9991	.9991	.9992	.9992	.9992	.9992	.9993	.9993
3.2	.9993	.9993	.9994	.9994	.9994	.9994	.9994	.9995	.9995	.9995
3.3	.9995	.9995	.9995	.9996	.9996	.9996	.9996	.9996	.9996	.9997
3.4	.9997	.9997	.9997	.9997	.9997	.9997	.9997	.9997	.9997	.9998

Referenties

Ambady, N. & Rosenthal, R. (1993). Half a minute: Predicting teacher evaluations from thin slices of nonverbal behavior and physical attractiveness. *Journal of Personality and Social Psychology*, 64, 431-441.

American Educational Research Association, American Psychological Association & National Council on Measurement in Education. (1985). *Standards for educational and psychological testing*. Washington, DC: American Psychological Association.

Aron, A. & Aron, E.N. (1994). *Statistics for psychology*. Englewood Cliffs, NJ: Prentice Hall.

Berndsen, M., McGarty, C., Pligt, J. van der & Spears, R. (2001). Meaning-seeking in the illusory correlation paradigm: The active role of participants in the categorization process. *British Journal of Social Psychology*, 40, 209-234.

Billingsley, P. (1986). *Probability and measure*. New York: Wiley.

Borgida, E. & Nisbett, R.E. (1977). The differential impact of abstract vs. concrete information on decisions. *Journal of Applied Social Psychology*, 7, 258-271.

Box, G.E.P., Hunter W.G. & Hunter J.S. (1978). *Statistics for experimenters*, Wiley.

Chapman, L.J. & Chapman, J.P. (1967). Genesis of popular but erroneous diagnostic observations. *Journal of Abnormal Psychology*, 72, 193-204.

Chapman, L.J. & Chapman, J.P. (1969). Illusory correlation as an obstacle to the use of valid psychodiagnostic signs. *Journal of Abnormal Psychology*, 74, 271-280.

Cohen, J. (1988). *Statistical power analysis for the behavioral sciences*. Hillsdale, NJ: Erlbaum.

DeNeve, K.M. & Cooper, H. (1998). The happy personality: A meta-analysis of 137 personality traits and subjective well-being. *Psychological Bulletin*, 124, 197-229.

Diener, E. (1984). Subjective well-being. *Psychological Bulletin*, 95, 542-575.

Diener, E., Suh, E.M., Lucas, R.E. & Smith, H.L. (1999). Subjective well-being: Three decades of progress. *Psychological Bulletin*, 125, 276-302.

Hamill, R., Wilson, T.D. & Nisbett, R.E. (1980). Insensitivity to sample bias: Generalizing from atypical cases. *Journal of Personality and Social Psychology*, 39, 578-589.

Hays, W.L. (1994). *Statistics*. Fort Worth: Harcourt Brace.

Johnson, C. & Mullen, B. (1994). Evidence for the accessibility of paired distinctiveness in distinctiveness-based illusory correlation in stereotyping. *Personality and Social Psychology Bulletin*, 20, 65-70.

Kahneman, D. & Tversky, A. (1972). Subjective probability: A judgement of representativeness. *Cognitive Psychology*, 3, 430-454.

Kahneman, D. & Tversky, A. (1973). On the psychology of prediction. *Psychological Review*, 80, 237-251.

Lykken, D. & Tellegen, A. (1996). Hapiness is a stochastic phenomenon. *Psychological Science*, 7, 186-189.

McConnel, A.R., Sherman, S.J. & Hamilton, D.L. (1994). Illusory correlation in the perception of groups: An extension of the distinctiveness-based account. *Journal of Personality and Social Psychology*, 67, 414-429.

Mook, D.G. (2001). *Psychological research. The ideas behind the methods*. New York: Norton.

Nijenhuis, E.R.S., Hart, O. van der, & Vanderlinden, J. (1996). *Vragenlijst naar belastende ervaringen*. Amsterdam: Vrije Universiteit, vakgroep Psychiatrie.

Nisbett, R.E. & Ross, L. (1980). *Human inference: strategies and shortcomings of social judgment*. Englewood Cliffs, N.J.: Prentice-Hall.

Ross, L., Amabile, T.M. & Steinmetz, J.L. (1977). Social roles, social control, and biases in social-perception processes. *Journal of Personality and Social Psychology*, 35, 485-494.

Scarsini, M. & Spizzichino, F. (1999). Simpson-type paradoxes, dependence, and ageing. *Journal of Applied Probability*, 36, 119-131.

Tabachnick, B.G. & Fidell, L.S. (2001). *Using multivariate statistics*. Boston: Allyn and Bacon.

Tukey, J.W. (1977). *Exploratory data analysis*. Reading, MA: Addison-Wesley.

Tversky, A. & Kahneman, D. (1974). Judgement under uncertainty: Heuristics and biases. *Science*, 185, 1124-1131.

Veltman, N.E., Ruiter, M. & Hosman, C.M.H. (1996). *Stemming maken: versterken van weerbaarheid en verminderen van depressieve klachten bij jongeren*. Nijmegen: Research Groep Preventie en Psychopathologie, KUN Nijmegen.

Weisberg, R.W. (1994). Genius and madness? A quasi-experimental test of the hypothesis that manic-depression increases creativity. *Psychological Science*, 5, 361-367.

Register

Aandacht voor de present-presentcel 185, 187
Aantal categorieën 105
Absent-absentcel 187, 189
Afstanden tussen scores 63
Anekdote 83, 92
Ankerheuristiek 76
Antwoordcategorie 105
ATQ 29, 235, 239

Bakkebaard 44
Bandgemiddelden 144, 170
BDI 29, 235
Beschikbaarheidsheuristiek 75, 197
Bias 91, 110
Biased 191
Blad 38
Boxdiagram 40, 42
    gemodificeerd 40, 42
Boxplot 42

Case 27
Categoriaal 34
Causaal verband 164
Causale relaties 184
Coderen 27
Coefficient of alienation 170
Coëfficiënt van vervreemding 170
Cohen 141
Combinatie van scores 151
Compenseren 183
Continu 34, 67
Conventies voor de grootte van een correlatie 141

Correlatie 140, 141, 144, 162, 166, 168
    en causaliteit 163
    en gemiddelden en variantie 156
    en overeenstemming tussen beoordelaars 204
    en spreidingsdiagram 153, 154
    geschatte 170
Covariatie 136
Cumulatieve percentages 40, 55

Datamatrix 25, 27
Derde kwartiel 40, 94
Design 137, 173
Deviatie 241
Doelpersoon 54
Draw-a-persontest (DAP-test) 192
Dubbele uitzondering 190

Eenheid 27
Eerste indruk 83
Eerste kwartiel 40, 94
Elementair rapport van de samenhang van twee kwalitatieve variabelen 172
Elementair rapport van de samenhang tussen twee variabelen 137
Empirie 24
Enkelvoudige lineaire regressie en correlatie 138
Experimentele manipulatie 164

False consensus illusion 92
Formule voor de correlatie 243
Formule voor de standaardafwijking 241

Fractie 54
Frequenties 173
Frequentie van extreme score 109
Frequentietabel 37
Frequentieverdeling 36, 37
    geklasseerde 36, 46, 54

Gemeenschappelijke oorzaak 183
Gemiddelde 45
    en mediaan 47, 96, 113
    van percentielscore 60
    van standaardscores 57
Gemiddeldenspoor 146
Gesommeerd 174
Gevangenbewaarder 91

Hellingscoëfficiënt 140, 149, 157, 166, 168
Heuristieken 75
Hiaat 42
Histogram 36, 37, 49
Hoogte van een correlatie 141, 154

Illusoire correlatie 190, 191, 193, 195
Indicatie van lineariteit 144
Indicatie van normaliteit 47
Inflectiepunt 66
Insensitivity to sample bias 87
Insensitivity to sample size 80
Intercept 140, 157, 166
Interkwartielafstand (IKA) 40, 96
Interval 34
Interviewillusie 83
Introspectie 24
Intuïtief denken 75
Intuïtief menselijk denken bij het beoordelen van samenhang 185
Invloed 163
Invloedrijke waarneming 148, 149, 166
Items 28
Itemscores 28
Kans 0 72

Kansdichtheidsfunctie 66
Klokvormig 47, 66
Kruistabel 173, 174
Kwadrateren van correlaties 163
Kwalitatieve variabele 34
Kwantitatieve variabele 34
Kwartiel
    derde 40, 94
    eerste 40, 94
    in Excel 43
    in SPSS 43

Levendigheid van informatie 77, 80, 82
Lies, damned lies and statistics 81
Lineair, bij benadering 145
Lineariteit 144, 145, 166, 168
    misverstanden bij het bepalen van 168
    statistische toetsen voor 146

Maximum 40, 143
Mediaan 40, 94
    gemiddelde en 47, 96, 113
    onbepaaldheid van 43
Meeteenheid 57, 158
Meetinstrument 28
Minimum 40, 143
Missende waarde 199

N 38
Nominaal 34
Non-lineair 144, 166
Normaal 96
Normaalscore 54, 59
    histogrammen van 60
    relatie tussen ruwe en 59
Normaalverdeling 45, 47, 65, 66
    bij benadering 48
    schending 49
Normgroep 54

Observatie 25
Omslagpunt 198
Onderzoek 30
Oneindig 67
Ongelijkheid van Chebyshev 74
Ongevoeligheid voor de onzuiverheid van de steekproef 87
Ongevoeligheid voor steekproefgrootte 77, 80

Paradox van Simpson 178, 183, 210
  en spreidingsdiagram 179
  in kruistabellen 180
Patroon
  van de correlaties 205
  van de tekens 105
Percentage 54, 174
Percentielscore 54
  gecorrigeerde 110
  histogrammen van 60
  relatie ruwe en percentielscore 56
Populatiegemiddelde 65
Populatie-standaardafwijking 65
Present-presentcel 185, 187, 189
Proportie 54
Psychologische test 28
Puntenwolk 140
  vorm van 156

Rangorde 63
Ratings 105
Rechts-scheef 47
Regressiecoëfficiënt 158
Regressie-effect 166
Regressielijn 144
  best passende 140, 143
  kleinste kwadraten 140
Regressie naar het gemiddelde 168
Rekenen met normaalverdelingen 69
Rekenmachine 45
  met lineaire-regressiefuncties 135, 141
  statistische functies 141

Relatieve score 54
Representativiteitsheuristiek 75
Residu 148, 149, 151, 152, 158, 160
Resistent 96
Richtingscoëfficiënt 140
Richting van de samenhang 141, 154
Robuust 49
Rug-aan-rug stamdiagram 40

Samenhang 136, 144, 175
  in een kruistabel 186
Schaal 60
  waarop de assen zijn weergegeven 156
Schatten van regressie en correlatie 165
Scheef 47, 48
Schijnbare consensus 92
Score
  afgeronde 72
  gestandaardiseerde 156
  voorspelde 143, 158
Significant verband 203
Significantie 203
Snel oordelen 83
Snorhaar 44
Sociale rol 92
Spreiding 45
  van de antwoorden 105
  van de residuen 168
Spreidingsmaten 97
Staafdiagram 36, 139
Staart van de verdeling 96
Stam 38
Stam-en-bladdiagram 38
Standaardafwijking 45, 46, 96, 158, 160
  als meeteenheid 57
  populatie-standaarddeviatie 46
  steekproef-standaarddeviatie 46
  van een populatie 241
  van een steekproef 242
  van percentielscore 60
  van standaardscores 57

Standaarddeviatie, zie Standaardafwijking
Standaard-normaalverdeling 59, 69, 244
Standaardscore 54, 57, 69, 243
  histogrammen van 60
  relatie ruwe en standaardscore 58
Standard deviation, zie Standaardafwijking
Steekproef
  random 84
  representatieve 84
  vertekende 84
Steekproefbias
  ongevoeligheid voor 83
Steekproefgemiddelde 65
  biased 84
  onbetrouwbaarheid van 78
  onzuiver 84
  unbiased 84
  zuiver 84
Steekproef-standaardafwijking 65
Sterkte van de samenhang 141, 154
Subgroep 178, 179
Subject 27
Suppressie 178
Symmetrisch 47, 66

Tabel A 69
Teken van de correlatie 141, 154
Tentamen
  moeilijkheid van 108
Tests 28
Testscore 28
Tijd en snelheid 111
Totaalscore 105
Totale groep 179
Trend 141, 154
Typisch 91

Uitschieters 42, 49, 96
  in de regressie 148, 149
  in gemodificeerd boxdiagram 44

Unit 27

Variabele 27
  afhankelijke 137, 138, 173
  categoriële 138
  continue 66
  derde 178
  elementair rapport van een 35
  intermediërende 183
  kwalitatieve 138, 173
  kwantitatieve 138
  meetniveau van een 34, 137, 173
  onafhankelijke 137, 138, 139, 173, 175
  storende 178, 183
  verborgen 163
  verklaarde 138
  verklarende 138
Variabiliteit 45
Variantie 45, 158, 160, 241
  geobserveerde 158, 159
  onverklaarde 158, 160, 162, 163
  percentage verklaarde 162
  proportie onverklaarde 160
  proportie verklaarde 161
  verklaarde 158, 159, 162, 163
  voorspelde 159
Verband tussen correlatie en regressie 157
Vergelijking belang van variabelen 163
Verschilscore 112
Verschil tussen correlatie en regressie 158
Vertekening 110
Vijfgetallenresumé 40
Vooroordelen 196
Voorspelde score 151, 152
Voorspellen 151
Voorwaardelijke verdelingen 174, 186
Vraag-en-antwoordspelletje 89
Vragenlijsten 26

Waarnemingen die overeenstemmen
met je theorie 191
Weinig voorkomende gebeurtenissen
    die samen gebeuren 191
Wet van de Grote Aantallen 78, 80
    niet goed op de hoogte van 82
    onbekendheid met 77
Wortel-N-wet 78